KB067251

_____ 님의 소중한 미래를 위해

이 책을 드립니다

대한민국 부동산은
언제까지 오를 것인가

대한민국 부동산은 언제까지 오를 것인가

혼돈의 시대, 부동산의 미래

김인만 지음

메이트북스

메이트북스 우리는 책이 독자를 위한 것임을 잊지 않는다.
우리는 독자의 꿈을 사랑하고,
그 꿈이 실현될 수 있는 도구를 세상에 내놓는다.

대한민국 부동산은 언제까지 오를 것인가

초판 1쇄 발행 2021년 4월 20일 | **지은이** 김인만
펴낸곳 ㈜원앤원콘텐츠그룹 | **펴낸이** 강현규·정영훈
책임편집 김나윤 | **편집** 안정연·유지윤·오희라 | **디자인** 최정아
마케팅 김형진·이강희·차승환 | **경영지원** 최향숙·이혜지 | **홍보** 이선미·정채훈
등록번호 제301-2006-001호 | **등록일자** 2013년 5월 24일
주소 04607 서울시 중구 다산로 139 랜더스빌딩 5층 | **전화** (02)2234-7117
팩스 (02)2234-1086 | **홈페이지** blog.naver.com/1n1media | **이메일** khg0109@hanmail.net
값 18,000원 | **ISBN** 979-11-6002-327-5 03320

항상 멀리 내다보아라.

• 워런 버핏(미국의 투자가) •

부동산은 계속
오르기만 할 것인가?

서울 수도권을 비롯해 전국적으로 아파트 가격이 급등하고 있다. 그 결과 집을 가진 자와 가지지 못한 자의 양극화 문제가 심각한 사회문제가 되고 있다. 부동산 상승 열차에 타지 못해서 상대적 박탈감과 우울감을 호소하는 사람들이 많다. 게다가 "집값 잡겠다"는 정부의 말을 더 이상 믿을 수만은 없어 사회 초년생들조차 영혼까지 모아서 집 사기에 나서고 있다.

집값은 왜 이렇게 올라가는 것이고, 왜 잡히지 않는 것일까? 매매가뿐만 아니라 전세가도 계속 오르는데 그 이유는 무엇일까? 어떤 부동산 대책이 나왔고, 주택공급을 늘린다는데 대체 얼마나 늘어날까? 이러다가 일본처럼 '잃어버린 20년'이 우리나라에도 오지 않을까?

필자는 이처럼 부동산과 관련한 궁금증에 대해 과학적인 통계와 부동산 이론에 기초해 최대한 쉽고 논리적으로 설명하고자 노력했다. 또한 '어느 지역이 무조건 오른다, 내린다'라는 식의 이분법적인 내용보다 부동산 정책의 메커니즘을 알려주고자 했다. 그리고 과거 정권의 부동산 정책, 주택공급, 인구변화, 금리 등 다양한 경제 변수와 전 국민이 1주택씩 가지면 주택문제가 해결이 될지, 다주택 보유자가 집값 상승의 주범인지, 일본의 신도시와 우리나라의 신도시는 어떤 차이가 있는지 등 부동산 이슈에 대해 완벽한 이해를 제공하고자 했다. 이를 통해 현재를 정확하게 분석하고, 향후 부동산 시장의 흐름을 예측하는 능력을 키우는 데 초점을 맞추었다.

마지막으로 성공적인 부동산 투자를 위해 아파트의 4가지 가치와 위험관리, 로열동과 로열층, 조망권과 소음, 평면구조와 옵션, 지하철과 고속철도역 등 부동산의 현재가치를 완벽하게 이해할 수 있도록 다양한 사례를 통해 설명했다. 또한 문재인 정부의 핵심 주택공급 계획인 3기 신도시를 비롯한 수도권 알짜 공급물량과 사전청약 기회를 잡을 수 있도록 이 책에 관련 정보를 제시했다. 그리고 '부동산 꿀팁 10가지'를 제시해 부동산 투자자라면 반드시 알아야 할 부동산 기초 상식을 다양한 사례를 통해 알기 쉽게 설명했다.

부디 이 책을 통해 독자들이 부동산 스트레스를 날려버리길 바란다. 그리고 앞으로 다가올 투자기회를 꽉 잡을 수 있도록 조금이나마 도움이 되기를 바란다. 이 책이 세상에 나올 수 있게 도움을 주신 메이트북스 정영훈 이사님과 안정연 부장님, 김나윤 편집자님께 감사의 마음을 전한다. 항상 기도하는 주님의 자녀인 사랑하는 아내와 사랑하는 두 딸 민지, 현지 그리고 부모님과 장모님께 감사를 드린다. 항상 진실된 믿음 생활을 인도해주시는 박명진 원장님께도 깊은 감사의 마음을 전하며 하나님께 이 영광을 돌린다.

김인만

차례

3부

돈이 되는 부동산 투자, 노하우는 따로 있다

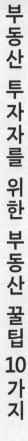

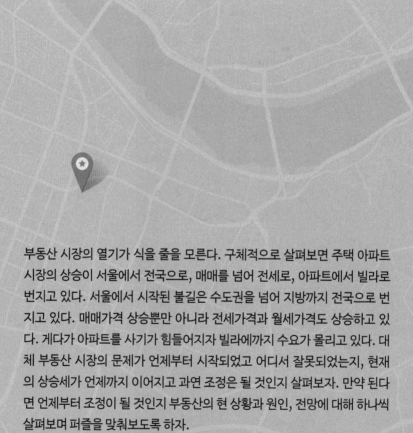

부동산 시장의 열기가 식을 줄을 모른다. 구체적으로 살펴보면 주택 아파트 시장의 상승이 서울에서 전국으로, 매매를 넘어 전세로, 아파트에서 빌라로 번지고 있다. 서울에서 시작된 불길은 수도권을 넘어 지방까지 전국으로 번지고 있다. 매매가격 상승뿐만 아니라 전세가격과 월세가격도 상승하고 있다. 게다가 아파트를 사기가 힘들어지자 빌라에까지 수요가 몰리고 있다. 대체 부동산 시장의 문제가 언제부터 시작되었고 어디서 잘못되었는지, 현재의 상승세가 언제까지 이어지고 과연 조정은 될 것인지 살펴보자. 만약 된다면 언제부터 조정이 될 것인지 부동산의 현 상황과 원인, 전망에 대해 하나씩 살펴보며 퍼즐을 맞춰보도록 하자.

1부

부동산,
언제까지 상승할까?

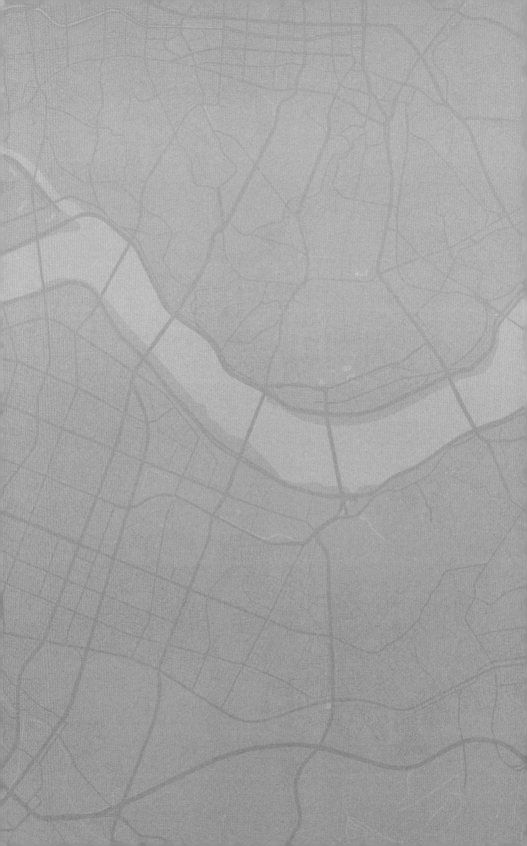

01

집값은 얼마나 폭등했나?

최근의 집값 상승세는 무서울 정도다.
집값이 얼마나 올랐길래 이렇게 난리일까?
최근 10년간의 전국 및 서울의 집값을 살펴보자.

부동산, 특히 집값 상승은 이제 일상이 되었다. 집값이 떨어진 적이 있었던가? 집값은 계속 오르기만 했다는 착각이 들 정도로 최근의 집값 상승세는 무섭다.

16페이지 〈그림1〉의 그래프를 보면 문재인 정부가 출범한 2017년 5월, 서울 아파트 평균 가격은 3.3m^2당 2,322만 원이었다. 그런데 3년 반이 지난 2020년 말 기준으로 아파트 평균 가격은 3.3m^2당 4,033만 원이다. 무려 74%나 올랐다.

17페이지 〈그림2〉는 2012년부터 2020년까지 전국 주택 평균 매매 가격을 보여주는 그래프다. 2012년 매매가격이 바닥을 찍고 2013년 부터 거래량이 조금씩 늘어나면서 부동산 시장이 회복을 보인다. 그러다가 2017년 문재인 정부 출범 이후, 폭등이라고 할 만큼 상승기를

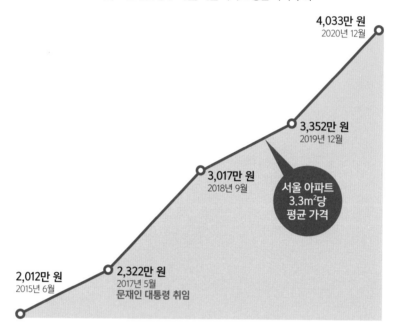

<그림1> 문재인 정부 시절, 서울 아파트 평균 가격 추이

4,033만 원
2020년 12월

3,352만 원
2019년 12월

서울 아파트
3.3m²당
평균 가격

3,017만 원
2018년 9월

2,012만 원
2015년 6월

2,322만 원
2017년 5월
문재인 대통령 취임

출처: 조선일보, 자료: KB

맞이한다. 그래프만 봐도 최근 3년간의 가격 상승폭이 얼마나 큰지를
알 수 있다.

〈그림2〉를 보면 2010년에서 2012년까지는 부동산 시장의 하락기,
2013년부터 2017년까지는 회복기, 2017년부터 현재까지는 상승기라
할 수 있다. 통계의 공신력을 위해 가장 보수적이고 정부의 입장에
충실한 한국부동산원(구 한국감정원) 통계를 인용했음에도 상승폭이 엄
청나다.

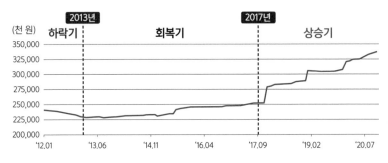

<그림2> 2012~2020년 전국 주택 평균 매매가격

출처: 한국부동산원

◆ 멀어져가는 내집 마련의 꿈

이제는 우리나라의 수도이자 제1의 경제도시인 서울과 전국 주택가격 상승을 나누어서 비교해보자. 다음 페이지의 〈그림3〉은 2012~2020년까지 전국과 서울 주택 평균 매매가격을 보여준다. 〈그림2〉와 비슷한 흐름을 보이고 있지만 2017년부터 상승기의 흐름은 서울이 훨씬 더 가파르다는 것을 알 수 있다.

물론 서울뿐만 아니라 세종, 대전, 광주, 대구, 부산 등 광역시의 집값 상승도 서울 못지않다. 반면 지방 중소도시는 상대적으로 약세여서 전국 평균을 내면 서울보다는 상승세가 다소 완만한 양상이다.

지방 중소도시에 계신 분들은 "지방은 집값도 안 오르고 부동산 투자와는 거리가 먼 것 아닌가?"라고 불만이 생길 수도 있다. 그런데 최근 부산, 대구, 대전, 세종 등 지방 광역시도 규제지역으로 묶이면서 한동안 침체로 고생을 하던 창원 등 중소도시의 집값이 상승으로 돌

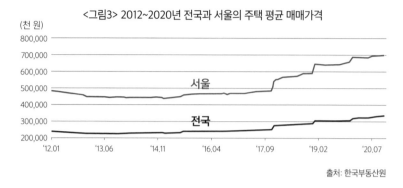

<그림3> 2012~2020년 전국과 서울의 주택 평균 매매가격

(천 원)

800,000
700,000
600,000
500,000 ─── 서울
400,000
300,000 ─── 전국
200,000

'12.01   '13.06   '14.11   '16.04   '17.09   '19.02   '20.07

출처: 한국부동산원

아셨다. 부동산 투자자나 주택을 보유한 사람들 입장에서는 다행이거나 좋다고 할 수 있다. 하지만 무주택으로 전세를 거주하는 사람들 입장에서는 하늘이 무너질 만큼 큰일이 아닐 수 없다.

그도 그럴 것이 2017년부터 2020년까지 서울, 세종, 대전, 부산, 대구 등 주요 도시들의 인기 지역 아파트 가격이 2~3배 정도 상승했다. 15억 원이던 아파트가 30억 원이 넘고, 5억 원이던 아파트가 15억 원이 되는 '말도 안 되는 일'이 벌어졌다. 경기도 대부분의 지역에서 전용 84㎡(구 34평) 신축 아파트 가격이 10억 원을 넘긴 지 오래고, 세종은 1년 만에 2배 이상 급등하면서 서울 아파트 가격과 별반 차이가 없어졌다. 상황이 이렇다 보니 서울 아파트 가격이 상대적으로 저렴해보이면서 역(逆) 풍선효과가 생겨나기도 했다.

최근 수입 자동차를 구입하는 사람들이 늘고 있다고 한다. 좋은 차를 사고 싶은 마음은 누구나 같을 것이고, 삶의 질이 높아져서 그런 거라고 생각할 수 있지만, '이번 생에는 내집 마련이 틀렸다'라는 자포자기의 마음 때문에 수입차 판매량이 늘어났다고 볼 수 있다.

전세를 사는 사람이 내집 마련을 포기하니 돈이 남아서 벤츠를 한 대 뽑았다는 씁쓸한 소식을 접하고 필자의 마음은 편치 않았다. 경제가 좋고 수입이 늘어나서 고급 자동차를 사는 것은 좋다. 하지만 내집 마련의 꿈을 포기하는 대가로 좋은 차를 사는 이 현실을 어떻게 해결해야 할까?

02

전세난은 이미 진행중이다

전셋집을 구하려는 세입자는 서럽다.
전세난이 항상 진행중이기 때문이다.
전세가격의 흐름과 영향에 대해 알아보자.

2020년 7월 이른바 '임대차 3법'이 전격적으로 시행되었다. 그러면서 부동산 시장은 더욱 혼돈 속으로 빠져들었다. 임대차 3법은 세입자인 임차인의 권리를 강화시켜 서민주거안정을 달성하는 동시에 집주인인 임대인을 압박해 투자심리를 억제하겠다는 제도다. 그런데 결과적으로 보면 실패에 가깝다. 집값을 잡기는커녕 전세난이 심화되었기 때문이다.

전셋집을 구하려고 세입자들끼리 줄 서기, 제비뽑기 등이 일어나는 현상도 생겨났다. 게다가 계약갱신청구를 하지 않는 조건으로 보상금을 요구하는 경우도 늘어나고 있다. 물론 전세난이 하루 이틀 사이에 일어난 일은 아니다. 그런데 현재 부동산 매매가격 상승뿐만 아니라 전세난이 우리를 괴롭히고 있어서 문제다.

20

〈그림4〉는 2012~2020년 전국과 서울의 주택 평균 전세가격 흐름을 나타낸 그래프다. 이를 보면 전세가격이 꾸준히 상승했음을 알 수 있다. 상승 기간과 상승폭이 얼마나 심하냐가 관건인데 2010~2012년 서울 아파트 시장 침체기에도 전세가격은 꾸준히 상승했고, 2014~2018년까지도 전세난이라 불릴 정도로 전세가격은 높게 상승했다. 당시 부동산 관련 방송에 나가면 방송 단골메뉴가 전세난일 정도였다. 2017~2020년까지 서울 아파트 매매가격이 급등하면서 상대적으로 전세 시장은 안정을 찾는 것처럼 보였지만, 2020년에 다시 전세 흐름이 불안해지고 있다.

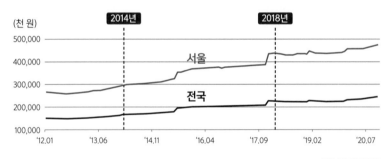

<그림4> 2012~2020년 전국과 서울의 주택 평균 전세가격

출처: 한국부동산원

다음 페이지의 〈그림5〉는 2020년 서울 주택 평균 전세가격의 흐름으로, 2020년 7월 이후 급등하고 있음을 알 수 있다. 이는 서울 집값을 잡기 위한 임대차 3법 때문이다. 임대차 3법은 계약갱신청구권, 전월세상한제, 전월세신고제로 구분할 수 있다.

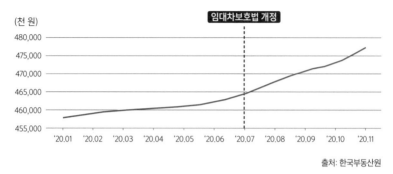

<그림5> 2020년 서울 주택 평균 전세가격

(천 원)

임대차보호법 개정

480,000
475,000
470,000
465,000
460,000
455,000

'20.01 '20.02 '20.03 '20.04 '20.05 '20.06 '20.07 '20.08 '20.09 '20.10 '20.11

출처: 한국부동산원

　계약갱신청구권은 2년 거주 후 1회에 한해 2년 더 거주할 수 있는 권리이고, 전월세상한제는 계약 갱신시 5% 이내로 인상을 제한하는 것을 의미한다. 그리고 전월세신고제는 매매뿐만 아니라 전세, 월세 임대차 계약시 신고의무 부과를 말한다. 이는 2021년 6월에 시행될 예정이다.

◆ 전세가격의 급등, 집값 안정은 멀어지는가?

　임대차보호법 개정으로 불난 집에 불을 붙인 결과가 되어버렸고, 전세가격은 급등하고 있다. 2021년 대통령 신년회견에서 가구 수 증가 원인을 주택가격의 상승으로 꼽는데, 세입자의 계약갱신청구권을 거절하기 위해 동일 세대였던 부모나 자녀가 전세를 준 집으로 세대분리를 하면서 가구 수가 더 늘어나는 부작용이 발생한 것이다. 물론 2021년 봄, 전세시장이 잠시 안정을 찾고 있지만 이는 계절적인 요인과 함께 혼란을 야기한 계약갱신청구권에 다소 익숙해졌기 때문이지 전세난이 끝난 것은 아니다.

여기서 잠깐 '전세난'을 정의해보자. 전세가격이 일반적인 상승 범위를 넘어 단기간에 큰 폭으로 상승하는 현상뿐만 아니라 많은 사람들이 선호하는 도심 아파트 전세매물이 줄어들어 내가 가고 싶은 아파트의 전세를 구하기가 더욱 어려워진 것, 임대인과 임차인의 분쟁이 더 늘어나서 피로감이 심화되는 것이 전세난이다.

과거에는 전세가격 상승폭이 큰 부분만 주로 해당이 되었다. 그런데 2020년의 전세난은 임대차 3법 부작용으로 전세 매물이 급감했고, 임대인과의 분쟁도 급증하고 있다. 전세가격 상승은 매매가격의 레버리지(지렛대) 역할을 해주고 있어서 전세가격이 상승하면 결국 매매가격이 떨어지지 않게 버팀목 역할을 해준다. 동시에 매매가격을 밀어올리는 역할도 해주기 때문에 전세난이 지속되면 정부가 바라는 '부동산 시장 안정'이란 꿈은 점점 더 멀어질 수 있다.

03
부동산은 질투의 경제학이 통한다

집이 없는 무주택자도, 한 채가 있는 1주택자도,
여러 채를 가진 다주택자도 힘들어하는 현실이다.
집값이 오르면 국민들은 왜 스트레스를 받는 것일까?

상담을 하다 보면 집값 상승 열차를 타지 못한 스트레스로 인해 우울증을 호소하는 사람들이 많다. 집이 없는 무주택자들이 집값 상승에 따른 스트레스와 고통을 호소하는 것은 쉽게 이해가 되는데, 1주택자나 여러 채를 보유한 다주택자들도 힘들어한다. 집값 상승이 어떤 마법을 부렸길래 전 국민이 스트레스를 받는 것일까?

많은 사람들이 부자가 되길 꿈꾼다. "왜 부동산 투자를 하세요?"라고 물어보면 대부분 "부자가 되고 싶어서요"라고 한다. "부자가 되면 무엇을 하고 싶어요?"라는 물음에 "음, 그건 부자가 되고 나서 생각해 볼래요"라고 한다. 그저 부자가 목표인 것 같다.

그러면 부자의 기준은 무엇일까? '부자' 소리를 들으려면 70억 원은 있어야 한다는 조사결과가 있다. 이 말은 곧 강남 아파트 2채는 있어야 한다는 것이다. 좋다. 강남 아파트 2채가 있다고 치자. 그 다음은 무엇을 할 것인가? 좋은 집에 살고, 좋은 차를 타고, 맛있는 것 먹고, 좋은 옷과 가방을 사고, 아이들 학원 하나 더 보내고, 해외여행 가고, 부모님께 효도하고. 그런데 그 다음은 무엇을 할까? 잘 생각이 나지 않을 것이다. 비싼 집에 살면 잠이 꿀맛이 되는 것도 아니고, 기껏해야 지하철 이용하기가 편리하고, 자녀들 학원 다니기 편하며, 남들 보기에 그럴 듯해 보일 뿐이다.

요즘은 내집 마련을 포기하면서 외제차를 구입하는 사람들이 많아졌다. 할부 제도가 잘 되어 있어서 외제차가 예전처럼 부자들만의 전유물도 아니다. 맛있는 것 먹는 일은 예전 배고팠던 시절의 이야기다. 요즘은 다이어트 때문에 음식이 있어도 잘 안 먹는다. 자녀들 학원을 더 보낸다고 공부 잘하는 것도 아니고, 사고 싶은 건 마음만 먹으면 살 수 있다.

◆ 질투는 부동산의 힘

요즘은 못 먹고 못 입고 잘 곳이 없는 사람이 거의 드물다. 현실적으로 보면 강남 아파트 2채 있어도 팔기가 쉽지 않다. 팔고 나면 더 좋은 곳으로 갈아타기가 어렵고, 인플레이션 방어가 되지 않아 현금 보유도 망설여진다. 더군다나 집을 팔고 나서 매매가격이 더 오르면 후회가 이만저만 아니어서 팔지는 못하고 세금만 낼 뿐이다.

강남 아파트를 팔고 지방으로 가면 조금 더 여유롭게 살 수 있는데

도 그렇게 하는 사람은 거의 없다. 자산의 숫자가 높은 부자보다 안정적인 수입이 보장되는 부자의 삶의 질이 훨씬 더 높다. 100억 원의 자산가가 자산이 10억 원이 되면 '망했다'고 생각해 자살하는 확률이 높다고 한다. 실제로 100억 원이 있는 자산가는 200억 원을 달성하기 위해 더 많이 노력하며 자산이 90억 원으로 줄어들면 불안해한다. 자산의 숫자를 늘리는 것이 목표가 되어버린, 자산의 노예가 된 우리들의 현주소다.

부자가 되면 모든 문제가 해결되고 마치 행복할 것이라 생각하지만 절대적인 것은 아니다. 복권 1등에 당첨되었다고 해도 행복하게 사는 사람들은 생각보다 적다. 그러나 돈이 너무 없어도 불행한 건 사실이다. 아이가 공부하고 싶다는데 학원도 마음껏 보내주지 못하고, 생일에 외식할 돈도 없고, 사고 싶은 옷이 있는데 돈이 없어서 못 사고, 여행 한 번 가기 어려울 정도로 궁핍하다면 어떨까? 부부간에 다툼이 늘면서 결국 행복을 잃어버릴 가능성이 높다. 그래서 행복의 필요조건인 돈을 확보하기 위해 투자가 필요하다. 연수입 8,800만 원이 넘어서면 돈의 숫자가 행복에 영향을 주지 않는다는 연구결과가 이를 뒷받침하고 있다.

내집 마련의 기회를 놓친 무주택자들이 받는 스트레스는 상상 이상이다. 열심히 노력하면서 최선을 다해 돈을 모았는데, 모은 돈보다 집값 상승 속도가 빨라졌다. 그 결과 내가 사려고 했던 집을 살 수 없을 때, 인생의 패배자가 된 듯한 기분이 든다. 1주택자는 그나마 다행이라는 생각이 들지만 집값이 올라도 마냥 좋아할 수만은 없다. 한 채 있는 집을 팔고 전세를 갈 수도 없고, 내가 이사 가고 싶은 집은 더 많이 올랐기 때문이다. 그리고 사람들은 더 나은 곳으로 집을 갈아타고 싶어 하지, 하급지로 내려가고 싶은 사람은 잘 없기 때문이다.

내 집은 3억 원이 올랐는데 이사 가고 싶은 집이 5억 원이 올랐다면 어떨까? 실질적으로 인플레이션을 방어한 정도이지, 투자를 잘해서 돈을 벌었다고 말할 수는 없는 일이다. 다주택자들은 집값 상승에 힘입어 자산 숫자가 늘어났고, 갈아타거나 다른 투자를 할 수도 있어서 선택의 폭은 넓어졌다. 하지만 오른 집값에 비례해 규제도 늘어나면서 보유세(재산세, 종합부동산세) 부담도 같이 커졌고, 규제 지역의 경우 다주택 양도소득세 중과가 되어 양도 차익의 60~70%를 세금으로 내야 한다. 결국 빛 좋은 개살구가 될 가능성이 높아졌다.

더군다나 자산의 숫자가 늘어날수록 비교 대상의 기준도 같이 높아지면서 상대적 박탈감이 줄어들지 않는다. 10억 원을 벌면 20억 원을 가진 사람들이 보이기 때문이다.

◆ 질투의 경제학, 불행으로 가는 지름길

우리가 견디기 어려운 스트레스는 타인보다 부족한 상대적 빈곤, 즉 상대적 박탈감이다. 만약 나 홀로 무인도에 살고 있다면 굳이 땅을 더 가질 필요도 없고, 그저 의식주만 해결하면 아무것도 필요하지 않을 것이다. 하지만 인간은 사회적 동물이기에 끊임없이 타인과 비교하면서 더 많이 갖고 더 앞서기 위해 노력한다. 그 결과 더욱 발전하고 성장하는 긍정적인 결과를 도모하기도 하지만, 더 가져도 상대적으로 덜 가지면 불안하고 상대적 박탈감을 느끼면서 행복을 잃는다. 심한 경우 자존감(自尊感)마저 떨어진다.

여기에서 질투의 경제학이 등장한다. 출발점부터 다른 부자들은 비교 대상이 아니기에 질투도 느끼지 않고, 박탈감도 없다. 대기업 재벌이 얼마를 벌었고, 연예인 누구가 강남에 빌딩을 샀다는 뉴스를 봐도 괜찮은 이유가 여기에 있다.

하지만 나와 비슷하거나 더 못하다고 여기던 지인이 나보다 앞서가면 이야기가 달라진다. 사촌이 땅을 사면 배가 아픈 것이 질투의 경제학이다. 모르는 사람이 땅을 사면 괜찮은데, 아는 사람이 땅을 사면 질투의 경제학이 성립된다.

나보다 자산도 적고 연봉도 낮았던 친구가 몇 년 전에 산 아파트가 10억 원이 올랐다고 한다. 이 말을 듣는 순간 '지금이라도 투자를 해야 하나' '나는 그동안 바보처럼 살았구나'라는 생각에 잠도 오지 않는다. 스트레스가 쌓이고 쌓여서 행복은 날아가버린다. 질투의 경제학이 무주택자, 1주택자, 다주택자 모두를 불행의 늪으로 밀어버리고 있는 셈이다.

질투의 경제학을 극복하지 못하면 절대 행복해질 수 없다. 불행하지 않으려면 부동산 투자를 해야 하는 것은 맞다. 하지만 절대 타인과의 비교가 아닌 자신만의 행복 기준과 목표를 설정하고, 조급함은 버려야 한다. 그러면서 한 걸음씩 나아가면 된다.

10년 전, 20년 전에도 집값이 많이 올랐다고 했다. 1년 전에도 2년 전에도 너무 늦었다고 했다. 그러니 조급해하지 말고 걸어보자.

04

집값은 왜 이렇게 안 잡히는가?

문재인 정부가 부동산 규제폭탄을 쏟아부었는데도
집값은 왜 이렇게 잡히지 않는 것일까?
저금리 때문일까, 정부 정책의 실패 때문일까. 그 이유가 무엇일까?

2017년 5월 문재인 정부가 출범한 이후, 20번이 넘는 부동산 대책이 발표되었다. 그런데 서울 집값은 더 올랐고, 광역시를 넘어 지방 중소도시까지 집값의 불길이 번졌다. 이 정도 되면 변명의 여지없이 '문재인 정부의 부동산 정책이 시장과 맞지 않거나 무엇인가 문제가 있다는 것'으로, '문제의 원인분석과 방향설정을 다시 해야 하는 것 아닐까?' 하는 생각이 든다.

대한민국 집값, 무엇이 문제일까? 우리나라의 집값문제를 일부 지역의 고가 아파트나 일부 투기꾼 때문이라는 이분법적 접근 방식으로는 해결할 수 없다. 정확한 진단이 있어야 올바른 처방이 나올 수 있다. 따라서 집값문제의 원인을 먼저 분석해야 한다.

◆ 집값이 안 잡히는 이유

근원적인 문제

인간은 원천적으로 타인에 대한 욕망을 가지고 있다. 무인도에 나
혼자 살고 있다면 소유가 의미 없겠지만, 현실은 무인도가 아니다.
치열한 경쟁을 통해 습득한 부가 경제계급의 척도가 되고, 삶의 편의
성을 도모하는 수단이 된다. 남들보다 더 잘살고 싶은 욕망을 정부가
잡을 수는 없다.

구조적인 문제

우리나라는 1960년대 이후 본격적으로 경제가 개발되면서 아파트
를 중심으로 한 주거문화가 만들어졌다. 그 결과 토지가격은 경제성
장과 인플레이션 속도에 비례하면서 지속적으로 상승했고, 베이비붐
세대가 폭발적으로 증가하면서 주택가격 역시 큰 폭으로 상승했다.
그러면서 이른바 '부동산 불패신화'가 만들어졌다.

여기에 IMF와 글로벌 금융위기를 극복하면서 'V자 반등'이라는 학
습효과도 더해졌다. 특히 편리함과 보안성을 무기로 수익성·환금성·
안전성이라는 투자의 3요소를 모두 잡은 아파트는 부동산의 중심이
되었다. 그리고 전세제도라는 특이한 주거 형태가 더해지면서 전세
를 끼고 집값의 절반 정도의 자금으로 구입을 할 수 있는 갭투자 여
건이 형성되었다. 아마 전세제도가 없었다면 아파트가 이렇게 투기
의 대상이 되지는 않았을 것이다.

수요와 공급의 문제

수요에는 인구 증감에 따른 절대적 수요와 주택을 사고자 하는 심리에 따른 상대적 수요가 있다. 출산율이 급감하고 있지만 주택구매 연령은 40~69세 연령층이 줄어들 때까지, 짧게는 10년에서 길게는 20년 이상의 시간이 걸린다. 이때 핵심은 투자심리의 상대적 수요인데, 필요의 니즈(needs)와 욕망의 욕구가 결합되어 있는 투자심리를 대출규제 등 구매능력 규제만으로 잡기는 어렵다는 것이다.

공급에는 아파트 입주물량인 절대적 공급과 집주인이 매물을 내놓는 상대적 공급이 있다. 정부는 매물의 상대적 공급은 무시하고 절대적 공급에만 매달리고 있다. 그런데 이마저도 착공부터 완공까지 2~3년, 토지 확보부터 인허가까지 감안하면 5년 이상이 걸린다. 이러한 아파트 공급의 시차 때문에 주택공급 문제를 절대적 공급 방법으로 해결하기에는 역부족이다.

그래서 절대적 공급은 장기계획을 세워 일관되게 꾸준히 공급해 줘야 한다. 집주인이 주택을 팔고 싶을 때 쉽게 매물을 내놓을 수 있도록 양도 규제를 풀어주면서 입주물량의 절대적 공급과 매물의 상대적 공급이 함께 맞물려 돌아가게 해야 한다. 그래야 공급의 안정을 꾀할 수 있다.

정책의 문제

최근 집값 과열현상은 정책 부작용이 원인이기도 하다. 물론 집값이 오르는데 가만있을 정부는 없을 것이다. 하지만 결과적으로만 보면 '아무런 대책을 내지 않았더라면 차라리 지금보다 낫지 않았을까?' 하는 생각이 든다. 이런 생각은 필자만이 아닐 것이다.

투자심리가 죽지 않은 상황에서 조정대상지역, 투기과열지구와 같은 핀셋규제는 풍선효과만 만들어낸다. 부동산 시장 분위기나 투자심리가 안정적인 상황에서 일부 지역에 개발호재 등으로 국지적인 이상과열 현상이 생길 때 효과가 있는 핀셋규제를 투자심리가 살아나는 상황에서 급하게 사용해버리니 풍선효과가 안 생길 수가 없다. 그리고 서울에서 지방 광역시로, 지방 광역시에서 지방 중소도시로, 아파트에서 빌라로 급격하게 과열현상이 번져버린다.

양도세 중과로 인한 동결효과 때문에 매물이 크게 줄어들었다. 그러면서 거래량이 감소되어 몇 채만 거래되어도 비정상적인 가격 급등을 야기했다. 재건축 등 정비사업 규제는 장기적으로 서울의 새 아파트 공급을 줄여서 희소성을 더 키울 것이다. 대출규제는 돈 있는 사람들보다 돈이 부족한 서민들한테 더 큰 피해를 주고 있다. 분양가 상한제는 소위 '로또 아파트' 현상을 만들어 청약과열 현상을 야기했고, 청약에 당첨되는 사람만 큰돈을 버는 이상한 문제를 만들었다.

종합부동산세 강화는 '똘똘한 한 채' 현상을 만들었고, 세입자에게 세 부담을 일부 전가시키거나 다른 지역으로 수요가 이동을 하는 풍선효과를 불러일으켰다. 그 결과 실수요자는 부담을 느껴서 주택 구입을 포기하고 전세로 돌아서면서 전세가격 상승을 부추겼다.

여러 원인이 있지만, 무엇보다 부동산 대책의 첫 단추를 잘못 끼웠다. 정부는 강남의 고가 아파트 시장을 주 타깃으로 정하면서 규제도 고가 아파트에 초점을 맞추었다. 그런데 생각해보자. 15억 원인 강남 아파트 가격이 20억 원이 되든, 30억 원이 되든 다수의 서민들과 어떤 상관이 있을까? 그저 약간의 쓸쓸함 정도만 느끼지 않을까? 연예인이 빌딩을 산다고 해서 배 아파할 사람이 얼마나 될까?

가장 열 받고 배 아픈 일은 나와 동일한 수준이던 내 친구, 동료, 친척, 지인이 어쩌다가 아파트 하나 사서 큰돈을 벌어 이제는 나와 다른 레벨이 되었을 때다. 앞서 설명했듯이 이른바 질투의 경제학이 잠자고 있던 사자의 코털을 뽑은 셈이다. 투자에 별 관심이 없던 사람들을 자극하면서 그들을 수요확산에 뛰어들게 했다.

즉 강남 집값 상승이 아니라 내가 사는 지역의 아파트 가격이 크게 오른 것이 문제다. 규제의 초점을 부자 동네의 고가 아파트 잡기가 아니라, 서민 주거지역 아파트를 보호하는 데 두었어야 했다.

경제의 문제

정부의 정책을 보면 옛날 만화영화 〈마징가Z〉에 나오는 두 얼굴을 가진 '아수라 백작'을 보는 듯하다. 집값을 잡기 위해 규제 수단을 쏟아부으면서도 정작 최근 집값 상승의 주원인인 저금리와 과잉 유동성 정책을 계속 추진하고 있기 때문이다. 코로나19로 망가진 경제를 살리려는 고육지책이라고 하지만, 코로나19 이전에도 돈 풀기 정책은 계속되었다. 그리고 3기 신도시 토지보상까지 생각하면 앞으로의 유동성은 더욱 증가할 것이다.

부동산, 특히 아파트 시장은 경제가 어려워도 오르는 경향이 있다. 물론 경제가 망해버리면 부동산도 소용없는 일이지만, 경제가 어느 정도 나빠진다 해도 아파트 가격은 그리 쉽게 무너지지 않을 것이다.

그렇다면 집값문제를 해결하기 위해서 부동산 정책을 어떻게 설계

해야 할까? 지난 40년 동안 전 국민의 자산이면서도 학습효과가 되어버린, 대안도 없는 부동산. 아파트 문제를 단기간의 정책으로 해결한다는 것 자체가 오만이다. 대통령 임기 내에 모든 문제를 빨리 해결하겠다는 조급함은 또 다른 왜곡을 낳는다. 단기적으로는 실수요자 중심으로 부동산 정책 방향을 다시 설정해야 한다.

조정대상지역, 투기과열지구와 같은 핀셋규제의 부작용은 이미 실패로 검증이 되었다. 그리고 규제가 너무 많아서 기억하기도 어려울 정도다. 국민들이 알지도 못하는 규제가 먹힐 수 있겠는가? 규제는 쉽고 간단명료해야 그 효과도 크다. 무주택자와 장기 보유한 1주택자 등 실수요자에게 '취득은 쉽고 보유는 가볍게' 해주어야 한다. 대출규제도 풀어주고 종합부동산세 면제, 재산세 감면 등의 혜택을 주어야 한다. 2주택 이상인 자는 '취득도 어렵고 보유도 어렵게' 대출규제를 강화하고 종합부동산세 중과 등을 하면 된다.

대신에 양도는 쉽게 해서 매물이 늘어나게 하고 정상적인 거래 흐름으로 이어질 수 있도록 해주어야 한다. 장기적으로는 필요한 지역의 수요에 맞춰서 양질의 공공임대 아파트와 민간 아파트가 충분히 공급될 수 있도록, 일관성 있는 공급정책을 추진해야 한다. 그런데도 정책 실패를 인정하기 싫어서 실패한 정책을 계속 밀어붙인다면 왜곡은 심해질 것이고 부작용만 초래할 뿐이다.

05

전세가격 역시
안 잡히는 이유는 무엇인가?

집값문제가 매매를 넘어 전세까지 번졌다.
해답을 못 찾고 갈수록 태산인 전세문제.
전세가격이 이렇게 안 잡히는 이유는 무엇일까?

전세문제가 심각함을 넘어서 정부의 최대 고민거리로 떠올랐다. 매매문제였으면 벌써 여러 번의 대책이 나와도 나왔을 텐데, 경제부총리조차 뾰족한 대책이 없다고 말할 만큼 전세문제에 대한 해답을 찾지 못하고 있다.

문재인 정부 4년 동안 매매시장을 잡으려고 동원할 수 있는 모든 구매능력 규제대책을 쏟아부었다. 그럼에도 서울과 수도권 대부분의 아파트 가격이 2배 이상 상승했고 세종, 부산, 대구, 광주, 울산 등 지방 광역시를 중심으로 불길이 번졌다. 그러면서 규제지역을 지방까지 확대시켰다.

엎친 데 덮친 격으로 서민주거안정을 위해 전격적으로 시행한 임대차 3법이 전세시장을 오히려 자극했다. 그 결과 전세난을 넘어서는

'전세전쟁'으로 번지면서 정부는 곤란한 상황에 빠져버렸다. 서민주거안정과 맞물려 있는 전세시장을 규제할 수도 없고, 규제를 한다고 해도 해결될 문제가 아니어서다. 전세문제, 도대체 왜 이렇게 어려운 것인지, 무엇이 문제인지 제대로 따져보도록 하자.

◆ 전세가격이 쉽게 안 잡히는 이유

주택공급의 타성기간

수요와 공급 측면에서 생각했을 때, 공급물량이 충분하면 모든 문제가 해결된다. 하지만 아파트 공급을 늘리자니 토지의 희소성이 걸린다. 서울의 경우 주택건설을 위한 빈 땅을 찾기가 어렵고, 서울의 유휴부지나 3기 신도시 등 공급계획을 만들어도 주택의 타성(惰性)기간 때문에 입주물량으로 연결되려면 5년 이상의 시간이 더 필요하다. 그래서 지금 당장 효과를 보기가 어렵다.

정책의 부작용

집값 상승의 원인을 강남 등 인기 지역 다주택 보유자와 전세를 끼고 투자를 하는 '갭투자'로 잡으면서 규제를 강화했다. 그러자 자연스럽게 전세물량도 줄어들었다. 그렇다고 이제 와서 전세매물을 늘리겠다고 다주택 장려정책을 하려니 투기 우려가 발목을 잡는다.

무엇보다 지금의 전세전쟁의 시발점은 임대차 3법 개정 때문이다. '2+2'의 계약갱신청구권, 5% 인상 제한, 소급적용까지 전격적으로 시행되었다. 그러자 기존 세입자들은 다른 전셋집으로 이사를 가기보다는 적극적으로 계약갱신청구를 하면서 살던 집에 눌러앉았다. 그 결과 집주인은 계약갱신청구를 거절하기 위해 입주 계획도 없던 집에 입주를 하는 일이 벌어졌다. 그래서 인기 지역의 전세물량은 더욱 감소했다.

정부는 임대차 3법 때문이 아니라고 강변하지만, 〈그림6〉을 보면 임대차 3법이 시행된 7월 말 이후부터 전세가격 지수가 급등함을 알 수 있다.

〈그림6〉 2020년 서울 아파트 전세가격 지수

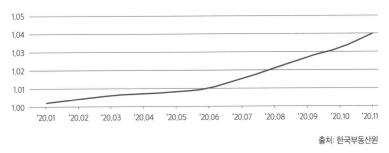

출처: 한국부동산원

단기간에 공급을 늘리는 것이 어렵다면 전세수요라도 줄여야 하는데, 정부는 오히려 전세수요가 늘어나는 정책을 펼치고 있다. 전세수요를 줄이려면 공공임대 아파트를 대규모로 공급해야 하는데 현실적으로 어렵고, 구매능력이 있는 무주택자들이 주택 구입을 할 수 있도록 장려정책을 펼쳐야 하는데 집값 상승을 우려한 정부는 오히려 집을 사지 말고 3기 신도시 등 정부가 계획하는 대규모 공급물량을 기다리라고 한다.

집을 살 만한 실수요자들이 집을 사야 집을 사기 어려운 실수요자들이 청약 당첨 기회가 높아진다. 그런데 기다리라고만 하면 정부는 그 뒷감당을 어떻게 하려고 그러는지, 너무나 안타깝다. 새 아파트 청약기회가 많아진다는데 당연히 기다리는 수요가 늘어날 것이고, 대기수요는 당연히 전세를 찾을 수밖에 없다. 이는 자연스레 전세수요 증가로 이어진다. 분양가상한제 시행으로 로또청약 열풍이 일어난 것도 대기수요 증가의 또 하나의 원인이 된다.

전세, 무척이나 좋은 제도이다

우리나라에만 있는 전세제도는 무척 좋은 주거형태다. 전세를 거주하는 동안 세금 한 푼 내지 않고, 계약기간이 끝나면 보증금을 그대로 받아갈 수 있다. 특히 저금리 시대에 월세보다 월등히 유리한 것이 전세다. 집값 상승과 같은 인플레이션 방어가 안 된다는 점만 제외하면 완벽에 가까운 주거제도가 전세다. 이렇게 장점이 많은데 전세수요가 줄어들 리 만무하다.

전세는 원래 오른다

매매가격은 인플레이션에 따른 화폐가치 하락만큼 또는 그 이상 장기적으로 우(右)상향한다. 그런데 전세가격은 매매가격보다 더 안정적이고 꾸준히 상승한다. 전세수요는 실수요자들이기에 매매수요처럼 부동산 시장 분위기나 경제 상황 등에 따라 탄력성이 크지 않아 꾸준하고 안정적인 수준을 유지하기 때문이다.

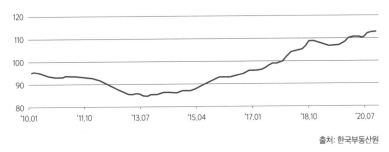

<그림7> 2010~2020년 서울 아파트 매매가격 지수

출처: 한국부동산원

〈그림7〉은 2010~2020년까지의 서울 아파트 매매가격 지수다. 부동산 시장이 침체되었던 2011~2013년에는 하락세를 보이다가 2014년부터 상승세로 돌아서서 꾸준히 상승함을 알 수 있다.

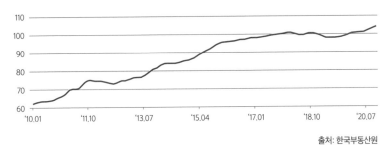

<그림8> 2010~2020년 서울 아파트 전세가격 지수

출처: 한국부동산원

이번에는 〈그림8〉 2010~2020년까지의 서울 아파트 전세가격 지수를 살펴보자. 매매가격 지수와 달리 2012년부터 현재까지 꾸준하게 상승함을 알 수 있다.

부동산 시장이 침체되면 구매능력이 있음에도 전세로 돌아서면서 전세수요가 늘어나 전세시장은 더욱 강세가 되는 경향이 있다. 전세

시장이 약세가 되려면 신도시 입주처럼 대규모 입주물량이 나와야 한다. 그런데 그런 경우가 아니라면 전세가격 하락을 기대하기가 어렵다.

화폐가치 하락만큼 또는 그 이상 오른다

실물자산인 부동산 가격은 화폐가치 하락만큼 또는 그 이상 오른다. 20년간 평균인플레이션을 3% 정도로 본다면, 10억 원의 화폐가치는 10년이 지나면 7억 4천만 원 정도로 떨어진다. 이 말은 떨어진 화폐가치만큼 10억 원이던 실물자산인 아파트 가격이 13억~14억 원 정도 올라가는 것이 이상한 현상은 아니라는 말이다.

전세는 매매가격의 50~70% 정도로 형성된다. 때문에 매매가격이 오르면 전세가격도 시차를 두고 따라 올라갈 수밖에 없다. 2017~2020년 아파트 매매가격 상승폭이 컸던 만큼 전세가격이 뒤따라 올라갈 수밖에 없는 구조인데, 임대차 3법 등 정책의 부작용으로 상승 기간과 폭이 단기간에 급등하고 있을 뿐이다.

전세자금대출의 레버리지

전세가격 상승의 또 다른 문제는 전세자금대출이다. 이명박 정부 시절에는 서민주거안정을 위해 전세자금대출 제도를 시행했다. 그런데 전세자금대출 제도는 애초에 시작을 하지 말았어야 하는 정책이라 생각한다.

자신의 자금계획에 맞는 임대보증금 수준의 전셋집을 구하는 것이 시장논리인데, 내집 마련도 아닌 전세제도에 대출을 가능하게 해주니 임대인은 임차인의 자금 수준을 고려할 필요 없이 전세금 인상을 요구하게 되었다.

그리고 임차인은 저금리로 전세자금대출을 받는 것이 월세나 예적금을 깨는 것보다 유리하고 편하니, 부담 없이 전세자금대출로 전세금을 올려주고 말았다. 2011년부터 2016년까지 풀린 전세자금대출이 일정 부분 2017년 이후 매매가격 폭등의 레버리지 역할을 해주었다고 생각한다.

◆ 전세문제를 해결하려면?

전세문제는 매매문제와 달리 매우 어려운 문제다. 매매가격 상승은 지금처럼 취득, 보유, 양도 등 모든 단계의 세금을 왕창 올리고 대출을 조이면 살 수가 없으니 일시적이나마 안정적인 양상을 보일 수는 있다. 하지만 전세가격 상승은 서민주거안정과 맞물려 있기 때문에 이제 와서 전세자금대출을 막아버릴 수도 없고, 세금으로 해결할 수도 없다.

수요와 공급 측면에서 생각해보았을 때 전세문제를 해결하려면 전세수요를 줄이거나 전세공급을 늘려야 한다. 전세수요를 줄이려면 구매능력이 되는 전세입자가 주택을 구입할 수 있도록 장려 정책을 펼쳐야 한다. 그런데 매매시장 자극을 우려하는 정부는 하지 못할 것이다. 공급 측면에서는 전세물량을 늘려주어야 하는데, 아이러니하게도 전세공급을 해주는 주체는 정부에서 집값 안정을 위해 '범죄자'

취급을 하는 민간 다주택 보유자들이다. 각종 규제로 다주택 보유자들이 추가로 주택을 구입하기가 사실상 어려운 상황에서 전세공급 물량이 늘어날 리는 만무하다. 그것도 아니라면 공공임대 아파트로 전세수요를 돌려야 하는데, 갑자기 공공임대 아파트를 어디서 공급하겠는가?

정부는 공공임대 물량을 늘린다고 하지만 타성기간 때문에 당장 전세문제를 해결할 수는 없다. 그리고 막대한 예상이 투입되는 사업인데 과연 현실성이 있을지 의문이다. 정부의 고집대로 다주택자들을 겨냥해 규제하고, 임대차 3법 개정도 안 하고, 현재의 정책 기조를 그대로 유지한다면 '매매시장과 전세시장 안정'이라는 두 마리 토끼를 잡기는 어렵다.

현실적으로는 임대차 3법을 개정해 주택임대차 계약갱신청구권 제도를 폐지하고, 최단 존속기간을 2년에서 3~4년으로 늘려주어야 한다. 그리고 전세가격 상승 제한을 이전 전세가격의 130~150% 이내 협의로 해주는 것이 좋다. 임대차 3법을 개정하지 않겠다면 장기적으로는 공공과 민간의 주택공급이 늘어날 수 있도록 일관성 있는 공급계획 정책을 추진해야 한다. 단기적으로는 실수요 무주택자들이 1주택을 구입할 때 취득세와 재산세를 감면해주는 세제 혜택, LTV 확대, DTI 배제, 정책금리 적용 등 대출 혜택을 주어서 전세수요를 주택구입으로 전환시키면 된다. 그리고 다주택 보유자들이 1주택을 구매하려는 실수요자에게 KB 시세의 90% 가격 수준으로, 주택을 팔 때는 양도세 중과 배제, 장기보유 특별공제 적용 등의 혜택을 주는 방법도 고려할 만하다.

실수요자들은 시세 대비 10% 낮은 가격으로 주택을 구입해서 좋고, 자연스럽게 전세수요가 감소해서 좋고, 다주택 보유자들의 출구 전략 활성화로 매물동력현상이 줄어들면서 매물이 늘어나서 좋을 것이다. 게다가 10% 낮은 가격으로 거래가 되니 매매시장 조정이 되어서 좋고, 세수가 늘어나니 정부도 좋을 것이다.

06

과잉 유동성이 문제다

2020년 미국을 비롯한 글로벌 양적완화로 유동성 증가는 역대급이다.
우리나라만 보더라도 주식 시장과 부동산 시장 모두 펄펄 끓고 있다.
이런 분위기에서 출구전략을 찾는 사람이 얼마나 될까?

한국은행 발표에 따르면 2020년 10월 기준 통화량은 3,150조 원으로, 2019년 10월과 비교해서 9.7%(277조 6,100억 원)가 더 늘어났다. 경제가 원활하게 돌아가면서 적당한 인플레이션도 생기고, 적당한 유동성도 형성되면 무슨 문제가 있겠는가. 하지만 지금은 빚으로 경제를 돌리고 있다.

2008년 이후 엄청나게 풀린 과잉 유동성이 회수되기도 전에 코로나19가 확산되었다. 그러면서 더 많은 돈이 풀렸고 폭탄 돌리기가 시작되었다. 돈이 넘치니 부동산과 주식이 오르는 것은 당연한 일이다. 선행지표인 주식과 후행지표인 부동산이 동시에 급등하는 것은 이례적인 현상이다. 그만큼 과잉 유동성 문제가 심각하다는 반증이기도 하다.

◆ 2008년 글로벌 금융위기와 2020년 과잉 유동성

2008년 미국은 주택가격이 계속 상승하고 금리는 낮아서 주택건설 호황이 이어졌다. 금융회사들은 돈을 빌려주고 돈 떼이는 것이 가장 큰 위험이었는데, 다른 보험회사나 은행이 보험료를 받고 원금을 보장해주는 신용부도스와프(CDS)와 부채담보부증권(CDO)이라는 파생상품이 개발되면서 대출을 해주는 금융회사의 두려움을 해소시켜주었다.

완벽해보이는 이런 상품은 주택가격이 계속 상승하면 문제가 없지만, 집값이 떨어지면 연쇄적으로 문제가 발생할 수밖에 없는 구조였다. 그런데 다수의 미국 은행에서는 위험에 투자하는 제3자에게 전가시키면 된다고 생각했다. 그러면서 신용등급이 낮은 사람들에게 해당하는 서브프라임(subprime) 등급의 사람들까지 담보가치의 100% 수준으로 대출을 해주었다. 그 결과 집값이 폭등했다.

과잉 유동성에 의한 인플레이션을 우려한 미국 연준(연방준비제도이사회)은 2004년부터 2006년까지 기준금리를 5.25%까지 인상했다. 내릴 때도 급했지만 올릴 때도 급했다. 결국 부작용이 발생했다. 대출금을 갚지 못할 정도로 주택가격이 떨어지자 문제가 터진 것이다.

미국의 1907년 공황, 1929년 대공황, 2008년 금융위기 모두 과잉 유동성이 문제였다. 2020년 미국을 비롯한 글로벌 양적완화로 유동성 증가는 역대급이었다. 우리나라만 보더라도 주식 시장과 부동산 시장 모두 펄펄 끓고 있다. 이런 분위기에서 출구전략을 찾는 사람이 얼마나 될까?

지금도 문제이지만 코로나19 상황이 마무리되면 본격적으로 잠자던 돈이 풀릴 것이다. 그러면서 통화량 유통속도는 더 빨라질 것이고, 각국의 중앙은행이 넋 놓고 있을 수는 없기에 급격한 계단식 금리인상에 나설 것이다. 그러면 인플레이션 파도가 덮칠 가능성을 배제할 수 없다.

물론 미국이 기준금리를 단기간에 급격하게 올릴 가능성은 낮다. 적어도 2022~2023년까지는 양적완화를 하겠다고 했으니 말이다. 하지만 계획은 어디까지나 계획이고, 시장상황이 달라지면 계획은 언제든지 바뀔 수 있다. 부동산도 그렇지만 주식 시장에서도 절대법칙이 있다. 상승장에서는 운 없는 사람 빼고는 돈을 벌지만, 하락장이 되면 운 좋은 사람 빼고는 돈을 잃는다.

◆ 토지보상금, 집값을 자극할까?

서울 집값을 잡기 위한 3기 신도시가 오히려 부동산 시장을 자극할 가능성이 있다. 바로 3기 신도시 토지보상금 때문이다. 3기 신도시의 토지보상금이 본격적으로 풀리면 과잉 유동성과 맞물리면서 "서울 집값이 더 뜨거워지지 않을까?" 하는 우려의 목소리가 커질 수 있다. 2020년 9월부터 12월까지 성남 복정지구, 남양주 진접2지구, 구리 갈매 등 수도권 11개 공공택지에서 7조 원에 가까운 토지보상금이 풀렸다.

2021년은 더 문제다. 3기 신도시 남양주 왕숙지구, 하남 교산지구 등 무려 45조 원 정도의 엄청난 토지보상금이 집행될 수 있기 때문이다. 3기 신도시 고양 창릉지구와 부천 대장지구의 보상은 2021년부터 시작될 예정이다. 물론 각 신도시의 지역별 상황에 따라 늦춰질 수도 있지만 이미 공식적으로 발표된 3기 신도시가 취소되기에는 이미 늦었다. 그런 만큼 막대한 토지보상금은 2020년부터 2022년까지 계속 풀릴 것이다.

2기 신도시 토지보상금이 60조 원 정도였던 2006~2007년의 전국 땅값은 10%가 올랐고, 아파트 가격은 20%가량 크게 올랐었다. 물론 집값 상승에는 여러 요인들이 있으므로 토지보상금 때문이라고만 단정 지을 수는 없다. 다만 토지보상금이 영향을 준 것은 분명한 사실이다. "고기도 먹어본 사람이 먹는다"고 부동산으로 돈을 번 사람은 부동산 투자를 다시 할 수밖에 없다. 토지보상금을 받은 다수의 사람들은 마땅한 대안이 없는 현 상황에서 다시 부동산 시장에 눈을 돌릴 것이고 땅값, 집값 모두 자극할 가능성이 충분히 있다.

생각해보자. 오랜 시간 보유하던 토지가 수용이 되면서 평생 만져보기 힘들 만큼 많은 토지보상금을 받았다면 어떻게 할까? 저금리시대에 그냥 은행에 넣어둘 사람이 얼마나 될까? 전혀 모르는 지역에 투자를 할 수는 없으니 거주지 근처나 서울에 아파트 한 채 사두지 않을까? 정부가 이런 사실을 모를 리가 없다. 그래서 정부는 토지보상금의 부작용을 막기 위해 돈 대신에 땅으로 보상하는 대토(代土) 보상을 활성화하겠다고 발표했다.

하지만 많은 사람들은 토지 대신 돈을 원한다. 돈이 있으면 내가 원하는 땅을 어디든지 살 수 있는데, 굳이 신도시 사업시행자가 개발

해서 정해준 땅을 받을 이유는 없기 때문이다. 막대한 토지보상금이 집값을 자극하는 연결고리를 차단하거나 최대한 억제할 필요성은 있지만, '대토보상을 활성화하면 될 것'이라는 낭만적인 생각은 버려야 한다. '내가 수용을 당하는 사람이라면 과연 어떤 조건일 때 토지로 보상을 받을까'보다 현실적이고 치밀한 계획수립이 선행되어야 할 것이다.

또한 토지보상금을 받은 세대가 실사용 목적의 부동산 외 부동산을 취득 제한하는 대책도 같이 마련되지 않으면, 토지보상금까지 더해진 과잉 유동성의 영향은 부동산 시장을 더욱 자극할 가능성이 높다.

07

문재인 정부,
어떤 부동산 대책을 쏟아냈나?

문재인 정부의 부동산 정책은 규제폭탄이다.
25번이나 쏟아낸 문재인 정부의 부동산 대책,
어떤 내용을 담았는지 상세히 알아보자.

2020년 12월 17일 경기 파주를 비롯해 부산, 대구, 광주, 울산, 창원, 천안, 포항, 경산, 논산, 공주, 여수, 광양, 순천 등 전국 36곳이 조정대상지역으로 추가 지정이 되었고 창원 의창구는 투기과열지구로 지정되었다. 부산, 대구, 광주, 울산, 창원, 천안까지는 그렇다 치더라도 경북 경산, 포항, 충남 논산, 공주, 전남 여수, 순천, 광양까지 투기과열지구로 묶은 것은 다소 지나치다는 생각이 든다. 이렇게까지 규제지역을 추가로 지정한 것은 그만큼 문재인 정부가 부동산 정책에 대한 불안감과 초조함이 크다는 것을 알 수 있다.

그도 그럴 것이 2017년 5월 출범한 문재인 정부는 25번이 넘는 부동산 대책을 발표했음에도 서울 집값을 잡기는커녕 전국으로 집값 상승이 확산되었고, 서울 집값은 역 풍선효과가 생기면서 오히려 강세가 되고 있기 때문이다.

　'부동산 투기와의 전쟁'을 선포하고도 정부의 정책은 신뢰가 떨어진다. 이를 보면 15년 전 노무현 정부를 보는 듯하다. 노무현 전 대통령도 부동산 투기와의 전쟁에서 패한 것이 뼈아픈 상처로 남아 있다. 그런데 '노무현 정부 시즌2'라는 말을 들을 정도로 비슷한 문재인 정부는 부동산 투기와의 전쟁에서 지지 않겠다는 강한 의지를 갖고 독하게 부동산 규제의 채찍을 휘둘렀지만 결과는 더 참담하다.

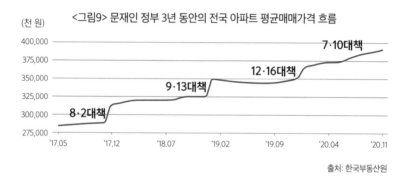

<그림9> 문재인 정부 3년 동안의 전국 아파트 평균매매가격 흐름

출처: 한국부동산원

　〈그림9〉는 문재인 정부 3년 7개월 동안 전국 아파트 평균매매가격 흐름을 나타낸 그래프다. 이를 보면 대표적인 규제대책인 2017년 8·2대책, 2018년 9·13대책, 2019년 12·16대책, 2020년 7·10대책을 발표한 이후 오히려 더 큰 상승이 왔음을 알 수 있다. 25번의 대책을 발표했음에도 집값을 잡지 못했으니 '실패'라고 명명해도 변명의 여지가 없을 것 같다.

◆ 어떤 대책들이 나왔나?

25번의 부동산 대책 중에서 의미가 큰 대책은 2017년 6·19대책과 8·2대책, 2018년 9·13대책과 9·21대책, 2019년 12·16대책, 2020년 7·10대책이다.

2012년 부동산 가격이 바닥을 찍고 꾸준히 상승했지만 폭등까지는 아니었다. 서울 집값은 2016년 11·3대책, 박근혜 전 대통령 탄핵, 트럼프 미국 대통령 당선 등의 영향으로 문재인 정부 출범 전에는 일시적인 안정세를 보였다. 그러다가 2017년 5월 문재인 정부가 출범한 이후 상승하기 시작했다. 조정대상지역 추가, 전매제한과 대출, 재건축 규제를 담은 6·19대책을 발표했지만 이를 비웃기라도 하듯이 상승폭은 더 커졌다.

정부는 절치부심해서 투기지역, 투기과열지구 지정 외에 다주택 양도세 중과, 대출규제 강화, 재건축 초과이익환수 부활, 청약요건 강화 등 강한 규제를 대거 포함시킨 8·2대책을 발표했다. 이후 부동산 시장은 한 달 정도 숨을 죽이는 듯했지만 다시 강남을 중심으로 급등했다.

강남과 다주택 보유자에 대한 어설픈 규제는 '보유가치가 낮은 주택은 정리하고 보유가치가 높은 주택은 가지고 가자'는, 이른바 '똑똑한 한 채'라는 부작용을 낳았다. 똑똑한 한 채 열풍으로 투자수요는 서울로 더 몰리면서 서울 집값은 더 올랐다.

2018년 봄이 되어 잠시나마 안정적인 흐름을 보였으나 6월 종합부동산세 인상안이 발표되고 박원순 서울시장의 마스터플랜 발언이 겹

치면서 다시 집값에 불이 붙었다. '집값 잡는 저승사자'라는 종합부동산세 인상안이 다소 약하다는 평가를 받으면서 시장을 자극했다. 그리고 서울의 심장인 여의도와 용산을 개발하겠다는 마스터플랜 발언은 그야말로 불난 집에 기름을 부은 격이었다. 결국 집값은 2018년 여름, 한 달 만에 2억~3억 원이 올랐고 강남, 용산, 성수, 마포 등 핵심 지역 외에 동대문, 관악, 은평 등의 지역까지 큰 폭으로 올라버렸다.

다시 종합부동산세 강화, 주택임대사업자 혜택 축소, 유주택 보유자 대출 봉쇄 등을 담은 9·13대책을 발표했고, 수요억제 규제만 하던 패턴에서 벗어나 공급확대 카드도 꺼내들었다. 9·21대책에서 3기 신도시와 30만 호 대규모 주택공급 계획을 발표했고 12·9대책에서 남양주 왕숙, 하남 교산, 과천 과천, 인천 계양, 4곳의 3기 신도시를 확정했다.

2019년 공시가격 현실화를 통해 종합부동산세 부담을 늘렸고 5·7대책에서는 고양 창릉과 부천 대장지구의 3기 신도시를 추가로 지정했으며 민간택지 분양가상한제도 적용했다. 그런데도 집값은 잡히지 않았고 상승폭이 가팔라졌다. 그러자 15억 원 이상 주택에 대해 주택담보대출을 금지하는 초고강도 대책인 12·16대책을 발표했다.

계속 이어지는 부동산 대책

여기서 집값 상승이 멈추면 좋았겠지만 더 올랐다. 정부는 '이 정도면 잡히겠지'라고 생각했을 것이다. 정부의 말만 믿고 기다린 실수요자들은 실낱 같은 희망을 품었지만 몇 달 지나지 않아 산산조각 나고 말았다.

2020년 집값도 상승한 것이다. 수원, 안양, 의왕이 올라서 조정대상지역으로 지정했지만 경기도와 인천 전 지역에서 풍선효과가 나타났다. 6·17대책을 통해 수도권 대부분 지역을 규제지역으로 묶으니 이번에는 경기 김포와 대전, 청주 등 지방으로 그 불길이 번졌다. 취득세, 종합부동산세, 양도소득세를 모두 강화시킨 7·10대책과 임대차 3법 개정으로 임대인을 압박하고 공급확대 대책도 연이어 발표했지만 여전히 집값은 잡히지 않고 있다.

서울에서 수도권으로, 수도권에서 지방 광역시로, 지방 광역시에서 지방 중소도시로 계속 불길이 번지고 있다. 어차피 규제지역이라면 차라리 서울 주택을 사겠다는 역 풍선효과까지 나타나면서 서울 집값도 다시 상승세를 타고 있다. 정부는 진퇴양난에 빠졌다.

2021년 대통령 신년사에서도 언급했듯이 수요억제 규제로 집값을 잡기가 어렵다고 인정한 정부는 정책의 방향을 공급확대로 전환했다. 3기 신도시 공급일정을 3년 정도 당기고 공공재개발 등을 통해 서울 수도권 아파트 공급을 대폭 늘리겠다는 것인데, 실제 입주물량이 되기에는 일정을 당긴다 해도 5년 이상은 걸릴 것이다. 그리고 공공재개발 역시 긴 시간이 필요하며, 민간조합원들과의 이해관계도 불씨로 남아 있다.

2021년 2·4대책을 통해 서울 30만 호, 전국 대도시권 80만 호를 공공주도로 개발하겠다고 한다. 또한 2·24대책에서는 광명 시흥신도시를 비롯해 부산 대저, 광주 산정신도시를 추가 발표하면서 공급확대를 밀어붙이고 있다.

문재인 정부는 정책이 실패하면서 신뢰를 잃었다. 때문에 때늦은 공급확대 정책이 심리적 안정에 도움을 주지 못하고 있다. 더 큰 문제는 몇 년 후 집값이 하락하는 상황이 발생했을 때다. 그렇게 되면 지금 늘린 공급계획이 공급과잉의 부메랑이 될 수 있다.

<문재인 정부의 주요 부동산 대책>

대책 발표 날짜	대책 주요 내용
2017년 6월 19일	**주택시장의 안정적 관리를 위한 선별적 맞춤형 대응 방안** -조정대상지역 추가 지정(경기 광명, 부산 기장군·진구) -전매제한기간 강화(서울 전 지역 소유권이전 등기시까지 전매제한) -LTV·DTI 강화(조정대상지역 10%p 강화, 잔금대출 DTI 적용 등) -재건축 규제 강화(재건축조합원 주택공급 수 3주택→2주택) -주택시장 질서 확립(불법행위 점검 및 모니터링 강화)
2017년 8월 2일	**실수요 보호와 단기 투기수요 억제를 통한 주택시장 안정화 방안** 과열지역에 투기수요 유입 차단 -투기지역(서울 11개구, 세종), 투기과열지구(서울, 과천 과천, 세종) 지정 -재건축·재개발 규제 정비(초과이익환수, 재당첨 제한 강화 등) -실수요 중심의 수요관리 및 투기수요 조사 강화 -양도세 강화(다주택 중과, 2년 거주요건 추가) -LTV·DTI 등 금융규제 강화 -다주택자 임대등록 유도, 자금조달계획 신고 의무화 -서민을 위한 주택공급 확대(공공택지 확보, 공적임대 및 신혼희망타운 공급) -실수요자를 위한 청약제도 정비(1순위 요건 강화, 가점제 확대 등)
2017년 11월 29일	**사회통합형 주거 사다리 구축을 위한 주거복지로드맵** 생애단계별 소득수준별 맞춤형 주거지원 -청년주택 30만 실 공급 -신혼부부 공공임대 20만 호 공급 -어르신 공공임대 5만 실 공급 -저소득 취약가구 공적임대 41만 호 공급 -무주택 서민 실수요자를 위한 주택공급 확대 -무주택 서민 실수요자를 위한 공적 임대주택 100만 호 공급 -분양주택공급확대(공공분양 연 3만 호, 공공택지 확대 연 8.5만 호) -택지 확보(40여 개 공공택지 신규개발 16만 호 추가확대)

2017년 12월 13일	**집주인과 세입자가 상생하는 임대주택 등록 활성화 방안** -임대사업 등록 활성화 (지방세·소득세·양도세 감면 확대, 건강보험료 부담 완화) -임대차시장 정보인프라 구축 -임차인 보호 강화(계약갱신 거절 기간 단축, 소액보증금 최우선변제범위 확대)
2018년 7월 5일	**행복한 결혼과 육아를 위한 신혼부부, 청년 주거지원 방안** -신혼부부 주거지원(공적임대주택, 신혼희망타운 등) -청년가구 주거지원(청년주택 27만 실, 대학생 기숙사 6만 명 입주 등)
2018년 8월 27일	**수도권 주택공급 확대 추진 및 투기지역 지정을 통한 시장안정 기조 강화** -수도권 30만 호 주택공급이 가능한 공공택지 30여 곳 추가 개발 -서울 동작, 종로, 중구, 동대문 4곳 투기지역 지정 -경기 광명, 하남 투기과열지구 지정, 부산 기장군 조정대상지역 해제
2018년 9월 13일	**9·13 주택시장 안정대책** 투기 차단 및 실수요자 보호 -종합부동산세 강화(세율 인상, 3주택과 조정대상지역 2주택 중과 등) -양도세 강화(일시적 2주택 3년→2년) -임대사업자 혜택 축소(신규취득 임대등록 양도세 중과, 종합부동산세 과세) -서민주거안정 목적의 주택공급 확대(수도권 신규 공공택지 30곳 개발) -조세 제도 조세정의 구현(종합부동산세 공정시장가액비율 강화 등) -지방 주택시장에 대한 맞춤형 대응(미분양 관리지역 지정기준 완화 등)
2018년 9월 21일	**수도권 주택공급 확대 방안** -수도권 공공택지 30만 호(1차 17곳 3.5만 호 선정, 향후 26.5만 택지 확보) -도심 내 주택공급 확대(도시규제 정비 및 소규모 정비 활성화)
2018년 12월 19일	**2차 공공택지 발표지역 7곳 토지거래허가구역 지정** -3기 신도시 4곳 확정(남양주 왕숙, 하남 교산, 과천 과천, 인천 계양)
2019년 12월 28일	**조정대상지역 조정을 통한 시장안정 기조 강화** -경기 수원 팔달구, 용인 수지구, 기흥구 3개 지역 조정대상지역 지정 -부산시 부산진구, 남구, 연제구, 기장군 4개 지역 조정대상지역 해제

2019년 1월 8일	**등록 임대주택 관리 강화방안** -세제감면 의무준수 검증강화, 의무 임대기간 내 양도금지 위반 등 제재 강화
2019년 4월 23일	**2019년 주거종합계획** -공적임대 17.6만 호, 주거급여 110만 가구
2019년 5월 7일	**제3차 신규택지 추진계획** -수도권 주택 30만 호 공급방안 -3기 신도시 고양 창릉, 부천 대장
2019년 11월 6일	**민간택지 분양가상한제 지정** -서울 27개 동 지정 -부산 3개 구, 고양, 남양주 부분 조정대상지역 해제
2019년 12월 16일	**주택시장 안정화 방안** -투기과열지구 9억 원 초과 LTV 20%, 시가 15억 원 초과 LTV 금지 -전세자금대출 9억 원 초과 주택 또는 2주택 보유자 규제 -종합부동산세율 강화, 조정대상지역 2주택 세부담 상환 강화 -공시가격 현실화 -장기보유특별공제 거주요건, 조정대상지역 일시적 2주택 거주 및 기간 강화 -양도세 2년 미만 단기보유 세율 강화, 2020년 6월까지 중과 배제 -등록 임대주택 양도세 비과세 거주요건 2년 -청약 불법 전매제한 강화, 청약당첨 요건 강화, 재당첨 제한 강화
2020년 2월 20일	**투기수요 차단을 통한 주택시장 안정적 관리기조 강화** -조정대상지역 내 대출규제 강화 -조정대상지역 추가지정(수원, 안양, 의왕)
2020년 4월 16일	**투기과열지구 우선공급 거주기간 강화** -수도권 투기과열지구 청약시 우선공급 대상자 거주기간 1년→2년 -분양가상한제주택 당첨시 10년 재당첨 제한
2020년 5월 12일	**전매제한 강화** -수도권 과밀억제권역, 성장관리권역 6개월→소유권이전 등기시
2020년 5월 16일	**수도권 주택공급 기반 강화** -서울 7만 호 추가 공급 -정비사업 활성화, 유휴공간 활용, 유휴부지 확보 등

2020년 6월 17일	**주택시장안정을 위한 관리방안** −조정대상지역 지정(경기, 인천, 대전, 청주) −투기과열지구 지정(경기, 인천, 대전 17개 지역) −토지거래허가구역 지정 −재건축안전진단 강화, 정비사업 조합원 분양요건 강화 −주택임대사업자 대출규제, 법인 등 세제 규제
2020년 7월 10일	**주택시장 안정 보완** −생애최초 특별공급 확대, 신혼부부 소득기본 완화 −취득세(최대 12%), 종합부동산세(최대 6%), 양도세(최대 72%) 강화
2020년 7월 30일	**주택임대차보호법 개정** −임대차 3법
2020년 8월 4일	**서울권역 등 수도권 주택공급 확대방안** −26만 2천 호 + 추가 공급
2020년 9월 3일	**경기북부 33만 호 공급**
2020년 9월 9일	**수도권 37만 호 공급**
2020년 11월 19일	**전세형 주택공급**
2020년 11월 19일	**조정대상지역 추가지정** −경기 김포, 부산 해운대, 수영, 동래 등
2020년 12월 17일	**규제지역 지정** −경기 파주, 부산, 대구, 광주, 울산, 천안, 전주, 창원, 포항 등
2021년 1월 15일	**공공재개발 후보지 8곳 선정**
2021년 2월 4일	**공공주도 대도시권 주택공급 확대방안** −서울 30만 호, 전국 대도시 83만 호 주택공급부지 확보
2021년 2월 24일	**신규 공공택지 추진계획** −광명 시흥, 부산 대저, 광주 산정 추가신도시 지정

※ 2021년 2월 24일 기준

08

문재인 정부의 부동산 정책은
왜 실패했나?

무려 25번의 부동산 대책을 쏟아내고도
집값을 잡지 못한 것은 명백한 정책 실패다.
문재인 정부의 부동산 정책은 어떤 점이 잘못되었을까?

문재인 정부의 부동산 정책은 한마디로 '실패'다. 일반적으로 부동산 정책의 효과는 단기간에 나오는 것이 아니다. 적어도 3년은 걸리는데, 이를 감안하더라도 집권 4년이라는 기간 동안 25번이나 되는 부동산 대책이 집값을 잡지 못한 것은 실패라 볼 수 있다.

결과뿐 아니라 과정 역시 실패다. 국토교통부 장관은 2017년 8·2 대책 발표 당시, "집값 잡을 테니 집 사지 말라"고 너무나 확신에 찬 목소리로 말했다. 하지만 4년 동안 대책만 남발하고 자리에서 물러났다. 대책이 발표될 때마다 풍선효과가 생기면서 상승의 열기가 주변 지역으로 퍼져나갔고 전국이 집값 불바다가 되었다. 25번의 부동산 대책을 쏟아내고도 왜 집값을 잡지 못했을까?

◆ 첫 단추를 잘못 끼웠다

누구나 한 번쯤 셔츠의 단추를 잘못 끼운 적이 있을 것이다. 지퍼가 달린 옷이 편하지만 필자는 직업상 와이셔츠를 입을 일이 많다. 가끔은 와이셔츠 단추를 잘못 끼울 때가 있다. 이렇게 단추를 잘못 끼우는 건 첫 단추를 잘못 끼워서 그렇다. 그러면 그 다음부터 아무리 잘해도 단추는 어긋나 있다. 시작을 잘못하면 그 다음에 아무리 잘해도 좋은 결과가 나올 수는 없다. 이처럼 문재인 정부의 부동산 대책은 시작부터 잘못되었다.

첫 대책인 2017년 6·17대책과 8·2대책 내용의 핵심은 핀셋규제였다. 서울 강남 등 과열된 일부 지역을 조정대상지역, 투기과열지구, 투기지역으로 지정하고 대출규제, 세금규제, 청약규제를 강화해서 투기수요를 억제하겠다는 의도였다. 그런데 전체적으로 부동산 시장이 안정된 상황에서 일부 지역이 개발호재나 주택수급 불일치로 문제가 생길 때는 핀셋규제가 효과를 발휘할 수 있지만, 이미 투자심리가 살아나 있고 일부 지역만의 문제가 아닌 상황에서는 핀셋규제가 오히려 주변 지역으로 풍선효과를 야기시킬 수밖에 없다. 그리고 이런 핀셋규제가 성공한 사례는 거의 없다.

노무현 정부는 5년 동안 투기과열지구를 지정해 규제 폭탄을 쏟아부었지만 투기와의 전쟁에서 실패했다. 이러한 경험이 있음에도 불구하고 실패한 핀셋규제를 또다시 사용하는 실수를 했다. 시장상황에 맞지 않고 풍선효과가 생길 수밖에 없는 핀셋규제를 고집한 배경은 강남 등 고가주택과 주택을 많이 가진 다주택자가 집값 상승의 원인이라고 진단했기 때문이다. 진단이 틀렸으니 제대로 된 처방이 나올 리 없다.

2012년에 집값은 바닥을 찍고 2013년부터 거래량이 조금씩 늘어나다가 2015년부터 본격적인 상승으로 전환되면서 투자심리가 살아났다. 그리고 저금리와 과잉 유동성이 밑밥을 깔아준 상황에서 대한민국 수도인 서울의 핵심이자 부동산 먹이사슬의 최상위에 있는 강남 집값이 먼저 움직였다. 이를 강남만의 문제라 보고서 규제로만 해결하려고 하니 집값이 잡히기는커녕 주변 지역으로 수요가 이동할 수밖에 없다.

입장을 바꿔서 생각해보자. 만약 내가 배가 고파서 P빵집에 가서 빵을 사 먹고 싶은데 못 사 먹게 한다면 안 먹을 것인가? 아니면 근처의 T빵집으로 발길을 돌릴 것인가? 배가 고프지 않다면 안 먹겠지만 배가 고프다면 어떻게든 방법을 찾을 것이다.

자본주의 사회에서는 개인의 선택과 판단에 따라 합법적으로 세금을 내고 여러 채의 주택을 보유할 수 있다. 오히려 박근혜 정부 시절에는 세제혜택을 주면서까지 주택을 사라는 장려정책을 펴기도 했다. 일부에서는 이런 주택 장려정책 때문에 집값이 올랐다는 주장을 하기도 하는데, 그 당시에는 주택시장 분위기가 워낙 침체되어서 주택시장 회복을 위해 활성화 정책을 할 수밖에 없었다. 게다가 2013년에는 1주택자가 집을 사면 5년간 양도세를 면제해주겠다고 해도 집을 사지 않던 시절이었다.

그때 주택을 샀던 사람들은 큰돈을 벌고도 세금을 거의 내지 않았다. 이처럼 일석이조의 혜택을 누렸는데 이는 그들의 용기 있는 선택이었고, 그때 주택을 여러 채 구입했던 사람들 때문에 지금 집값이 올랐다고 지적하는 것은 어불성설이다. 희소성이 있고 공공재의 성격이 있는 주택을 특정 사람들이 과하게 소유하는 것이 바람직하지는 않다. 하지만 자본주의가 완벽한 이상주의로 돌아가지는 않고, 그런 다주택 소유자들 때문에 집값이 상승하는 것은 아니다.

물론 일부 시장을 교란시키는 세력들은 문제다. 이런 부분은 집중적인 단속이 필요하지만 그렇다고 대한민국 부동산 시장이 흔들릴 정도는 아니다. 결국 다수의 수요자들이 불안한 심리에 한꺼번에 움직이면서 발생하는 문제다. 시장의 수요자들은 돈을 벌고 아파트도 필요한데, 내가 원하는 아파트는 공급보다 수요가 더 많다. 이 근본적인 문제를 외면하고 '강남의 고가 아파트가 문제다' '주택을 많이 가진 사람이 문제다'라는 이분법적이고 편향적인 사상에서 출발한 부동산 핀셋규제는 성공할 수 없는 정책이었다.

◆ 균형과 적합의 원칙 붕괴

송혜교, 김태희, 전지현 등은 대다수가 인정하는 미인들이다. 원빈, 현빈, 장동건, 정우성 등 미남들도 한번 생각해보자. 완벽한 기술을 가진 성형외과에 가서 송혜교의 눈, 김태희의 코, 전지현의 입술로 성형수술을 한다면, 과연 대한민국에서 가장 예쁜 미인이 탄생할 수 있을까? 원빈의 눈, 장동건의 코, 정우성의 입, 현빈의 얼굴형으로 성형수술을 하면 최고의 미남이 될까? 아마 뭔가 이상한 얼굴이 되어 있을 것이다. 눈, 코, 입은 각각의 생김새도 중요하지만 조화롭게 잘 어우러져야 한다.

부동산 가치를 평가할 때는 균형과 적합의 원칙이 적용된다. 4층 다세대주택에 16인용 수입 고급 엘리베이터가 설치된다면 균형의 원칙에 맞지 않다. 시장 상권에 이탈리아산 고급 대리석을 적용한 고급 다세대주택을 짓는다면 적합의 원칙에 맞지 않다. 그래서 부동산도 내부의 균형이 맞아야 하고, 외부와 적합이 맞아야 적절한 가치를 뽑낼 수 있다.

부동산 정책도 균형과 적합의 원칙이 필요하다. 종합부동산세, 양도세 중과, 취득세 중과, LTV·DTI규제, 분양가상한제, 재건축 초과이익환수, 조합원 지위양도 금지, 재당첨 제한, 분양권 전매제한, 토지거래허가구역, 조정대상지역 및 투기과열지구 등 정부에서 발표한 부동산 규제 각각만 본다면 전부 좋은 수요억제 규제들이다. 하지만 모든 규제가 그렇듯이 긍정적인 효과가 있다면 부정적인 요소도 있다. 부동산 시장 상황과 각 지역별 특성 등 여러 요건들을 고려해 가장 효과적이고 부작용을 최소화할 수 있는 정책들을 선별해서 적용해야 함에도 빨리 집값을 잡고 싶다는 의욕만 앞서서 그냥 마구잡이로 쏟아부으니 엉망진창이 되어 버렸다.

의료진은 암 환자에게 환자의 건강상태와 암의 진행상황에 따라 적절한 치료를 하고 약을 투입한다. 그런데 빨리 완쾌시키겠다는 욕심에 맞지도 않은 약을 먹게 하거나 항암치료를 강행한다면 어떨까? 부작용만 생길 뿐이다. 오히려 안 하는 것만 못한 결과가 나올 수 있다. 지금 부동산 정책이 바로 이런 상황이다. 차라리 아무 정책도 하지 않았다면 지금보다 더 나은 결과를 맞이할 수도 있었을 것이다. 과유불급(過猶不及)이다.

핀셋규제로 인해 강남에서 '마용성(마포·용산·성수)'으로, 마용성에서 서울로, 서울에서 수도권으로, 수도권에서 전국으로 풍선효과가 번졌다. 그리고 분양가상한제로 인해 주변 시세보다 인위적으로 분양가격을 낮추자 주변 시세가 떨어지는 것이 아니라, 당첨된 사람은 큰 시세 차익을 얻어 소위 '로또'가 되었다. 일명 로또청약 열풍이 생겼다.

양도세 중과를 하자 매물동결 효과가 생겼고, 보유세를 강화하니 똘똘한 한 채 열풍이 생겼다. 시장은 끊임없이 자신에게 유리한 판단을 하면서 반응한다. 민간 수요자들에게 공공성의 책임과 도덕성의 의무를 강요할 수는 없다. 이것이 바로 탁상행정에서 벗어나 현장의 입장에 입각한 검증과 고민을 한 정책을 신중하게 적용해야 하는 이유가 된다.

◆ 실수와 실패의 차이

누구나 실수를 한다. 실수를 하지 않으면 그게 어디 사람인가? 중요한 것은 실수는 하되 그 실수를 빨리 발견할 수 있어야 하고, 발견했다면 빨리 수정·보완을 해야 한다는 것이다. 실수가 반복되고 누적되면 실패가 된다.

진정한 실력이란 실수를 하지 않는 것이 아니라 실수를 하더라도 빨리 인정하고 다시 바로잡는 것이다. 당연한 말 아니냐고 하겠지만 대부분은 내가 한 실수를 인정조차 하지 않으려고 한다.

나의 가치관, 경험, 지식이 어우러져 '내가 맞다'라는 고집이 실수를 인정하지 않고 잘못된 결과를 동일한 방식으로 고치면서 왜곡은 심해진다. 결국 배가 산으로 간다. 배가 산으로 가버리면 다시 수정하는 것은 매우 어렵고 거의 불가능해진다. 지금 문재인 정부의 부동산 정책이 그렇다. 빨리 인정하고 보완을 했더라면 이 지경까지 이르지는 않았을 텐데, 지금도 고집하고 있다.

물론 언젠가는 집값이 잡힐 것이다. 하지만 부동산 정책 덕분이 아니라 시장의 보이지 않는 힘에 따라서 멈출 때가 되면 멈출 것이다. 진즉에 멈출 수 있는 집값이 잘못된 정책의 왜곡으로 더 많이, 더 오래 상승하며 진행중이다. 보유세를 올리면 양도세를 낮춰서 출구전략을 만들어야 했다. 그러면 매물이 나오면서 거래량도 늘어나고, 시장도 빨리 안정될 수 있었을 것이다.

종합부동산세가 부담스러워서 집을 팔고 싶어도 양도세 중과가 적용되어서 최고 60%가 넘는 양도세를 내야 한다면 팔고 싶겠는가? 조정대상지역에 3주택 이상을 소유하고 있다면 2021년 6월 1일 이후에 팔았을 때 70%가 넘는 양도세를 내야 한다. 이 정도면 팔지 말라는 이야기다. 동업을 해도 5 대 5인데 내가 투자해서 번 돈의 70%를 정부가 가져간다니 누가 팔겠는가.

시장의 수요자들은 서울의 똘똘한 한 채는 가지고 가고, 이 기회에 자녀에게 증여하면서 부의 대물림도 하며, 보유 가치가 낮은 지방이나 외곽의 주택을 정리하는 선택을 하고 있다. 4년을 기다린 실수요자들은 불안과 기다림에 지쳐 몇 개 없는 매물을 사고 있다. 그러면서 신고가 행진이 계속되고 있다.

일방적인 수요억제만으로 절대 부동산 시장을 잡을 수 없다. 공급 확대는 오랜 시간이 필요한 장기정책인 만큼, 지금이라도 제대로 된 원인분석을 한 후 시장상황에 적합하고 균형이 맞는 정책 수정을 기대해본다.

09

서울과 수도권에 주택공급은
얼마나 될까?

서울과 수도권 지역의 입주물량을 살펴보고,
향후 서울과 수도권 지역의 주택공급계획과 함께
제대로 공급될 수 있을지를 분석해본다.

서울 아파트 공급에 대해 알아보자. 서울은 우리나라 수도이자 개발이 이미 완료되어 주택을 지을 부지가 부족하다. 게다가 인구밀도가 높아서 항상 불안의 요소를 품고 있다. 공급 및 입주물량 영향에 대한 상세한 설명은 2부에서 하고, 먼저 서울 아파트 공급물량이 얼마나 되고 앞으로 얼마나 될지를 살펴보자.

〈그림10〉은 2015~2022년까지 서울 아파트 분양물량과 입주물량 흐름을 나타내는 그래프다. 아파트는 건설공사의 시간인 타성기간이 있어서 분양을 시작하고 나서 2~3년이 지나야 입주할 수 있다. 우리가 체감하는 공급은 입주물량이며, 입주물량은 2~3년 전의 분양물량을 보고 예상할 수 있는데, 2015~2020년까지 서울 아파트 입주물량은 꾸준히 증가했다.

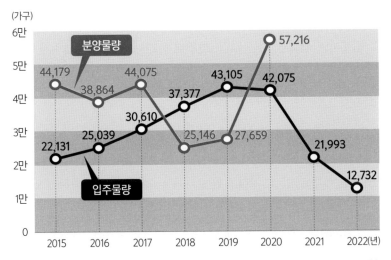

<그림10> 서울 아파트 공급 추이

(가구)

분양물량

입주물량

44,179　38,864　44,075　　　43,105　57,216

22,131　25,039　30,610　37,377　25,146　27,659　42,075　21,993　12,732

2015　2016　2017　2018　2019　2020　2021　2022(년)

※임대포함 총 가구수, 2020년 2월 5일 조사 기준, 예정물량은 변경될 수 있음

출처: 부동산114

특히 문재인 정부가 출범한 시점인 2017년 이후 지속적으로 아파트 입주물량이 늘어나는 것을 두고 정부의 아파트 공급정책이 잘되고 있다고 판단해서는 안 된다. 왜냐하면 2~3년 전 분양물량이 지금 입주하는 것으로, 2017~2020년까지 입주물량이 늘어났다면 2014~2017년까지 박근혜 정부에서 분양물량이 늘어났기 때문이다.

문제는 2021년부터 서울 아파트 입주물량이 줄어든다는 것이다. 2020년 4만 2천 가구 정도 되던 서울 아파트 입주물량은 2021년 2만 1천 가구로 반 토막이 날 예정이다. 게다가 2022년에는 다시 반 토막이 나서 1만 2천여 가구로 줄어들 것이다. 2021년과 2022년의 입주물량만 보면 공급 부족이 염려되는 상황이다.

◆ 서울과 수도권 지역의 주택공급계획은 어떻게 되는가?

정부가 가만있을 리는 없다. 2018년 8·27대책 이후 수요억제 정책뿐만 아니라 공급확대 정책도 병행해서 추진하고 있다. 특히 주택과열문제가 심각한 서울과 수도권 지역에 공급물량을 집중할 계획이다.

아래 표에서 보듯이 2020년 9·9대책을 통한 수도권 지역 주택공급계획을 보면 2020년 16만 호, 2021년 약 21만 호, 2022년 약 20만 호, 2023년 이후 63만 호, 총 127만 호(기타 40만 호 포함)를 계획하고 있다.

수도권 공공택지 물량 총 84만 5천 호의 44% 정도인 37만 호(13만호, 분양주택 사전청약 6만 호, 본청약 18만 호)가 2022년까지 공급될 예정이다. 그런데 정부가 계획한 대로 실제 공급이 될지 의문이다. 과거에도 100만 호 건설 등 이런 계획들이 자주 등장했지만 입주물량까지 연결된 적은 없었기 때문다. 시간이 지나면 공급물량이 크게 늘어나 공

<2020년 9·9대책의 수도권 127만 호 주택공급 계획>

구분	합계	2020년	2021년	2022년	2023년
합계	1,231	186	213	203	630
공공택지	845	90	132	146	478
서울	118	11	7	11	89
경기	633	70	105	107	351
인천	94	9	20	27	38
정비사업	386	96	81	57	152

단위: 천 호

급부족 문제가 해결된다는 낭만적인 생각은 하지 않는 것이 좋다.

그래도 3기 신도시는 문재인 정부의 수도권 주택공급의 핵심정책으로 투자자와 실수요자 모두 관심을 가져야 한다. 3기 신도시는 아래 표에서 보듯이 2018년 12·19대책 4곳(과천 과천, 남양주 왕숙, 하남 교산, 인천 계양)과 2019년 5·7대책 2곳(고양 창릉, 부천 대장), 이렇게 6개 지구에 도시개발을 통해 18만 호 정도의 새 아파트가 공급될 계획이다. 또한 2021년 2·24대책 3곳(광명 시흥, 부산 대저, 광주 산정)이 추가되었다.

과거 1기 신도시와 2기 신도시 사례에서 보듯이 신도시가 실패한 적은 없었다. 그러므로 관심을 가지고 공략해야 할 것이다. 3기 신도시 투자전략은 4부에서 다시 설명하도록 하겠다.

<3기 신도시 개요>

구분	과천 과천	남양주 왕숙	하남 교산	인천 계양	고양 창릉	부천 대장	광명 시흥
면적	155만m²	1,134만m²	649만m²	335만m²	813만m²	343만m²	1,271만m²
호수	7천 호	6만 6천 호	3만 2천 호	1만 7천 호	3만 8천 호	2만 호	7만 호

3기 신도시 6곳을 발표했음에도 공급이 부족하다는 목소리가 줄어들지 않자 정부는 2020년 8·4대책을 통해 추가로 13만 2천 호를 공급하겠다고 했다. 신규택지 발굴을 통해 3만 3천 호, 3기 신도시 등 용적률 상향으로 2만 4천 호, 정비사업 공공성 강화로 7만 호, 규제완화 등을 통한 도심공급 확대로 5천 호를 공급해서 총 13만 2천 호를 공급하겠다는 계획이다. 그리고 2021년 공공재개발을 통해 서울 도심 공급확대 계획도 추진하기로 했다.

<2020년 8·4대책의 주택공급 확대방안>

구분	주택 규모
1. 신규택지 발굴	**3만 3천 호**
태릉CC	1만 호
용산 캠프킴	3,100호
정부과천청사 일대	4천 호
서울지방조달청	1천 호
국립외교원 유휴부지	600호
서부면허시험장	3,500호
노후 우체국 복합개발	1천 호
공공기간 유휴부지 17곳	9,400호
2. 3기 신도시 등 용적률 상향 및 기존사업 고밀화	**2만 4천 호**
3기 신도시 용적률 상향	2만 호
기존 도심 개발예정 부지(서울의료원, 용산정비창)	4,200호
3. 정비사업 공공성 강화	**7만 호**
공공참여 고밀 재건축 도입	5만 호
정비구역 해제지역 재개발 허용	2만 호
4. 규제완화 등을 통한 도심공급 확대	**5천 호**
노후 공공임대 재정비	3천 호
공실 등 유휴공간 활용	2천 호
도심고밀 개발을 위한 도시계획 수립기준 완화	

출처: 국토교통부

◆ 실제 계획대로 공급이 될까?

계획도 중요하지만 더 중요한 것은 '실제로 공급이 되는가'이다. 수도권 추가공급계획인 13만 2천 호가 과연 실제로 공급이 가능한 계획인지를 분석해보도록 하겠다.

가장 많은 물량을 계획한 정비사업 공공성 강화를 통한 7만 호는 안타깝게도 현실 가능성이 매우 낮다. 용적률을 300~500% 수준으로 완화하고 최대 50층까지 허용하면서 늘어난 용적률의 50~70%를 기부채납으로 받아 공공분양과 공공임대 아파트를 공급하겠다는 계획인데, 칼자루를 쥐고 있는 조합이 과연 정부의 생각대로 움직일까? 그 가능성은 낮다.

아마 정부는 용적률 250%에서 500%로 늘려주고, 늘어난 용적률 절반 정도를 기부채납 받으면 임대아파트를 많이 공급할 수 있고 조합도 용적률을 올려주니 반대하지 않을 것이라 생각할 것이다. 그런데 낭만적인 생각이다. 조합 입장에서 조금만 생각해보면 현실성이 떨어진다는 것을 알 수 있다. 늘어난 일반분양만큼 당장의 수익성이 개선된다고 해도 초과이익환수로 정부가 개발이익 상당 부분을 가져갈 것이며, 고밀도 개발을 하면 중장기적으로 주택의 가치는 떨어질 수밖에 없다.

게다가 임대아파트를 짓는 것은 찬성이지만 우리 동네, 우리 아파트에 짓는 것은 싫다는 님비(Not In My Back Yard) 현상까지 더해져 조합 동의 2/3를 받는 것은 불가능에 가까울 것이다. 그렇다고 정부가 불로소득 환수라는 명분을 버리고 재건축단지에 파격적인 인센티브를 줄 가능성도 없다.

또한 수많은 이해관계가 복잡하게 얽혀 있는 재개발 해제구역을 공공재개발 가능하도록 허용하는 방안도 생각처럼 쉽지 않다. 결국 정비사업을 통한 7만 호 공급계획은 그저 계획에 그칠 가능성이 높다. 게다가 도심 공실 상가와 오피스텔을 활용도 현실성이 떨어진다.

결국 계획대로 공급이 가능한 물량은 신규택지 3만 3천 호와 용적률 상향으로 인한 2만 4천 호, 총 5만 7천 호 정도이다. 이마저도 경기도에 위치한 3기 신도시 용적률 상향으로 2만 호 정도 늘리는 것은 큰 효과를 기대하기 어렵다. 따라서 실질적인 서울 주택공급 확대는 3만 7,200호 정도이다. 여기에 가장 큰 1만 호 규모인 태릉CC의 경우, 서울 동북부권의 실수요자들한테는 도움이 되겠지만 입지적으로 강남이나 도심 수요분산과 집값 안정 효과는 미미할 것이다. 많은 수요자들이 관심을 가질 만한 지역은 용산 캠프킴 3,100호, 과천 4천 호, 조달청 1천 호 등 2만 호가 채 되지 않는다.

3기 신도시 입주물량이 시장에 나오려면 아무리 빨라도 2025년 이후다. 공공 재개발사업은 3기 신도시보다 더 오랜 시간이 걸리며, 서울 8곳 시범지구 물량을 전부 합쳐도 5천 가구가 되지 않는다.

◆ 공급을 하면 서울 집값이 잡힐까?

정말 갖은 노력으로 공급계획안을 만든 노고는 인정해주어야 한다. 하지만 안타깝게도 서울의 집값을 잡기에는 현실적으로 역부족이다. 실현 가능성이 매우 낮지만 설사 계획된 물량이 다 공급이 된다고 해도 언제 될지 그 시기가 유동적이며, 몇 년에 걸쳐 조금씩 입주하면 서울 수도권의 순 유입인구를 감안했을 때 크게 도움이 되지는 않을 것 같다.

대부분 임대아파트로 개발을 하면 지역 주민들과 지방자치단체들이 강하게 반발할 것이다. 그리고 입지가 좋은 곳에는 입주대상이 되는 소수에게만 혜택이 돌아가므로 형평성 문제가 발생할 수도 있다.

영혼까지 끌어 모을 정도로 부지를 찾은 노고는 인정한다. 다만 실질적으로 서울의 집값을 잡는 효과를 기대하기는 어려울 것 같다.

이렇게 무리해서 개발한 주택들이 집값 안정에는 큰 도움이 되지 않는다. 오히려 몇 년 후 입주시점에 주택시장이 침체가 되는 상황이 발생하면, 지금과 반대의 문제를 야기시킬 가능성도 배제할 수 없다. 차라리 한시적으로 양도세 중과를 폐지해줌으로써 매물이 많이 나오게 해주고 무주택자들이 주택을 구입할 때 저리대출확대, 취득세와 재산세 감면 등 혜택을 주는 것이 효과도 빠르고, 주택시장 안정에 훨씬 더 도움이 될 것이다.

10

전세형 공공임대,
성공할 수 있을 것인가?

단기 주택공급 계획인 전세형 공공임대주택이
정부의 기대대로 과연 성공할 수 있을까?
어떤 주택을 어떻게 공급하겠다는 것인지 상세히 알아보자.

　주택공급 계획이 너무 장기적인 대책이기 때문에 당장 급한 주택 시장 과열의 불을 끄기에는 역부족이다. 이처럼 비판 여론이 높아지자 정부는 2020년 11월 19일, 서민 중산층 주거안정을 위한 단기 및 중장기 주택공급 확대대책을 발표했다. 규제대책도 많이 발표되었고 복잡하지만 공급대책 역시 도대체 언제, 얼마나, 어떻게 한다는 것인지 도무지 모르겠다는 사람들이 많다. 그런데 앞서 설명한 공급계획은 3기 신도시 포함 중장기 공급계획이라고 이해하면 된다.

　이번 장에서 설명하는 공급계획은 중장기 공급계획뿐만 아니라 단기 공공임대주택공급계획도 같이 포함했다고 이해하면 된다. 11·19 단기 및 중장기 주택공급 확대계획 내용은 '임차인 부담완화, 질 좋은 평생주택, 중장기 공급확대, 단기 공급확대'로 구분할 수 있다.

◆ 임차인 부담 완화 및 보호 강화

월세에서 전세형으로 전환을 지원하기 위해서 공공지원 민간임대의 전세 공급 유도 및 오피스텔 전세공급을 유도할 계획이다. 보증금 1억 6천만 원, 월 43만 원인 김포 한강, 1억 2천만 원, 월 44만 원 인천 서창2 등에 공공지원을 하고, 민간임대가 부담스러운 사람들을 위해 2021년 14개 사업장 1만 2천 호는 월세가 없는 전세로 공급을 유도하며 월세 위주의 오피스텔도 전세로 유인하고 저리 기금대출 대환 지원 등을 해주겠다고 발표했다.

또한 한계 임차인 지원을 위해 보증료율 인하 및 감정평가 비용 부담 완화 등으로 지원해주겠다고 한다. 서민층을 위해 지원을 확대해주는 것은 서민주거안정을 위해 바람직하다. 그런데 공공단지나 공공자금이 투입되는 일부 물량에 대한 제한적인 혜택으로 현재의 서민 주거문제가 해결되기는 어렵고, 대책을 위한 대책이라는 생각밖에 들지 않아서 큰 기대는 하지 않는 것이 좋겠다.

◆ 질 좋은 평생주택

정부는 2025년까지 중형임대(전용 60~85㎡) 6만 3천 호를 공급하고 2025년 이후 연 2만 호를 공급할 계획이며, 거주기간을 30년으로 확장하며, 소득요건도 완화해서 일부 중산층까지 확장하겠다고 한다. 또한 공공이 토지를 공급하고 민간이 설계 건설을, 민간참여 공동사업을 확대하고 마감재 품질을 상향, 여러 계층이 어울려 사는 소셜믹스(Social mix)를 확대한다고 한다.

이론적으로 보면 좋다. 그런데 모든 사람이 공평하게 잘살 수 없고, 서로 다른 계층이 어울려 잘살기가 현실적으로 쉽지 않다. 질과 양은 반비례한다. 그만큼 질 좋은 주택이 충분히 공급되려면 막대한 예산과 시간이 필요하므로 현실성이 떨어진다.

◆ 주택 중장기 공급확대

2020년 10월 미착공 물량 12만 7천 호 중에서 착공일정을 단축해 1만 2천 호를 조기 착공함으로써 공급시기를 당기겠다고 발표했다. 또한 서울시 사업대상 공공참여 가로주택정비사업을 전국으로 확대해 전국 5천 호를 공급하겠다고 발표했다. 참고로 가로주택정비사업은 사업으로 공공성을 강화(공공참여 등)하고 인센티브(분양가상한제 제외, 가로면적 확대)를 제공해 노후화된 소규모 주택과 열악한 주거환경을 정비하는 사업이다.

수도권 127만 호 공급계획 중에서 공공택지를 통해 84만 5천 호가 공급될 계획이다. 추가공급이 가능한 후보지를 지속적으로 발굴하고, 공공지원 민간임대 공급확대를 위해 도심 내 공급확대를 유도하고 조기 공급을 지원한다고 한다. 토지거래허가구역 내 신탁을 통한 주택공급을 허용하고 리츠, 펀드를 활용한 건설임대 공급도 활성화하겠다고 한다.

◆ 주택 단기 공급확대

지금까지 발표한 공급계획이 시급한 주택부족 문제를 해결하기에는 어렵다. 이 점을 들어 주택 단기 공급확대 계획을 추가했다. 2022년까지 전국 11만 4천 호(서울 3만 5천 호, 수도권 7만 호)를 전세형으로 추가 공급할 계획이다.

타성기간이 있는 주택을 어떻게 빨리 공급할 수 있을까? 아파트가 아닌 6개월에서 1년 정도면 지을 수 있는 다세대 빌라나 오피스텔 등 2룸, 3룸을 LH 등이 주도적으로 매입해서 전세로 공급하겠다는 것이다.

기존에 발표한 주거복지로드맵, 5·6대책, 8·4대책 등을 통해 발표했던 물량도 포함된 것이고, 아파트 전세수요 분산을 위해 도심 내 질 높은 주택을 공급하는 것으로, 아쉽게도 아파트가 아닌 2룸, 3룸

<2020년 11·19대책의 단기 주택공급 계획>

유형	전국			
	합계	2021년 상반기	2021년 하반기	2022년
	11만 4,100호	4만 9,100호	2만 6천 호	3만 9천 호
공공임대	3만 9,100호	3만 9,100호		
공공전세	1만 8천 호	3천 호	6천 호	9천 호
신축 매입약정	4만 4천 호	7천 호	1만 4천 호	2만 3천 호
비주택 공실 리모델링	1만 3천 호		6천 호	7천 호

출처: 한국부동산원

다세대주택이나 오피스텔 등이 약 11만 4천 호 공급된다고 이해하면 된다.

공공임대, 공공전세, 신축 매입약정, 비주택 공실 리모델링, 이렇게 4가지 단기 주택공급 계획에 대해 상세히 알아보도록 하자.

공공임대 공실 활용

2020년 10월 기준 LH, SH 등이 보유한 3개월 이상 공실주택이 전국 3만 9천 호, 수도권 1만 6천 호, 서울 4,900호 정도 된다. 정부는 이러한 공실주택을 전세형으로 신속하게 전환해 공급하겠다는 계획이다. 이렇게라도 공급해주면 다행이다. 그런데 실제는 이보다 줄어들 가능성이 높다.

11·19대책을 발표할 때는 이렇게 하겠다고 했는데 12월이 되자 한 달 만에 3만 9천 호에서 절반 정도가 계약되었다. 그 결과 1만 8천 호 정도만 전세형 전환이 가능하다고 추가 발표했다. 계획은 계획일 뿐이므로 지나친 기대는 하지 않는 것이 좋다.

공공전세주택공급

다세대주택, 오피스텔 등을 LH가 매입해 민간 수요자에게 전세로 공급하는 방식으로, 전국 1만 8천 호, 수도권 1만 3천 호, 서울 5천 호를 전세로 공급할 계획이다. 고품질 자재와 인테리어, 빌트인 옵션 등 최신 주거 트렌드를 반영해 잘 짓겠다고 하지만 아파트가 아니라서 실망이다. 그나마 다세대, 오피스텔이라도 많이 공급되면 선택의 폭이 넓어질 수 있으니 좋겠지만 이마저도 충분하지 않다. 서울의 경

<공공전세주택공급 계획>

구분	합계	2021년 상반기	2021년 하반기	2022년
전국	1만 8천 호	3천 호	6천 호	9천 호
수도권	1만 3천 호	2,500호	4천 호	6,500호
서울	5천 호	1천 호	2천 호	2천 호

우 2021년 상반기 1천 호, 하반기 2천 호, 2022년 2천 호인데 어디 간에 기별이나 가겠는가.

신축 매입약정 임대주택공급

매입약정으로 확보한 고품질 신규 임대주택을 전국 4만 4천 호, 수도권 3만 3천 호, 서울 2만 호 공급할 계획이다. 참고로 신축 매입약정사업은 정부에서 LH를 통해 민간건설회사로부터 일정 조건에 맞는 건축계획을 제공받아 검토 후, 매입을 확정한 상태로 건축을 진행해 최종 LH가 매입하는 방식의 공공주택 사업이다.

이 역시 민간건설회사들이 얼마나 적극적으로 참여할지 의문이고, 적극적으로 참여한다면 분명 시세보다 높게 매입을 해준다는 의미여서 세금 낭비가 걱정된다. 계획처럼 하더라도 서울 2만 호, 그것도 2021년 상반기 3천 호, 하반기 6천 호, 2020년 1만 1천 호로 얼마나 서민주거안정에 도움이 될지 모르겠다. 수치로만 목표를 달성하기 위해 영혼 없이 추진하는 주택매입이 좋은 결과로 이어지지는 않을 것 같다.

비주택 공실 리모델링

비주택 공실 리모델링은 주택이 아닌 상가나 호텔 등을 개조해서 주거용으로 사용하겠다는 것이다. 얼마나 급했으면 이런 생각도 했을까 안쓰럽다. 하지만 역시 서민주거안정에 큰 도움이 되지는 않을 듯하다.

전국 물량이 1만 3천 호 정도이고 서울은 5,400호밖에 되지 않는다. 일부에서는 '호텔을 개조하면 얼마나 럭셔리하고 좋을까?'라는 환상을 가지기도 하는데, 5성급 호텔을 생각하면 안 된다. 비스니스호텔을 개조한다고 생각하면 된다.

대학생이나 사회 초년생 등 1인 가구가 이용하기에는 괜찮을 수 있다. 그러나 주방, 세탁실 등은 공용으로 사용해야 하고 환기하기에 불편할 수 있다. 그나마 임대료가 저렴하게 책정되고 편의시설이 개선된다면 1인 가구는 충분히 도전해볼 만하다.

주의할 것도 있다. 대개 영화의 가장 재미있는 장면은 예고편이고, 주택 중에 가장 멋진 주택은 모델하우스라는 우스갯소리처럼, 처음에 보여주기 식으로 준비하다가 결국에는 세금 낭비만 하고 제대로 되지 않을 가능성이 높다.

이처럼 단기주택 11만 4천 호 공급계획은 아쉽게도 다수의 시장수요자들이 원하는 소형 아파트가 아니다. 지금 시장에서 원하고 문제가 되는 것은 3~4인이 거주할 수 있는 양질의 소형 아파트다. 몇 만 호 건설, 이런 숫자보다는 살고 싶은 아파트를 내가 노력하면 내집 마련의 기회로 잡을 수 있느냐가 더 중요하다.

11

드디어 기다리던
공공재개발이 시작된다

문재인 정부의 서울 도심 새 아파트 공급계획 중 하나인
공공재개발 사업이 시작되었다.
공공재개발 시범지구 8곳에 대해 알아보자.

정부는 강력한 수요억제 규제정책을 쏟아부었음에도 서울 집값이
잡히지 않자 공급확대로 정책의 방향을 전환했다. 그러면서 3기 신
도시와 서울 태릉CC 부지 등 유휴부지 개발을 추진했고, 2021년 3기
신도시 등 개발 일정 단축과 서울 도심에 공공재개발이라는 공급확
대 카드까지 꺼내 들었다. 공공재개발은 LH(한국토지주택공사), SH(서울
주택도시공사) 등 공공기관이 시행사로 참여해서 주택공급 및 주거환
경개선 등을 촉진하는 재개발 사업이다.

도심에 새 아파트를 공급하려면 재건축·재개발 정비사업이 가장
효과적이다. 서울은 이 방법밖에 없는데, 자칫 정비사업을 풀어준다
는 잘못된 시그널을 줌으로써 투기확산을 우려한 정부는 계속 주저
했다. 하지만 재개발을 하지 않으면 안 되는 상황까지 내몰리고 나서

<그림11> 공공재개발 사업 후보지

종로구 신문로2-12
공급 주택 수 242가구
규모 1,249m²
인접 지하철: 광화문(5호선)

영등포구 양평13
618가구
2만 7,442m²
양평(5호선)

영등포구 양평14
358가구
1만 1,082m²
양평(5호선)

관악구 봉천13
357가구
1만 2,272m²
봉천(2호선)

강북구 강북5
680가구
1만 2,870m²
미아사거리(4호선)

동대문구 용두1-6
919가구
2만 780m²
청량리(1호선)

동대문구 신설1
279가구
1만 1,204m²
신설동(1·2호선)

동작구 흑석2
1,310가구
4만 5,229m²
흑석(9호선)

출처: 조선일보, 자료: 국토교통부

야 공공재개발이라는 형식을 빌려 재개발 사업 진척이 제대로 되지 않았던 8곳을 선정해 3천 가구를 추가 공급하기로 했다.

2021년 공공재개발 후보지로 선정된 8곳은 사업성 부족과 주민 간 갈등으로 정비구역으로 지정되고서 평균 10년 이상 사업에 진척이 없던 지역들이다. 공공재개발 시범지역은 〈그림11〉에서 보듯이 종로구 신문로2-12, 영등포구 양평13, 양평14, 관악구 봉천13, 강북구 강북5, 동대문구 용두1-6, 동대문구 신설1, 동작구 흑석2, 이렇게 8곳이다.

국토교통부에 따르면 공공재개발 사업은 용적률을 법적 상한의 120%까지 허용해 현재 1,704가구에서 4,763가구로 공급을 하겠다는 것이다. 골드라인인 지하철 9호선이 인접한 흑석2구역은 기존 270가구뿐이었는데 공공재개발을 하면 1,310가구로 늘어나게 된다. 아마 공공재개발 후보지에서 가장 인기가 높은 구역을 꼽으라면 흑석2구역이 되지 않을까 싶다. 흑석은 이미 '마용성'에 버금가는 신흥 부촌으로 자리를 잡았기 때문이다.

◆ 돈이 되는 공공재개발은 따로 있다

지하철 5호선과 광화문 광역도심을 끼고 있는 종로 신문로2-12구역은 용적률 900%를 적용해 242가구의 아파트가 공급될 계획이다. 지하철 5호선이 연결되어 있지만 정비사업이 제대로 되지 않아 낙후된 지역을 벗어나지 못한 영등포 양평도 13, 14구역이 공공재개발이 되면서 13구역 618가구, 14구역 358가구로 1천 세대 가까운 새 아파트가 공급될 수 있다는 점에서 다행이라 할 수 있다.

골드라인인 2호선이지만 낙후된 이미지를 벗지 못하고 있는 봉천도 봉천13구역이 공공재개발되면서 향후 357가구가 공급될 예정이다. 지하철 4호선인 강북5구역은 680가구, 지하철 1호선인 동대문구 용두1-6구역은 919가구, 1호선과 2호선 모두 이용이 가능한 동대문구 신설1구역은 279가구가 공급될 예정이다. 이렇게 총 4,763가구의 새 아파트가 서울에 공급될 계획이다.

이 정도의 물량은 '언 발에 오줌 누기' 정도이지만 재개발사업이 지지부진하던 구역을 공공이 개입해서 빠르게 추진해 성공적으로 자리를 잡는다면, 서울 새 아파트 공급의 기능뿐만 아니라 낙후된 도심 지역 재생에도 큰 도움이 될 수 있다는 점에서 긍정적으로 평가할 만하다.

단순 용적률만 120%로 늘려줄 것이 아니라 분양가상한제 제외, 인허가 절차 간소화 등 인센티브를 제공할 계획이다. 물론 정부에서 그냥 용적률만 늘려주지는 않을 것이다. 그리고 용적률의 20~50% 정도는 공공임대주택으로 환수하고 투기수요 유입을 막기 위해 8곳 모두를 토지거래허가구역으로 지정했다.

공공재개발 사업의 관건은 민간의 협조와 지지에 있다. 조합원 분양분을 제외하고 새로 공급되는 주택 물량의 절반 정도를 공공임대나 수익 공유형 전세 등으로 내놓아야 한다. 그런데 지금이야 사업이 제대로 안 되니 조합원들이 빨리 하자는 의미에서 적극적이지만, 막상 손익계산을 해보면 나중에 다른 목소리가 나올 수도 있다. 그래서 공공과 민간이 손을 잡고 서로 이익이 될 수 있는 접점을 잘 찾을지가 성공의 키포인트가 될 것이다.

2020년 8·4공급대책에서 5만 가구를 공공재건축으로 공급하겠다고 했는데 사전컨설팅을 신청한 단지가 7곳밖에 없었고, 특히 은마, 잠실5 등 대표 단지는 한 군데도 없었다. 인프라가 잘 갖춰진 부촌의 노후화된 아파트를 철거하고 새로 짓는 재건축 사업 특성상 아파트 단지에 임대가 들어온다는 것을 받아들이기 어려웠을 것이다. 공공재개발은 공공재건축보다는 인프라까지 부족한 강북 도심권 낙후지역의 사업추진도 지지부진했던 구역들이어서 공공재개발보다는 좀 더 빠른 속도를 낼 수도 있지 않을까 기대해본다.

여기서 멈추지 않고 더 많은 도심공급확대를 위해 2021년 2월 4일 '대도시권 주택공급 획기적 확대방안'이 발표되었다. 2025년까지 전국 약 83만 호, 서울 32만 호 정도의 주택공급 부지를 확보하겠다는

<2·4대책의 공공 부지확보 예상물량>

	총계	정비사업	도심공공주택복합사업			소규모	도시재생	공공택지	비주택 리모델링	신축매입
			역세권	준공업	저층주거					
계	83.6	13.6	12.3	1.2	6.1	11	3	26.3	4.1	6
서울	32.3	9.3	7.8	0.6	3.3	6.2	0.8	-	1.8	2.5
인천·경기	29.3	2.1	1.4	0.3	1.3	1.6	1.1	18.0	1.4	2.1
5대광역	22.0	2.2	3.1	0.3	1.5	3.2	1.1	(광역)5.6 (지방)2.7	0.9	1.4

단위: 만 호, 출처: 국토교통부

계획이다. 도심 역세권, 준공업지역, 저층주거지 등의 신규가용지와 재개발, 재건축, 도시재생, 소규모 정비사업 등을 활성화해 주택공급을 늘리겠다는 것인데, 이는 공공이 주도를 해서 용적률, 사업인허가 단축 등 인센티브를 주고 사업성을 높여 민간의 적극적 참여를 유도하겠다는 전략이다.

이렇게만 된다면 공급물량은 확실히 늘어날 것이다. 그러나 지금까지 공공이 주도를 해서 잘된 경우가 별로 없었고, 실질적으로 보면 차기 정부와 지방자치단체장에게 공을 던진 셈이다. 정책의 일관성이 확보되지 않는다면 장밋빛 전망으로 그칠 가능성도 높다. 무엇보다 실질적인 입주물량이 늘어나는 5년 이후 부동산 시장 분위기가 꺾일 경우, 오히려 공급과잉이 발생할 가능성도 배제할 수 없다.

12

양극화는 점점 더
심화될 것이다

대한민국 부동산은 서울과 지방의 양극화를 넘어
이제는 '집을 가지느냐, 가지지 못하느냐'의 양극화 시대다.
문제는 주택소유 유무에 따른 양극화가 더 심화된다는 데 있다.

집값이 급등하면서 '벼락거지'라는 신조어까지 등장했다. 벼락거지란 '아파트를 사지 않고 전세를 살면서 악착같이 돈을 모으는 사이 집값의 상승속도가 더 빨라 도저히 따라가지 못하면서 집을 산 사람에 비해 상대적으로 빈부격차의 양극화가 너무 많이 벌어져버린 현실'을 지칭하는 씁쓸한 말이다.

나는 열심히 일하면서 돈을 모은 죄밖에 없는데 아파트를 사지 않았다는 이유만으로 양극화의 아래 부분으로 내려와야 하는지, 너무 억울하고 집값을 잡지 못한 정부가 원망스러우면서도 결국에는 무리해서라도 아파트를 사지 않은 내 잘못 같아서 자괴감이 든다는 사람들이 많다. 실제로 이런 자괴감과 우울증을 호소하는 사람들을 많이 만났다. 그런데 그들의 잘못은 없다. 2017년 8·2대책 발표 당시에 국토교통부 장관이 분명 이렇게 말했다. "집값 반드시 잡을 것이고 집값 떨어질 것이니 집 사지 말고 기다십시오"라고 말이다. 국민이 정부를 믿고 하라는 대로 한 것이 무슨 죄란 말인가?

안타깝게도 아파트를 구입했느냐 하지 않았느냐에 따라 자산가치의 상승폭에 큰 차이가 난다. 2015년 정도로 기억하는데 길거리에서 래미안에스티움 일반분양 홍보 전단을 받은 적이 있다. 당시 일반분양 가격이 84m^2 기준 5억 원 중반 정도였다. 참고로 래미안에스티움은 신길뉴타운 7구역을 재개발해 2017년 입주한 1,722세대 아파트다.

〈그림12〉는 래미안에스티움 전용 84m^2의 2015년 일반분양 때부터 2020년 12월까지 실거래가, 시세, 매물가격을 나타낸 그래프다. 그래프에서 보듯이 2015년 5억 원 중반 대에서 시작한 후 3배 정도 상승해 2021년 1월 기준 전용 84m^2의 가격은 15억 원이 넘는다. 5년 만에 무려 10억 원이나 상승한 것이다.

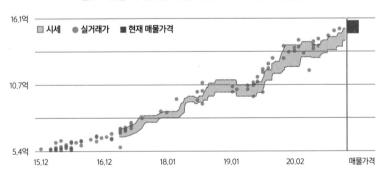

<그림12> 신길 래미안에스티움 전용 84m² 매매가격 변동추이

※2020. 12. 08. KB부동산 기준 / 2020. 12. 국토교통부 기준

출처: 네이버

◆ 양극화가 훨씬 심해진다

개인마다 차이가 있겠지만 전세로 거주하고 연봉 1억 원 정도에 자녀가 2명 있는 40대 맞벌이 부부를 가정해보자. 부부합산 연봉이 약 2억 원 정도가 되더라도 세금을 내고 난 세후소득은 1억 6천만 원 정도이다. 여기에 생활비, 교육비, 경조사비 등 각종 지출을 제외하면 실제 저축할 수 있는 금액은 1년에 5천만 원 모으기도 쉽지 않은 금액이다.

신기하리만큼 버는 만큼 쓰게 되어 있다. 그래서 생각보다 절약되는 금액이 적은 것이 현실이다. 1년에 5천만 원씩 5년을 모으면 2억 5천만 원이다. 래미안에스티움 전용 $84m^2$ 전세가격이 2015년 5억 원 정도에서 2020년 8억 원이 넘었다. 열심히 돈 모아서 전세금을 올려주면 계산이 딱 맞다.

좋다. 허리끈 졸라매서 1년에 1억 원씩 모았다고 해도 5년이면 5억 원이다. 래미안에스티움 상승폭의 절반 정도밖에 되지 않는다. 연봉 1억 원인 맞벌이 부부를 예를 들어서 그렇지 실제는 1년에 1천만 원 모으기도 어렵다. 심지어 마이너스 나지 않으면 다행이다.

비교적 높은 수입을 얻는 의사들도 "열심히 돈을 모아도 부동산 가격 상승을 따라가지 못하겠다"는 말을 하는 것을 보면. 열심히 모아서 집 산다는 것은 집을 포기하겠다는 것과 같은 의미라 보면 되겠다.

예전에는 강남과 강북의 양극화, 서울과 경기 및 인천 지역의 양극화, 수도권과 지방의 양극화를 많이 이야기했는데 이제는 '아파트를 가지고 있느냐 없느냐'의 양극화 시대로 접어들고 있다. 여기서 한

걸음 더 나아가 집값이 비쌀수록 더 많이 오르는 집이 있어도 어느 지역의 어느 아파트냐에 따라 격차가 더 벌어지고 있다.

집값을 가격 순으로 나열해서 상위 20%를 5분위, 하위 20%를 1분위로 한 주택가격 추이가 발표되었다. 집값이 비싼 5분위 주택가격은 2015년 5억 2,600만 원에서 2021년 10억 2,800만 원으로 거의 2배가 올랐다. 반면에 1분위 주택가격은 2015년 1억 800만 원에서 2021년 1억 1,900만 원으로 제자리걸음이다. 부동산 자산 양극화도 심화되고 있음을 알 수 있다.

도저히 아파트 가진 자를 따라가지 못해서, 아무리 노력해도 벼락거지를 탈출하기 어려울 것 같다는 불안감에 소위 '패닉바잉(panic buying)'이라고 영끌(영혼까지 끌어들여)해서 아파트를 구입했다. 30대들의 아파트 구입 열기가 2020~2021년 부동산 시장의 주된 흐름이다.

현시대는 격변의 시대다. 우리나라뿐만 아니라 전 세계적으로 자녀세대가 부모세대보다 못사는 시대가 시작된 것이다. 지금까지는 자녀들이 공부도 더 많이 했고 직업도 더 좋았고 수입도 더 좋아서 부모세대보다 더 잘사는 것이 일반적이었다. 그런데 이제는 그렇지 않다. 그만큼 노력해서 잘살기가 어려워졌다.

부모로부터 부의 대물림을 받은 일부 '금수저'를 제외하면 대부분은 부동산, 특히 아파트를 보유하고 있느냐 없느냐의 기준에 따라 양극화의 저울 위에 서 있는 위치가 달라질 것이다. 필자는 주택 하나는 보험이라고 생각해서 실수요자들에게 부동산 시장 분위기나 흐름에 너무 일희일비하지 말고 내집 마련은 하라고 권한다.

오를 때는 놀랄 정도로 많이 오르기 때문에, 아무리 열심히 일하고 돈을 모아도 절대 집값을 따라갈 수가 없어서다.

'아, 그때 살걸' 하는 후회는 10년 전에도 있었고, 5년 전에도 있었고, 1년 전에도 있었다. 양극화의 열차에서 낙오되지 않으려면 '늦었다' 생각하지 말고 내집 마련의 승차 티켓을 잡는 것이 정답이다.

13

과연 우리는 일본의
잃어버린 20년을 따라갈 것인가?

동력을 잃어가는 경제 상황과 고령화·저출산 등 구조적인 문제,
저금리와 과잉 유동성의 전환 시점에 제대로 대응을 하지 못하면
일본과 같은 장기불황으로 갈 가능성이 높아진다.

코로나19에 따른 일시적인 경제위기라면 걱정도 하지 않겠지만
현재 우리나라 경제는 고용·소비·지출·기업·수출의 5중고에 직면해
있다. '한강의 기적'이라 불릴 만큼 놀라운 성장은 이제 호랑이 담배
피던 시절처럼 옛이야기가 되어버렸다.

우리나라는 일본의 장기침체를 틈타 반도체를 비롯한 전자, 조선,
철강, 자동차 등 여러 부분에서 괄목할 만한 성장을 이루었으나 "일
본의 장기침체 전철(前轍)을 따라가는 것이 아닌가" 하는 우려의 목소
리 역시 커지고 있는 실정이다.

일본이 경험한 내리막의 징조를 먼저 알아보자. 의류 내수판매가
1991년 15조 3천억 엔을 정점으로 찍고 내려와 현재는 당시의 2/3
수준이고, 1990년 자동차 내수판매 777만 대라는 기록이 아직도 깨

지지 않고 있다. 주택거래량 역시 1986년을 정점으로 내리막을 걷고 있다. 1985~1990년까지 연평균 4.3%이던 일본의 GDP성장률은 1991년 이후 20년간 연평균 1.1%로 주저앉았다.

2017년 우리나라의 의류·가방 등 패션상품 소비액은 2008년 금융위기 이후 처음으로 증가세가 꺾였고, 자동차 판매도 줄어들고 있다. 주택거래량도 2015년 110만 건에서 2019년 68만 건으로 확연히 줄어들었다.

부동산 정책의 왜곡으로 2020년에는 110만 건 이상 거래되기는 했다. 하지만 이는 정책의 부작용일 뿐, 경제상황이나 부동산경기에 따른 거래증가라고 볼 수는 없다. 2005~2008년 연평균 4.1%이던 GDP성장률은 2019년 2%까지 떨어지더니 2020년은 마이너스까지 빠졌다. 코로나19 영향을 고려하더라도 2% 달성은 어려웠을 것이다.

주택 거래량, 자동차 판매량, 의류 판매량 등 민간소비와 GDP성장률 등을 비교해보면 우리나라 경제가 장기침체 국면에 진입하고 있음을 알 수 있다. 잠재GDP성장률과 실질GDP성장률 차이인 GDP갭(Output Gap)이 2013년부터 연속 마이너스를 기록하고 있는데, 일본 역시 1993년부터 14년간 마이너스를 기록하면서 장기침체의 길로 빠졌다.

최근 소확행(소소하지만 확실한 행복을 추구하는 소비패턴)이 늘면서 5만 원이 넘는 유명호텔 빙수를 줄 서서 먹고 저가상품 구입을 하면서도 해외여행을 하거나 작은 사치를 하는 소비패턴이 보인다. 이는 내수침체의 징조다.

◆ 늙어가는 대한민국이 문제다

인구 고령화도 큰 문제다. 일본은 1994년 인구 14%가 65세 이상인 고령사회로 진입했다. 우리나라는 2017년부터 고령사회가 되었다. 일본과 거의 20년 터울이 나는 형제의 모습을 보이고 있다. 주요 상품소비가 정점을 찍은 후 고령사회 진입과 생산가능인구(15~64세) 감소가 나타난다.

늘어난 기대수명에 반해 노후 준비가 제대로 되지 않은 우리나라가 일본보다 더 심각할 수 있다. 더 큰 문제는 노인층 소비감소보다 취업난에 시달리는, 돈 없는 젊은 세대들의 소비감소다. 이른바 강제 소비감소 현상인데, 2014년 처음 10%대로 진입한 청년실업률이 매년 증가하면서 지출은 큰 폭으로 감소하고 있다. 취직도 어렵지만 취직을 하더라도 주택과 자녀교육의 문턱에 막혀 아예 결혼을 하지 않으려는 비혼(非婚)문화가 확산되고 있어서 인구감소 속도는 더 빨라질 듯하다.

초고령화사회로 가는 속도가 너무 빠른 것도 문제다. 고령화사회(65세 이상 인구비율이 7% 이상)에서 고령사회(65세 이상 인구비율이 14% 이상)로 가는 기간이 일본은 1970년에서 1994년까지 20년이 걸린 반면에 우리나라는 1999년에서 2012년까지 13년이 걸렸다. 고령사회에서 초고령사회(65세 이상 인구비율이 20% 이상)까지 가는 기간은 일본이 1994년에서 2006년까지 12년이 걸린 반면에 우리나라는 2012년에서 2021년까지 9년 정도 걸릴 것으로 예상된다. 이는 우리나라가 일본보다 더 깊은 침체를 겪을 수 있다는 우려의 목소리가 점점 커지고 있는 이유이기도 하다.

우리나라 노인층은 일본보다 소득 수준이 낮고, 대부분의 자산이 부동산에 집중되어 있다. 그래서 당장 쓸 수 있는 현금자산이 부족하다는 것도 문제다.

지금까지 집값이 계속 올라가주니 큰 문제가 없어 보이지만, 전 재산이 부동산에 묶여 있는 현실에서 집값이 조정되는 상황이 발생하면 대다수의 국민들은 '벼락거지'가 되고 말 것이다. 잃어버린 20년처럼 부동산 시장이 장기간 침체되면 그 후유증은 고스란히 대한민국 경제로 이어질 것이다. 이는 상상하기 어려운 총체적 난국이 될 가능성이 높다.

일본은 1990년대 미국경제를 따라잡을 엄청난 기세를 뿜내던 세계경제 2위 대국이었다. 국가부채 역시 자국민들의 저축에서 빌린 돈이었다. 하지만 우리나라는 수출을 제외한 나머지 분야에서는 개발도상국 수준에 불과하다. 그리고 국가채무 역시 대부분의 채무를 외국에서 조달하고 있으므로 위기상황이 발생할 경우 위험에 더 취약한 구조다.

고령화, 저출산, 저고용, 저성장 등 구조적인 문제를 하루 빨리 개선하지 못하고, 2022년에서 2025년 과잉 유동성과 저금리 기조가 전환되는 시점에 적절한 대응을 하지 못하면, 일본의 장기침체를 따라갈 가능성이 높아질 것이다. 세금으로 분배 위주의 단기적인 처방을 하기보다는 과감한 규제철폐와 경기부양 정책으로 개혁정책을 추진해야 한다.

그런데 우리는 왜 일본과 비교를 할까? 과거 일제강점기라는 어두운 시간을 보내기도 했고 준비되지 않은 상태에서 광복과 정부수립이 되면서 일본의 법, 교육, 경제 시스템이 그대로 사용되어 아직도 흔적이 많이 남아 있기 때문이다. 1999년 우리나라에서 개봉된 뒤 큰 인기를 끌었던 일본 영화 〈러브레터〉를 보면 일본 학교 모습이 필자의 학창시절 학교 모습과 너무나 닮아서 깜짝 놀랐던 기억이 난다. 아마 일본의 학교와 교육시스템이 우리나라에 그대로 이어져왔기 때문인 것 같다. 일본의 잃어버린 20년 장기불황이 남의 일처럼 느껴지지 않는 이유이기도 하다.

일본과 우리나라의 집값을 상세히 비교해보자. 1949~1989년까지 40년간 물가상승률을 반영한 일본의 도심 지가(地價)는 52배 올랐다. 우리나라는 1964~2013년까지 49년간 토지의 실질가격은 83배 올랐다. 일본은 도심이고 우리나라는 산이 포함된 전국 지가이니 우리나라 땅값이 더 많이 오른 셈이다.

1980년부터 10년 동안 일본 도쿄의 평균 주택가격은 27.6% 상승했다. 우리나라는 2003년부터 2008년 9월까지 5년간 22.1% 상승했고, 서울은 40.9%나 올랐다. 2013년부터 2018년 9월까지 5년 평균은 12.6% 상승했고, 서울은 21.7% 상승했다. 경제규모(GDP)와 비교한 부동산 자산비율은 2012년을 기준으로 했을 때 우리나라는 4.1배인데 일본은 2.4배 정도이다. 이처럼 통계수치와 2019~2020년 우리나라 집값 폭등까지 감안하면, 우리나라가 일본보다 더 심각한 수준이라고 볼 수 있다.

◆ 영원한 상승은 없다

'우리나라가 일본형 장기불황으로 가지 않을까?'라고 걱정하는 이유 중 하나는 인구구조 변화와 주택가격 등락의 연관성 때문이다. 일본은 1990년대 초반까지, 미국은 2000년대 초반까지 베이비붐 세대의 은퇴를 앞두고 집값이 급등하면서 버블 붕괴의 아픔을 겪었다.

일본의 베이비붐 세대는 1930~1964년, 미국은 1946~1964년, 우리나라는 1955~1964년(2차 베이비붐까지 포함하면 1974년)이다. 재미있는 것은 베이비붐 세대의 출생기간에 60을 더하면 주택시장 가격 하락이 시작된다는 속설이 있는데, 일본의 베이비붐 세대의 시작인 1930년에 60을 더하면 1990년이다. 공교롭게도 1990년부터 일본은 잃어버린 20년의 장기불황이 시작되었다. 미국의 경우 1946년에서 60년을 더해보면 2006년이 되는데, 2008년 글로벌 금융위기 발생으로 미국 부동산 가격이 폭락했다.

우리나라는 1차 베이비붐 시작인 1955년에 60을 더하면 2015년이고 2차 베이비붐 시작인 1964년을 기준으로 하면 2024년이 된다. 운 좋게 잘 넘어간 2015년보다 부동산버블이 더 커진 2024년이 더 걱정이 된다. 코로나19가 끝나면 미국과 EU는 과잉 유동성 회수에 들어갈 것이고, 과잉 유동성에 길들여져 허약해진 경제체력은 어느 순간 갑자기 휘청거릴 수 있다. 우리나라의 집값 흐름도 공교롭게도 2024년 정도에는 상승세가 꺾이면서 조정으로 전환될 가능성이 높기 때문이다.

하지만 장기침체를 인구구조만으로 해석하는 것은 문제가 있다는 의견도 있다. 미국의 경우 2008년 글로벌 금융위기로 2~3년 큰 폭의 집값 하락이 있었지만, 기축통화 국가의 장점을 살려 막대한 유동성 공급 등의 발 빠른 대처로 장기침체로 가는 길목을 차단했고, 과감한 친기업 정책과 경기활성화 정책으로 어느 정도 극복을 하고 있다.

일본 역시 고용률 등을 보면 잃어버린 20년을 상당히 극복하는 모양새다. 기업들은 고용을 크게 늘리고 있고, 자영업자들은 영업시간을 늘리고 있기 때문이다. 그리고 일본의 잃어버린 20년은 인구구조만의 문제라기보다 정책의 실수가 더 크다.

당시 미국의 요구로 일본이 환율조정을 하면서 인위적으로 푼 유동자금이 부동산으로 유입되면서 주택뿐만 아니라 상업용 부동산의 가격이 큰 폭으로 상승했다. 이때 일본 기업과 은행들은 일본 내 빌딩뿐만 아니라 미국의 빌딩 구입에도 열을 올렸었다. 이렇게 급등한 부동산 가격을 잡기 위해 일본 정부는 급격한 대출규제와 금리인상이라는 무리수를 던졌다. 그 결과 '부동산을 팔자'는 나비효과로 돌아오면서 걷잡을 수 없는 침체로 이어져버렸다.

물론 인구감소로 인한 수요 감소 영향도 있었고, 인구가 뒷받침되던 1970~1980년대 경제호황 시절 도쿄 외곽에 지은 신도시들의 주택공급 과잉이 경기위축과 도심회귀 현상과 맞물리면서 외곽 신도시 매물증가와 집값 하락으로 이어진 영향도 있었다.

우리나라는 어떤가? 출생률의 급격한 감소, 빠른 고령화, 경기침체, 급등한 집값 등은 분명 걱정이 되는 부분이고, 장기적으로 경제에 부정적인 것만은 분명하다. 하지만 가구 수는 늘어나고 있고, 외국인 인구유입으로 절대인구감소도 조금 늦춰지고 있다. 2005년 조사에 따르면 2018년부터 인구가 감소될 것으로 전망했지만, 2015년 조사에서는 2030년 초반 정도부터 인구감소가 될 것으로 보았다. 즉 전망치가 조정되었다.

주택구매연령인 40~69세 인구 층은 여전히 두텁고, 서울과 수도권에 유입되는 인구증가로 인구감소 기간은 더 늦춰질 가능성이 높다. 또 은퇴를 하면 주택을 매도하거나 구입을 하지 않을 것이라는 우려와 달리 현실은 그렇지 않았다.

우리나라에서 집이 가지는 의미는 거주 목적 그 이상이다. 주거용 주택을 매도하지는 않고, 상황이 어렵다면 거주 지역을 이동하거나 평수를 줄인다. 결국 부동산을 어떻게든 보유하려고 한다. 오히려 은퇴시에 받은 위로금이나 퇴직금으로 부동산 투자를 더 늘리는 경우가 많다. 현재의 베이비붐 세대들은 지난 수십 년 동안 부동산으로 자산을 축적한 기성 노후세대들의 자산규모가 훨씬 더 커져서 걱정하는 것보다 노후문제가 심각하지 않을 수 있고, 지금의 20~30 젊은 세대들의 노후문제가 더 걱정되기도 한다.

지금부터가 중요하다. 필자는 무조건 일본형 장기불황으로 이어진다고 말하고 싶지는 않다. 우리와 일본은 비슷하지만 다르다. 그러니 똑같은 전철을 밟지는 않을 것이라 믿는다. 그렇다고 절대 일본처럼 장기침체로 가지 않는다고 말하지도 못하겠다. 일본의 잃어버린 20년은 부동산 문제이면서 경제 문제였기 때문이다.

우리나라의 경기침체는 이미 매우 심각한 수준이다. 코로나19로 망가진 내수경제가 정상적으로 회복이 가능할지 걱정되는 것도 사실이다. 부동산이 경제와 반드시 일치하지는 않고 경제가 어려워도 부동산은 활황이 될 수도 있지만, 경제가 무너져버리면 부동산만 계속 상승할 수는 없다.

집값 상승만 보면 마치 우리나라 경제가 무척 잘 돌아가는 것처럼 보이기도 한다. 하지만 현재의 경제 상황은 매우 어렵다. 저금리, 과잉 유동성, 토지보상금, 죽지 않은 투자심리, 신뢰를 잃은 정부정책의 부작용과 왜곡으로 당분간 집값 상승 강세가 더 이어질 가능성이 높지만, 예상치 못한 변수는 항상 존재한다. 미국과 EU가 본격적으로 유동성 회수에 나서면서 금리가 급격하게 상승하면, 영원할 것 같던 집값 상승 기대는 신기루처럼 사라지면서 반전이 될 가능성도 배제할 수 없다.

산이 높으면 골이 깊듯이 2015년부터 7년째 상승하고 있는 집값이 2021년, 2022년 더 높이 올라갈수록 위험은 그만큼 더 올라간다. 이번 유동성 장의 마무리는 아름답지는 않을 것이다. 만약 우리가 침체가 와서 일본형 장기불황을 따라간다면 우리는 20년 그 이상을 잃어버릴 수 있다. 그래서 지금부터가 중요하다.

집 하나는 보험이고, 내집 마련은 필수이며, 위험관리를 하면서 적절한 투자를 하는 것은 바람직하다. 다만 집값 상승에 너무 취해 영원한 상승을 꿈꾸며 감당하기 어려운 무리한 투자를 하는 것은 절대적으로 반대한다. 상승 확률 70%, 하락 확률 30%는 항상 숨어 있다는 것을 잊어서는 안 된다.

14

일본은 잃어버린 20년을
어떻게 극복했는가?

일본의 잃어버린 20년을 따라가고 있는 우리나라의
경제와 부동산에 대한 우려가 커지고 있다.
일본은 장기침체가 어떻게 왔고, 이를 어떻게 극복했는지 알아보자.

필자의 학창시절에 일본의 소니(SONY) '워크맨'은 정말 갖고 싶지만 가지기가 어려운, 선망의 아이템이었다. 더 거슬러 올라가면 컬러방송도 없던 시절, 극장에 가거나 주말의 명화에서만 볼 수 있던 〈바람과 함께 사라지다〉가 베타(BETA) 방식 소니 비디오플레이어를 통해 TV화면에 나오던 충격은 잊을 수가 없다.

지금도 경제규모에서는 비교 대상이 아니지만 1980년대 일본은 감히 우리나라와 비교조차 할 수 없었던 시절이었다. 그 당시만 하더라도 삼성전자가 일본의 소니를 앞지를 수 있다는 것을 누가 상상이나 했겠는가?

일본의 잃어버린 20년은 혹독한 겨울이었던 반면에 우리나라한테는 일본을 따라갈 수 있는 봄이었다. 그런데 이제 우리나라가 고령화, 저출산, 저고용, 저성장의 무게 앞에서 장기침체의 길목에 서 있다. 아니, 어쩌면 이미 진입했는지도 모르겠다.

일본은 잃어버린 20년 동안 어떤 일이 있었고 또 어떻게 극복했을까? 1982년 600만 명이던 일본의 스키 인구는 1993년 1,800만 명까지 치솟았다. 그런데 2016년 530만 명까지 줄어들면서 1982년보다 낮은 수치를 기록했다. 우리나라 스키 인구도 2012년 686만 명을 기록한 뒤 2016년 491만 명까지 줄어들었고 매년 10%씩 감소하고 있다. 젊은이의 스포츠인 스키의 몰락은 내수시장 축소를 보여주는 의미 있는 지표다.

◆ 부동산 버블이 꺼지자 고통이 심화되다

일본은 1991년부터 경제 거품이 꺼지면서 경기침체가 시작되었다. 그러면서 2012년까지 경제성장률은 평균 1% 수준에 머물렀다. 20년 동안 장기침체가 지속되면서 거품이 붕괴되자 은행 부실로 인한 대출 기피로 기업과 가계는 연쇄적으로 부도가 나고, 부동산 등 주요 자산 가격이 큰 폭으로 하락했다.

일본의 장기침체 과정에 대해 조금 더 상세히 알아보자. 일본이 1970년대부터 1980년대까지 엄청난 무역수지 흑자를 기록하자 무역 적자 문제가 심각했던 미국은 일본에게 환율 조정을 요구했다. 1985년 9월 플라자 합의를 통해 환율 조정을 했고, 1985년 9월 달러당 237엔에서 1986년 9월 달러당 엔화 환율이 155엔으로 떨어지면서 엔화 가치는 상승했다.

이런 엔화 가치의 급격한 상승은 일본 수출기업에 타격을 주었고, 일본 기업들은 비용 절감과 생산성 향상을 위해 해외로 생산설비를 이전하면서 일본의 수출과 무역 흑자가 감소했다. 일본 경제가 타격을 받자 일본 정부는 금리를 인하했고, 기업들은 대출을 받아 해외공장 투자를 더 확대했다.

한편 1983년부터 일어난 도심 상업지구에 대한 투기가 전국적으로 일어났다. 1981년 73.5였던 일본의 토지가격지수가 부동산 절정이던 1991년 285.2로 10년새 4배 정도가 오른 것이다.

2~3% 수준이었던 물가상승률은 환율절상으로 수입물가가 싸지고 생산비용이 줄어들면서 가격이 하락해 1987년 처음으로 디플레이션이 발생했다. 이때는 저금리 정책으로 다시 회복을 하면서 별것 아닌 일처럼 대수롭지 않게 넘어가는 것 같았지만, 결국 독이 되어 1990년대 중반 장기 디플레이션으로 돌아서게 되었다. 플라자 합의로 인한 환율 충격으로부터 경제를 회복시키고자 금리를 낮췄고, 풍부해진 유동자금이 기업투자뿐만 아니라 부동산과 주식으로 유입되면서 버블이 발생한 것이다.

이때 일본 정부는 버블을 잡고 경기를 안정시키기 위해 금리를 급격하게 연이어 인상하면서 버블 붕괴 우려가 현실이 되고 말았다. 시장은 기대감으로 먹고산다. 그런데 우려가 기대를 넘어서는 순간 무게 추는 급격하게 기울게 된다. 주식과 부동산 처분이 늘어나자 이때부터 너도 나도 내가 먼저 팔아서 살아남아야 하는 '치킨게임'으로 변하게 되었고, 한 번 무너진 경제시스템은 걷잡을 수 없는 장기침체로 이어졌다.

우리나라도 이 점을 주의해야 한다. 지금이야 집값이 절대 떨어지지 않고 '무조건 오른다'라는 기대감이 커서 강력한 규제에도 꿋꿋하게 버티고 있다. 그러면서 지방으로 풍선효과가, 서울로 역 풍선효과가 일어나면서 전국이 부동산 과열에 몸살을 앓고 있다. 하지만 코로나19 상황이 종식되면 세계 각국이 과잉 유동성 회수에 나설 것이다. 그러면 금리가 올라갈 것이고 이런 금리인상 상황에 자칫 집값을 잡기 위해 추진했던 주택공급이 수요 감소와 맞물려 공급 과잉으로 흘러가버리면, 부동산 시장의 무게 추는 급격하게 하락으로 저물면서 침체될 가능성을 배제할 수 없다.

별것 아닌 것 같았던 일본의 환율조정 플라자 합의가 몇 년 후 장기침체의 도화선이 된 것처럼, 작은 경제정책 하나가 잃어버린 20년의 장기침체로 가는 원인이 될 수 있다. 따라서 경제정책 하나하나를 신중하게 잘 고려하고 이행해야 한다. 잃어버린 20년으로 이어질 것을 알았다면 아무리 미국이 요구했다고 하더라도 환율조정을 결사반대했겠지만, 당시 일본은 경제 2위 대국이었고 경제에 대한 자신감이 하늘을 찌르던 시절이었기 때문에 환율 조정이 되더라도 충분히 극복할 수 있을 것이라고 생각했을 것이다.

"정부가 헬리콥터로 돈을 뿌려도 그 돈은 전부 다락방에 들어가 시장에 나오지 않는다." 이는 2000년대 초 일본의 경제학자들이 했던 말이다. 정부가 어떤 경제정책을 내놓아도 내수시장에 약발이 먹히지 않는다는 의미로, 일본의 장기침체가 얼마나 답답한 상황이었는지를 잘 알 수 있다.

◆ 적극적인 경제정책이 필요하다

환율 조정으로 인한 섣부른 경제정책이 발단이 되었지만 근본적으로는 고령사회 진입에 따른 생산인구감소와 노후에 대한 불안, 지갑을 닫는 노인층의 증가 등 구조적인 문제가 자리를 잡고 있다.

지금 일본의 내수경제는 호황이다. 고령화와 저출산으로 유니버설스튜디오(USJ) 같은 테마파크는 모두 문을 닫을 것이라는 비관적인 전망이 팽배했지만 예상과 달리 이곳의 방문객은 2019년까지 매년 최고치를 기록했다. 2018년 여름 일본여행을 다녀온 사촌형님이 무더운 여름 유니버설스튜디오에서 1시간 30분 동안 줄을 서 있었고, 24시간 영업을 하는 가게도 많다고 했다. 인구가 늘어나지 않았는데 어떻게 된 일일까?

고령화와 저출산으로 인한 인구감소 부족을 외국인 관광객으로 메운 것이다. 일본 정부는 이런 적극적인 관광정책 외에도 과감한 세금 감면과 규제를 풀었고, 엔저(円低)정책으로 수출기업에 날개를 달아주었다. 그 결과 일본의 경기동향지수가 120.7을 기록해 1980년대 버블 절정기인 120.6을 뛰어넘었다. 적극적인 양적완화와 재정지출 확대, 기업구조 개혁으로 불황을 탈출한 것이다. 물론 인구감소를 비롯해 예전과 비교하면 여전히 부진한 경제상황으로, 도쿄 등 중심부가 아닌 지방의 빈집 문제는 일본의 숙제이기도 하다.

마지막으로 위기에 대처하는 일본인의 마인드를 우리가 배울 필요가 있을 것 같다. 2019년 12월 일본 후쿠오카에 있는 부동산 법인과 업무협의를 위해 미팅을 한 적이 있었다. 평소 가장 궁금했던 "과연 잃어버린 20년을 일본인들은 어떻게 생각하고 어떻게 극복을 했는 가?"라는 질문을 했다. 이 질문에 일본 법인대표는 이렇게 말했다.

"열심히 달리다 넘어졌다. 넘어질 수도 있는 것이 인생이며 넘어지 면 다시 일어서서 달리면 된다. 일본경제가 성장만 하다가 위기를 겪 으면서 부동산 가격도 떨어졌지만, 극복하고 다시 일어서고 있다."

지나친 부정과 낙관이 아닌, 있는 그대로 현실을 받아들이면서 정 부는 앞장서서 경제회복 정책을 일관성 있게 추진하고, 국민들은 믿 고 지지해주면서 열심히 노력하면 된다. 다행히 우리나라는 아직 장 기침체에 본격적으로 진입하지는 않았다. 아직 늦지 않았다. 먼저 잃 어버린 20년의 장기침체를 겪은 이웃나라 일본을 반면교사(反面教師) 로 삼아 지금이라도 잘못된 정책이 있으면 수정 보완하면서 잘 헤쳐 나가면 된다.

지금이 매우 중요한 시점이다. 아파트 잡기에만 집중할 것이 아니 라 투기억제를 위한 필요한 규제는 하되 불필요한 규제는 철폐해 선 순환 경제순환 흐름을 이어갈 수 있도록, 보다 적극적인 경제성장 정 책을 펼칠 필요가 있다.

15

그래도 부동산이 답이다

우리나라에서 부동산은 필수이자 답이다.
왜 우리나라에서는 부동산 투자를 해야 하는지,
그리고 1주택이 왜 보험인지 그 이유를 알아보자.

우리는 투자가 필수인 시대에 살고 있다. 열심히 일하는 만큼 평가를 받고 보상도 받으면서 자산 형성도 이룬다면, 상대적 박탈감을 느끼면서 억울해하는 사람은 거의 없을 것이다. 내가 열심히 노력하지 않아서 못사는 것을 누구 탓을 할까?

하지만 지금 상황은 어떤가? 열심히 일하는 것은 직장 내 평가를 받을 때는 유리하지만 자산형성 과정에는 별로 도움이 되지 않는다. 우리는 일은 일이고 누가 투자를 더 잘하느냐가 더 중요한 시대에 살고 있다. "김 대리가 나보다 더 부자네?" 이 부장의 한숨 소리가 투자를 잘하지 못했던 사람들의 목소리일 것이다. 이상적으로는 열심히 일한 사람이 보상을 받고 잘사는 것이 맞지만 이상은 이상일 뿐 현실은 그렇지 않다. 세상 탓하면 무엇 하겠는가? 달라지는 것도 없고, 집값 잡겠다고 한 정부 말 듣고 집을 사지 않은 사람들만 벼락거지가 된 것이 지금의 현실이다.

40~50대의 전유물이었던 투자가 30대를 넘어 20대로 번지고 있다. 자금력이 되는 사람들은 부동산 투자에, 자금이 부족한 사람들은 주식 투자에 목을 멘다. 한마디로 '투자에 미친 세상'이다.

◆ 그래도 부동산이 최선의 선택이다

가끔씩 주식과 부동산을 비교하는 질문을 받는다. TV 예능 프로그램 〈마이 리틀 텔레비전〉 출연 당시 조영구 씨가 "주식 투자가 좋은가, 부동산 투자가 좋은가"라고 질문한 적이 있다. 방송 주제가 부동산이었고 재미를 위해 "부동산 투자가 당연히 더 좋다"라고 말했지만, 무조건 주식보다 부동산이 좋다고 말할 수는 없다.

시청자에게 재미를 주기 위해서 주식 전문가와 부동산 전문가의 대결 구도를 만들기도 하는데, 그만큼 주식과 부동산은 대표적인 재테크 종목이다. 그런데 절대적인 비교 우위를 단정 지어서 말할 수는 없다. "중식이 좋은가 일식이 좋은가?"와 같이 각자 자신의 입맛에 맞는 선택을 하는 것이지, 절대적인 기준은 없기 때문이다.

물론 코로나19와 저금리 과잉 유동성 영향으로 2020년은 주식과 부동산 모두 과열된 비정상적인 상황이었다. 일반적으로는 주식이 선행지표라면, 부동산은 후행지표다. 투자 대비 수익을 따지는 수익성, 실현 수익과 요구 수익의 차이인 위험을 따지는 안정성, 필요할 때 현

<예금 vs. 주식 vs. 부동산>

구분	예금	주식	부동산
안정성	Good	Bad	Good
수익성	Bad	Good	Good
환금성	Good	Good	Bad

금자산으로 전환이 용이한지를 따지는 환금성, 이렇게 투자의 3요소 중 주식은 수익성과 환금성이 좋은 반면에 안정성이 떨어진다. 대신 부동산은 수익성과 환금성은 주식보다 떨어지지만 은행 예금보다는 좋고, 안정성은 주식보다 훨씬 더 좋다.

수익성과 안정성이라는 두 마리 토끼를 다 잡을 수 있고, 부족한 환금성은 장기투자로 생각하면 큰 문제가 되지 않는다. 금융이 발달한 미국 등 선진국에서는 부동산보다 주식이 재테크 수단으로 더 인기가 높다. 개인의 자산구성 비중 역시 부동산이 30~40% 정도이고 주식·예금 등의 금융 비중이 60~70% 정도 차지한다.

우리나라는 유독 부동산 비중이 높다. 70~80% 정도가 부동산이고, 나머지 20~30% 정도가 예금·주식 등 금융이 차지하고 있다. 우리나라가 이렇게까지 부동산 비중이 높은 이유는 금융시스템이 선진국처럼 발달하지 못했고, 1960년대 이후 급격한 경제성장을 이루면서 토지 등 부동산 가격이 인플레이션을 따라 올라주었기 때문이다.

또한 우리나라에만 있는 전세라는 제도가 무이자 레버리지 역할을 해주고, 아파트라는 거주 편리성과 보안이 뛰어난 표준화된 부동산 상품이 등장하면서 단기간에 최고의 부동산 상품으로 자리를 잡았다. 그러면서 수익성·환금성·안정성 모두를 잡은 아파트 투자는 주식을 뛰어넘어 최고의 재테크 상품이 되었다.

단기간에 급격한 경제성장을 하면서 높은 인플레이션 때문에 화폐가치 하락폭이 컸던 우리나라에서 실물자산인 부동산 투자 광풍이 불지 않는 것이 이상한 일이었을지도 모른다. 주변을 한번 돌아보라. 부동산으로 돈을 번 사람은 봤어도 주식으로 돈을 번 사람은 보기 어려울 것이다.

"어? 내 친구는 주식으로 돈 많이 벌었는데?" 이렇게 반문하는 사람들이 많을 텐데 부동산이든 주식이든 상승장에는 누구나 쉽게 돈을 번다. 진정한 실력은 '하락장에서 얼마나 잘 버티고 인고의 세월을 견뎌 손에 돈을 쥐느냐'이다. 짧게는 10년, 길게는 20년 정도 꾸준하게 투자한 사람들을 보면 주식으로 돈 번 사람은 만나기 어렵고, 부동산으로 돈 번 사람은 쉽게 만날 수 있다.

◆ 부동산은 필수이자 정답이다

이 말은 부동산이 주식보다 수익성이 좋아서가 아니라 환금성의 함정 때문에 그렇다. 아침에 눈을 뜨자마자 주식을 보고, 주식 장이 마감될 때까지 항상 주식을 보면서 주식 시장에 신경이 가 있다. 그러다 보니 좋은 뉴스가 나오면 막 오를 것 같은 희망에 '더 살까' 하는 생각이 들다가도, 조금만 안 좋은 뉴스가 들려오면 불안감이 밀려오면서 '팔아버릴까' 하는 생각으로 바뀐다.

이렇게 주식 투자를 하면 하루에 마음이 열 번은 왔다 갔다 하면서 스트레스를 많이 받는다. 그러다가 팔아버리면 또 오르고, 더 사면 떨어지는 '내가 사면 떨어지고 내가 팔면 오른다'는 공식이 등장하기도 한다.

주식 투자를 한 번쯤 해본 사람들이라면 누구나 공감할 것이다. 주식은 마음만 먹으면 순간 팔아버릴 수 있는, 환금성이 너무나 좋은 상품이다. 반면 부동산은 투자금도 많이 들어가고, 덩치가 무거워서 팔고 싶어도 빨리 팔리지 않는다.

부동산 중 아파트는 그나마 환금성이 좋은 상품에 속한다. 운이 좋으면 며칠 만에 팔리기도 하지만 급매가 아니면 보통 수개월 정도는 소요된다. 게다가 내가 원하는 가격에 팔려면 6개월에서 1년 이상 걸리는 경우도 많다. 특히 부동산 시장이 하락세로 돌아서면 팔고 싶어도 팔리지 않는다. 나와 있는 매물보다 더 싸게 내놓아도 팔리지 않는 것이 하락장의 부동산이다. 한마디로 팔고 싶어도 팔 수 없어서 매도를 포기하고 전세로 돌렸는데 몇 년 후 집값이 올라 돈을 번 경우가 많다.

주식은 미래가치가 높은 우량상품에 가치투자를 한 후 10년 정도 기다리면 부동산보다 훨씬 더 높은 수익을 거둘 수 있다. 다만 기다리기가 어렵다. 하루에도 마음이 수십 번 왔다 갔다 하는데 조금만 올라도 '이 정도면 됐다'고 팔아버리는 사람들이 대다수일 것이다.

우스갯소리로 "부동산은 파는 것이 아니다"라고 한다. 부동산은 인플레이션에 따른 화폐가치 하락만큼 오르고, 부동산 시장 흐름에 따라 오르고, 개발호재 때문에 오른다. 우리 동네는 오르지 않는다고 해도 기다리다 보면 오른다. 2020년 서울에서 상대적으로 열세지역인 노원구 집값이 큰 폭으로 올랐고 인천, 김포, 파주 등도 풍선효과로 다 올랐다.

물론 부동산이라고 영원히 계속 상승하지는 않는다. 1997~1999년 IMF 경제위기 시절 큰 폭의 하락이 있었고, 2008~2009년 글로벌 금융위기 당시에도 일시적인 하락이 있었으며, 2010~2012년에도 하락의 아픔이 있었다.

앞으로 상승장이 마무리되면 조정장이 시작될 것이고 집값이 떨어질 것이다. 안 떨어지는 것은 없다. 하지만 기다리면서 조정장이 지나가면, 또 오를 때가 되면 오른다. 그게 부동산이다. 10년 정도로 보면 오를 때는 2~3배 상승하고, 내릴 때는 30~50%까지도 떨어질 수 있다.

대한민국에서 1주택은 투기가 아닌 보험이다. 집값이 올라도 갈아타고 싶은 집은 더 많이 올라서 갈아타기도 어렵고, 올랐다고 해서 팔아 현금화하기도 불안하다. 하지만 내 가족이 안정적으로 잘 살 수 있는 공간을 확보하고 집값 상승에 불안감을 느끼지는 않으니 내집마련은 선택이 아닌 필수다.

실수요자들은 집값이 오르고 내리고를 너무 고민하거나 따질 필요가 없다. 나의 자금계획에 맞춰서 구입을 하든 청약을 하든 경매를 해보든, 어떻게든 해보면 된다. 설사 사고 나서 집값이 떨어지더라도 너무 걱정하지 말고 기다리면 결국 다 회복한다. 부동산 시장 흐름이 바닥을 찍고 상승세로 전환되는 시기에는 조금 더 적극적으로 투자해야 한다.

다만 3주택 이상을 가진 다주택자들은 위험관리가 필요하다. 부동산 시장 흐름과 국내외 경제상황, 부동산 정책을 예의주시하면서 부동산 가격이 많이 올랐다고 판단되면 1~2채 정도 출구전략을 세워보는 것도 좋다.

다만 집을 가지고 있는 사람들이 불안하다고 해서 다 팔고 무주택으로 가는 것은 가장 위험한 선택이다. 내가 팔고 나서 집값이 더 올라버리면 판단 실수에 따른 엄청난 자괴감을 느끼게 되고, 집값이 떨어지면 '언제까지 떨어질까' 그날부터 또 다른 고민이 시작되기 때문이다. 어떻게 되었든 대한민국에서 부동산은 필수이고, 부동산이 정답이다.

우리는 콕콕 찍어주는 족집게 강사를 좋아한다. 지식도 부족하고 경험도 없고 바쁘다는 이유인데, 이외에도 여러 이유가 있다. 하지만 "물고기를 주기보다 물고기 잡는 법을 알려주라"는 말도 있듯이 매번 찍어줄 수는 없다. 더 중요한 것은 전문가가 정답이 될 수는 없다는 점이다. 물론 일반인보다 지식과 가치관, 경험이 풍부해서 확률적으로 더 나은 선택을 할 수는 있지만 일부 전문가들은 자신의 이익을 위해 왜곡된 정보를 제공하는 경우도 있다. 그리고 "아는 것이 병"이라는 말도 있듯 지나치게 많은 정보로 인해 잘못된 판단을 할 수도 있다.

무엇보다 나와 나의 가족을 가장 잘 아는 사람은 전문가가 아니라 바로 나 자신이다. 나의 자금계획과 자녀교육, 직장 출퇴근, 선호하는 여러 정보들에 대한 우선순위를 전문가들은 모른다. 결국 투자 한 번 하고 말 것도 아니고 10년, 20년 지속 가능한 성공적인 투자를 하려면 부동산 시장을 보는 눈을 키워야 한다. 필자의 경험과 지식을 바탕으로 최대한 알기 쉽게, 부동산 시장을 보는 눈을 키울 수 있는 여러 정보를 제공하고자 한다.

부동산 시장을 읽는 눈을 키우자

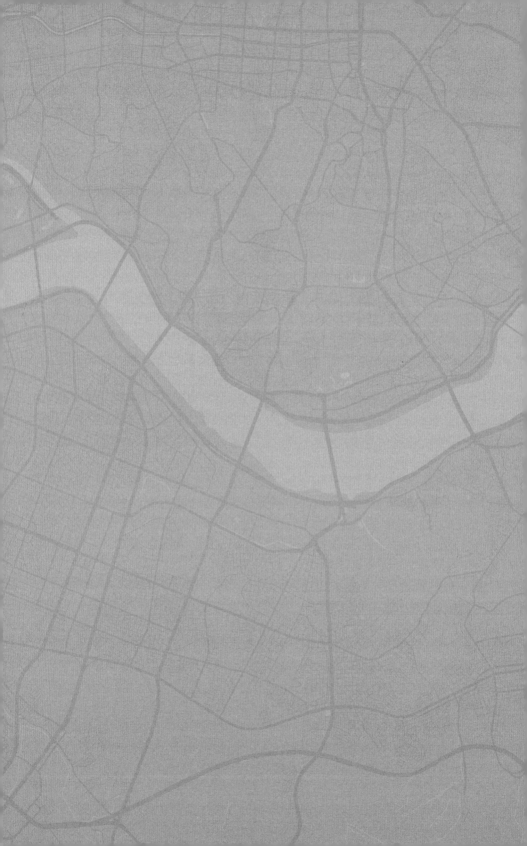

01

부동산 정책의
메커니즘을 파악하자

정부는 부동산 시장 흐름에 따라 부동산 대책을 발표한다.
부동산 정책의 메커니즘을 알면 타이밍을 잡을 수 있는 힘이 생긴다.

미래는 신의 영역인지라 전문가라 해도 100% 예측은 불가능하다. 오죽하면 전문가 예측보다 동전 던지기 확률이 더 높다는 우스갯소리도 있겠는가. 부동산은 수요와 공급, 부동산 정책, 국내외 경제상황 등 변수가 다양하고 투자심리에 따라 큰 영향을 받아서 과학적인 근거에 따른 예측도 맞지 않을 때가 많다. 그러나 섣부른 감정적인 예측보다는 과학적인 부동산 정책의 메커니즘을 알고, 정책이 주는 시그널을 읽으면 타이밍을 잡을 수 있는 힘이 생긴다.

부동산 정책은 다음 페이지 〈그림13〉에서 보듯이 부동산 시장의 흐름에 따라 나온다. 부동산 규제를 강화하는 대책이 나온다는 것은 부동산 시장의 흐름이 상한기준선을 넘어 오버슈팅(overshooting)이 되면서 과열이 되었다는 의미다. 반면 부동산 규제를 완화하는 대책

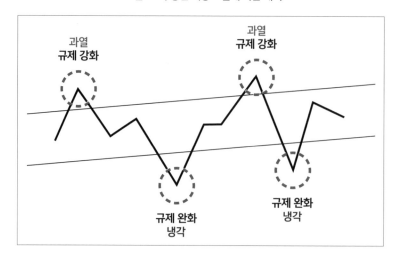

<그림13> 부동산 시장 흐름에 따른 대책

이 발표되면 부동산 시장 흐름이 하한기준선 아래로 내려와 언더슈팅(undershooting)이 되면서 냉각이 되었다는 것을 의미한다.

친절하게도 정부는 부동산 대책을 통해서 현재 부동산 시장이 과열인지 냉각인지, 어느 지역이 올랐는지, 어떤 규제가 적용되는지를 상세하게 알려준다. 이는 부동산 대책이 발표되었을 때 뉴스만 보지 말고 배포되는 보도자료를 꼼꼼하게 읽어봐야 하는 이유이기도 하다. 참고로 부동산 대책 보도자료는 국토교통부 홈페이지에서 손쉽게 다운로드할 수 있다. 보도자료를 읽어볼 시간이 없다고 말한다면 이는 핑계일 뿐 의지가 없는 것이다.

2017년 8·2대책에서 서울 전 지역을 규제지역으로 묶었다는 것은 바로 서울의 과열이 시작되었다는 뜻이다. 2020년 12·17대책에서 포항, 경북 경산, 충청 천안, 전남 여수, 순천 등이 규제지역에 포함된 것을 보면 집값 과열의 바람이 수도권을 넘어 지방 중소도시로 번졌음을 알 수 있다. 반면에 인천 중구, 경기 양주, 안성시 일부 지역은 조정대상지역에서 해제되었는데 이는 더 이상 집값 과열이 아니라는 의미를 지닌다.

부동산 대책이 발표가 되었다는 것은 정부가 개입해야 할 정도로 부동산 시장의 흐름이 과열이거나 냉각이 되었다는 뜻이다. 2013~2014년 박근혜 정부는 양도세 한시적 면제, 취득세 영구인하, 대출규제 LTV·DTI 완화, 재건축 초과이익환수 유예, 분양가상한제 폐지 등 강력한 규제완화 대책을 발표했다. 이런 규제완화 대책이 나왔다는 것은 부동산 시장이 하한기준선 아래로 떨어져 경제에도 악영향을 미칠 정도로 심각해졌다는 뜻이다. 즉 정부가 개입하지 않으면 안 되는 상황이 되었다는 뜻이다. 침체된 부동산 시장을 정상화시키기 위해 과감하게 규제를 풀어줄 테니 아파트를 사라는 정부의 시그널이었다.

아파트를 사라고 규제도 풀어주고 친절하게 타이밍을 알려주었음에도 당시 서울 투자자들은 집값이 더 떨어질 것을 우려해 그 좋은 타이밍을 놓쳤다. 반면에 부산 등 지방 투자자들은 이 기회를 잘 살려 성공적인 투자를 할 수 있었다.

이렇듯 부동산 대책이 주는 시그널을 읽으면 투자 타이밍을 잡는데 도움이 된다. 규제강화 대책이 나오면 부동산 시장이 과열이고, 규제완화 대책이 나오면 냉각이라는 것이다. 2017년 강력한 규제를 담은 8·2대책이 발표된 이후 2020년까지 서울 집값은 큰 폭으로 올랐고 전국적으로 상승장이 되었다. 정부가 분명 집을 사지 말라는 시그늘을 주었는데 집값은 오히려 올랐다. 결국 정부 말만 믿고 투자를 안 하거나 집을 판 사람들만 벼락거지가 되었다.

박근혜 정부 시절 2013년 5년간 양도세 면제 등 강력한 규제완화 대책을 발표했지만 2015년이 지나서야 거래량이 크게 늘어나면서 상승장이 되었다. 대책의 시그널을 읽어도 타이밍을 잡기는 어렵다.

◆ 부동산 대책의 시차 효과

부동산 대책의 효과는 실질효과와 심리효과로 나눌 수 있다. 부동산 대책의 내용이 부동산 시장에 직접 영향을 미치는 실질효과는 대책이 발표된 후 짧게는 1년, 길게는 3년 정도의 시간이 지난 후에 발생한다. 양도세 규제는 양도차익에 대한 세금으로, 팔 때 내는 세금이다. 그래서 심리적인 부담은 줄지라도 지금 당장 직접적인 영향을 주지는 못한다.

종합부동산세 강화 역시 세법을 개정하면 2021년에 적용되며, 종합부동산세는 6월 1일 기준으로 12월에 부과된다. 그렇기 때문에 2020년 7월에 강화되었더라도 2021년 12월 고지서를 받기 전까지는 부담을 느끼지 못한다.

주택공급계획은 더욱 심각하다. 건설의 타성기간을 감안하면 신도시 같은 대단지 아파트는 대책발표 후 입주까지는 빨라야 5년, 길면 10년 이상의 시간이 필요하다. 실질적인 공급효과는 차기 정부로 넘어가는데, 그 사이에 부동산 시장 흐름이 과열에서 냉각으로 반전되면 기대했던 공급효과는 입주물량 폭탄의 부메랑이 되어서 돌아올 수도 있다.

반면 부동산 대책의 심리효과는 짧게는 한 달, 길게는 1년 정도 이어질 수 있다. 부동산 시장 과열을 잡기 위한 규제대책이 발표되면 이 정도로는 부동산 시장 분위기가 꺾이지는 않을 것이라는 기대감과 부동산 시장 분위기가 꺾일 수 있다는 불안감이 공존하면서 집을 사는 매수인과 집을 파는 매도인 간의 팽팽한 줄다리기가 시작된다.

2017년 문재인 정부의 첫 부동산 대책인 6·19 대책은 한 달도 가지 못했고, 8·2대책 역시 한두 달 후 소멸되었다. 그리고 2018년 9·13 대책은 6개월, 2019년 12·16대책은 3개월 이어졌다. 이러한 심리효과가 여러 번 반복되는 동안에 실질효과가 영향을 미치게 되고 집값상승이 시장의 임계치(臨界値)에 도달하면, 그동안 누적된 규제와 과도한 집값상승에 대한 피로감에 투자심리는 꺾이면서 부동산 시장의 분위기는 반전된다.

하지만 짧은 기간에 지나치게 많은 규제들을 남발하면 정책의 효과는 반감되고 신뢰가 떨어지면서 역효과가 날 수 있다. '지나침은 모자람보다 못하다'는 과유불급은 문재인 정부의 부동산 대책을 두고 하는 말이다. 빨리 집값을 잡고 싶다는 조급함과 무조건 오르는 지역을 규제만 하면 다 해결된다는, 시장을 무시한 일방적인 밀어붙이기 정책의 부작용으로 문재인 정부는 4년 동안 25번의 대책을 발표하고도 서울 집값이 3배 정도 폭등해버렸다. 뒤늦게 공급확대 계획을 발표해도 심리적 안정에 도움을 주지 못하는 이유는 정책의 신뢰가 떨어져서 심리효과가 먹히지 않게 되었기 때문이다.

◆ 시장의 왜곡인지

　정부의 부동산 대책이 생각보다 빨리 효과를 얻지 못하고, 부동산 대책이 발표되면 오히려 집값이 더 올라버린다. 이러한 부작용이 생기는 이유는 과연 무엇일까? 그것은 바로 시장 수요자들의 왜곡인지 때문이다.

　부동산 중에서 아파트 시장은 심리가 미치는 영향이 크다. 대부분의 사람들은 부동산 대책이 발표되면, 대책의 규제내용을 있는 그대로 받아들이지 않고 자신한테 유리하게 해석하는 왜곡인지(歪曲認知) 경향이 많다. 이런 왜곡인지는 인간이 가지는 본질적인 본능이다. 대부분의 사람들은 동일한 현상을 보더라도 자신에게 유리하게 해석을 하면서 받아들인다. 한마디로 심리가 거짓말을 하는 것이다. 이런 왜곡인지로 인한 정보의 굴절현상 때문에 부동산 대책이 발표되어도 부동산 시장의 분위기가 쉽게 잡히지 않고, 정부의 기대와 달리 반대의 결과가 나온다.

　〈그림14〉에서 보듯이 정부는 부동산 시장이 과열되어서 안정을 기대하고 규제대책을 발표했지만, 부동산 시장에서는 상승을 기대하는 왜곡인지 때문에 과열이라는 정보굴절이 생긴다. 반대로 부동산 시장이 침체되어 정부는 거래활성화와 시장의 회복을 기대하고 규제를 완화해주었지만, 하락을 우려한 시장의 왜곡인지 때문에 하락이라는 정보굴절 현상이 발생한다. 이처럼 왜곡인지로 인한 정보굴절 현상은 첫 부동산 대책이 발표된 후 부동산 대책의 실질효과가 나오는 2~3년 동안에 주로 발생한다.

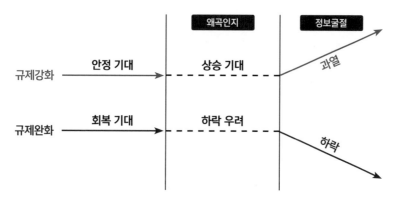
<그림14> 시장의 왜곡인지로 인한 정보굴절 현상

문재인 정부는 급등하는 서울 집값을 잡으려고 서울의 다주택 소유자를 압박했다. 그래서 양도소득세와 종합부동산세 중과 등의 강력한 대책을 발표했다. 하지만 부동산 시장에서는 보유가치가 낮은 수도권 외곽이나 지방 아파트는 정리하고, 정부가 잡고 싶어 하는 서울 아파트 등 똘똘한 한 채를 보유하자는 왜곡인지가 발생했다. 그 결과 서울 아파트 가격은 더 올랐다.

강남을 잡기 위해 핀셋규제를 했더니 비강남 지역으로 풍선효과가 생겼고, 서울을 규제하니 수도권 지역으로, 수도권을 규제하니 지방으로 풍선효과가 생겼다. 그러고는 지방을 규제하니 다시 서울로 역풍선효과가 생겼다.

이렇듯 정부가 의도한 방향과 달리 부동산 대책에 대한 왜곡인지로 정보의 굴절현상이 생기면서 부동산 시장의 분위기는 더 과열되거나 냉각되면서 부작용이 발생한다. 정부는 더 강력한 대책들을 추가로 발표하면서 결국 그 피해는 수요자들의 몫으로 돌아간다. 강력한 부동산 대책이 발표되고 난 후 3년 정도가 지나면 서서히 냉정해질 필요는 있다.

어떤 식으로든 실질효과는 발생하기 때문에 저금리, 과잉 유동성, 심리 등의 영향으로 시장흐름이 더 지속될 수는 있지만, 산이 높으면 골이 깊고 차면 기우는 것이 세상의 이치이듯 결국 많이 오른 집값은 조정기가 온다. 물론 조정기가 오더라도 3~5년을 잘 버틸 수 있으면 다시 전환되어 기회가 오지만, 위기 상황에서 버틸 수 있는 위험관리 능력은 항상 준비하고 있어야 한다.

참고로 가장 강력한 규제강화 카드는 양도세 중과, 종합부동산세 인상, 재건축 초과이익환수, 대출강화 등이다. 반대로 가장 강력한 규제완화 카드는 5년간 양도세 면제 등 양도세 특례, 대출완화 등이다.

이런 초강력 규제카드는 규제의 절정을 알려주는 징표로, 대책발효 후 3년 정도가 지나면 실질효과가 발생할 가능성이 높다. 혹시라도 향후 부동산 시장이 다시 침체가 되어 거래 활성화를 위한 양도세 한시적 면제나 DTI 대출을 풀어주는 대책이 나오면, 시장의 분위기가 좋지 않더라도 저가 매수의 기회로 적극 활용하는 것이 좋다.

02

과거 정권에서의
부동산 정책을 알아보자

과거 정권에서는 어떤 부동산 정책이 나왔고,
부동산 시장은 이에 어떻게 반응했을까?
과거 정부의 부동산 정책과 부동산 시장 반응에 대해 알아보자.

부동산 정책을 보면 돌고 돌아 다시 오는 것을 알 수 있다. 양도소득세의 경우 노무현 정부 시절 중과를 적용했다가 이명박 정부 시절에는 중과를 폐지했다. 그러다가 박근혜 정부 시절에는 5년간 양도세 면제의 특례까지 주면서 풀어주었다.

투기과열지구의 경우에는 노무현 정부 때 서울 전 지역이 지정되었다가 이명박, 박근혜 정부 때 해제되었고, 문재인 정부에서 다시 부활했다. 이렇듯 계속 돌고 도는 부동산 정책의 특성상 과거 정부의 부동산 정책을 알면 현재와 미래의 부동산 정책 방향을 예측할 수 있다. 노무현, 이명박, 박근혜 정부의 부동산 정책과 당시의 시장 반응에 대해 살펴보자.

◆ 투기와의 전쟁에서 패한 노무현 정부(2003~2007년)

　문재인 정부의 뿌리는 노무현 정부다. 그래서 노무현 정부의 부동산 정책을 이해하면 문재인 정부의 부동산 정책의 방향을 알 수 있다. 노무현 대통령의 비서실장이 문재인 대통령이었고, 노무현 정부 시절 종합부동산세 도입의 주역인 김수현 교수가 문재인 정부의 청와대 사회수석을 했기 때문이다.

　노무현 정부는 국가균형 발전을 위해 행정수도 이전과 175개 공공기관을 이전하는 혁신도시 건설을 추진했고, 서민주거안정을 위해 매우 강력한 투기억제와 공급확대 정책을 시행했다. 역대 정권은 부동산 시장 흐름에 따라 규제강화와 완화를 반복적으로 시행했지만 노무현 정부는 오직 규제만 했다. 그만큼 주택가격이 계속 상승하면서 부동산 시장이 과열되었다는 의미이기도 하다.

　성장보다는 분배에 초점을 맞추면서 열심히 했지만 소득 양극화 문제는 더욱 심화되었다. 당시 이태백(20대 절반이 백수), 사오정(45세 정년), 오륙도(50~60대 직장을 가진 사람은 도둑)와 같은 신조어가 인기를 끌 정도로 서민들의 삶은 힘들었다.

　IMF 외환위기 이후 줄어든 주택공급과 저금리로 인해 늘어난 유동성, 김대중 정부 시절 풀어준 규제완화의 영향으로 부동산, 특히 서울 집값은 가파르게 상승했다. 2001년부터 불붙기 시작한 집값은 2002년 전국 22%, 2003년 전국 9.6%, 서울 수도권 10% 이상 급등했다. 성장보다 분배, 그리고 부유층보다는 서민에 초점을 맞춘 노무현 정부는 집권 초기부터 강력한 투기억제 규제대책을 발표했다.

2003년 행정수도 이전으로 급등한 충청권 토지투기억제를 위한 충청권 토지거래감시구역 지정, 분양권 전매제한, 재당첨 제한, 수도권 투기과열지구 지정, 재건축 조합원 지분 전매제한과 소형 60% 의무화, 1주택 비과세 요건 강화, 5년간 수도권 153만 호 공급, 수도권 2기 신도시 후보지 선정, 국민임대 5년간 50만 호 건설, 10년간 공공임대주택 150만 호 건설 등 강력한 규제가 연이어 나왔다. 노무현 정부의 대표적인 부동산 규제대책인 10·29대책(3주택 양도세 중과, 종합부동산세 도입, 투기지역 LTV 40% 강화 등이 포함)도 이 무렵에 발표되었다.

2003년 한 해 동안 강력한 규제대책이 나온 덕분에 2004년은 안정세를 보이면서 한숨 돌리는 듯했지만 2005년 집값은 다시 급등했다. 노무현 정부의 '부동산 투기와의 전쟁 후반전'이 시작되었다. 하지만 노무현 정부는 부동산 시장을 너무 쉽게 생각했고, 한번 달아오른 투자심리는 쉽게 식지 않았다. 노무현 정부는 다시 규제의 칼을 빼서 재건축 개발이익환수제와 안전진단 강화, 2종 주거지역 층고제한 폐지, 판교·고양 삼송·남양주 별내·양주 옥정 개발 등 주택시장 안정대책을 발표했지만 집값 과열은 멈추지 않았다.

결국 10·29대책과 더불어 노무현 정부의 대표 규제인 8·31대책이 발표되었다. 실거래가 등기부 등재, 분양가상한제 확대, 종합부동산세 과세대상 6억 원 확대, DTI 도입, 2주택 양도세 중과, 송파(위례)신도시 건설발표 등 굵직한 규제가 포함되었다. '많이 들어본 정책들인데?' 이런 생각이 들 것이다. 문재인 정부에서 발표한 대부분의 규제들이 노무현 정부 시절에 나왔던 규제들이기 때문이다.

당시 무거운 규제들이 계속 누적되고 있었지만 부동산 시장은 판교, 위례 등 2기 신도시 개발을 호재로 생각했고, 다주택자 양도세 중과를 똘똘한 아파트 하나로 집중하자는 대표적인 왜곡인지 현상을 보이면서 부동산 투자 열기는 절정에 다다랐다.

이른바 버블세븐지역(강남 3구, 목동, 분당, 평촌, 용인) 중대형 아파트를 중심으로 상승한 주택 가격은 강북과 수도권으로 확산되었다. 다급해진 노무현 정부는 재건축 초과이익환수제와 인천 검단신도시와 동탄2신도시, 파주운정신도시 확대 개발을 발표했지만 정부의 규제를 비웃기라도 하듯이 인천과 경기 북부지역까지 집값 상승의 불이 번졌다. 결국 2006~2007년 LTV(담보대출인정비율), DTI(총부채상환비율) 등 대출규제 강화와 분양가상한제까지 시행된 후에야 버블세븐지역의 주택가격 상승이 멈추었다.

하지만 '노도강(노원구·도봉구·강북구)' 등 서울 강북과 의정부 등 경기 북부, 인천의 소형 아파트 가격은 오히려 상승했다. 서울의 뉴타운, 한강르네상스, 용산 역세권 개발 영향으로 서울의 한강변 아파트는 2010년까지 상승을 이어갔다.

김영삼 정부 시절부터 축적된 상승 에너지와 김대중 정부 시절 파격적으로 풀어준 규제완화와 공급부족 영향으로 서울 수도권 부동산 시장이 과열된 상황에서 출범한 노무현 정부는 집값을 잡기 위해 열심히 노력했다. 하지만 규제를 남발하면서 시장은 내성이 생겼고, '집값은 못 잡고 투기와의 전쟁에서 패했다'라는 불명예만 떠안았다.

노무현 전 대통령이 "부동산 외에는 꿀릴 것이 없다"라고 했던 말만 보더라도 투기와의 전쟁에서 패한 아픔과 아쉬움이 얼마나 큰지를 느낄 수 있다. 세금인상 등 규제만으로 쉽게 잡을 수 없음을 노무현 정부에서 경험했음에도 문재인 정부는 이런 수요억제 규제를 그대로 답습한 것이 참으로 아쉽다. 한 번은 실수지만 두 번은 실력이듯이, 채찍과 당근을 병행한 시장상황에 맞는 유연한 대책이 나왔으면 문재인 정부 4년 동안 이렇게 집값이 오르지는 않았을 것이다. 노무현 정부 시절의 아파트 가격 변동률은 전국 34%, 서울 56%였다.

◆ 글로벌 금융위기를 잘 넘긴 이명박 정부(2008~2012년)

규제만 했던 노무현 정부와는 달리 이명박 정부는 침체되는 부동산 시장을 회복시키기 위해 규제를 풀었다. 전면적인 규제완화보다는 주거안정에 필요한 규제는 유지하고 서민주거용 주택공급은 늘림으로써 나름 합리적인 부동산 정책을 펼쳤다.

지방 미분양 문제 해결과 국민주거용 주택공급, 건설경기 회복을 위해 2008년 한 해 동안 지방 미분양 LTV 완화, 취등록세 감면, 양도세 일시적 2주택 2년 확대, 지방 미분양 매입, 재건축 조합원 지위양도 허용, 분양권 전매제한 완화, 재건축 안전진단 완화, 수도권 30만 가구 공급. 지방광역시 1가구 2주택 양도세 중과 폐지, 양도세 비과세 고가주택 기준 상향, 양도세율 인하 등 규제를 풀고 보금자리 150만 가구 포함 2018년까지 수도권 300만 가구, 지방 200만 가구 공급, 건설부문 유동성 공급 및 구조조정 지원 등 공급대책도 병행했다.

2008년 하반기 미국발 글로벌 금융위기가 발생하자 환율폭등, 신용경색, 실물경기 침체로 주식 시장과 부동산 시장이 폭락했다. 그러면서 잠실주공 5단지 35평이 8억 원 이하로 떨어지기도 했다. 경제상황이 이렇게 급박하게 돌아가자 이명박 정부는 보다 적극적인 규제 완화 정책을 추진했다. 강남 3구 외 주택투기지역 및 투기과열지구 해제, 토지투기지역 해제, 양도세 비과세 거주요건 폐지, 재건축 소형 평형의무비율 완화, 미분양 주택 양도세 한시 감면, 민간택지 분양가 상한제 폐지, 주택청약종합저축 신설 등을 발표했다.

국내 외환문제였던 IMF 경제위기와 달리 글로벌 금융위기가 국내 부동산 시장에 미치는 영향은 제한적이었고, 급등하는 아파트 가격을 잡기 위해 시행한 대출규제가 오히려 금융 시장의 위험을 줄이는 역할을 했다. 그러면서 일시적으로 급락했던 부동산 시장이 빠르게 안정을 찾았다.

한숨 돌린 이명박 정부는 리모델링 연한 및 증축, 전세자금 및 도시형생활주택 지원, 보금자리 확대, 대출 관리, 주택임대사업자 지원 등 실수요 서민주거안정을 위한 정책에 집중했다. 하지만 2011년 3월 한시적으로 풀어주었던 DTI 규제를 다시 강화하자 투자심리가 급격히 얼어붙으면서 서울 집값은 본격적으로 하락한다. 2011년 8억 이상의 가격으로 거래되었던 개포주공 1단지 43㎡(13평)이 1년 만에 6억 원 이하로 떨어졌다. 다급해진 정부는 강남 3구 투기과열지구와 투기지역 해제, 다주택자 양도세 중과 폐지, 재건축 초과이익 부담금 2년 중지, 1주택 양도세 비과세 요건 완화, 민영주택 재당첨 제한 폐지 등 규제 대못을 더 뽑았지만 식어버린 투자 심리를 되살리기에는 역부족이었다. DTI 규제를 풀었다 묶었다를 6번 반복하면서 정책의 일관성이 부족하다는 평가를 받았고, 시장의 신뢰를 잃으면서 주택시장 하락을 막지는 못했다.

전세자금대출을 시행한 것은 참 아쉽다. 서민주거안정을 위한 의도는 좋았지만 전세금 인상을 대출로 쉽게 해결할 수 있게 되면서 가계부채는 급증했고, 전세를 끼고 투자를 하는 갭투자가 성행했다. 소형 아파트 수요도 덩달아 늘어났다. 이렇게 높아진 전세가격은 2017~2020년 집값을 밀어 올리는 지렛대 역할을 했다.

강남 세곡, 서초 우면 등에 공급된 보금자리 주택사업은 '반값 아파트'라는 이름으로 많은 관심을 받았다. 그린벨트를 풀고 세금이 투입된 만큼 일부 당첨자에게 큰 수익을 안겨주기보다 강남 대체 고급 신도시로 개발을 하고, 그렇게 확보한 개발 이익으로 수도권에 대규모 서민주거 신도시를 공급해주었더라면 더 좋지 않았을까 하는 아쉬움도 남는다. 이명박 정부 시절의 아파트 가격 변동률은 전국 16%, 서울 -3%였다.

◆ 서울의 집값 상승을 알린 박근혜 정부(2013~2016년)

박근혜 정부는 주택시장 거래 정상화를 위해 파격적인 규제완화와 공급억제 정책을 시행했고, 임기 말에는 주택시장의 과열조짐을 막고자 규제를 했으나 불붙은 부동산 시장을 잡기에는 역부족이었다. 2012년 급속히 얼어붙은 주택거래를 정상화시키고 내수경기 활성화를 통한 경제성장까지 달성하려고 했던 박근혜 정부는 임기 초반에 강력한 규제완화 정책을 시행했다.

구분	전국 아파트 가격 변동률	서울 아파트 가격 변동률
노무현 정부	34%	56%
이명박 정부	16%	-3%
박근혜 정부	10%	10%

2013년 기존주택 양도세 5년간 면제, 취득세율 영구인하 등의 규제완화 대책을 발표했다. 5년간 양도세 면제 특례는 IMF 경제위기를 극복하기 위해 김대중 정부 시절에도 나온 특단의 대책으로, '정부에서 풀어줄 규제는 다 풀어주었으니까 이제 제발 집 좀 사라'라는 강력한 신호다.

이런 양도세 특례 대책이 혹시라도 나중에 나오면 반드시 기회를 잡길 바란다. 공공주택물량을 연 7만 호에서 2만 호로 줄이는 공급억제 정책도 병행하면서 대출 규제와 재건축 규제까지 푸는 승부수를 던지자 주택거래량이 늘어나면서 집값은 하락을 멈추고 반등했다.

2014년 LTV·DTI 70% 일괄 적용, 청약통장 일원화, 재건축 허용연한 규제완화, 청약 1순위 1년 단축, 민간택지 분양가상한제 탄력 적용, 재건축 초과이익환수제 3년 유예 연장 등의 대책이 발표되었다. 주택시장이 정상화되자 박근혜 정부는 서민과 중산층 주거안정에 집중했다. 2015년 준공공임대주택 활성화, 공공임대 확대, 기업형임대인 뉴스테이 도입, 집주인 리모델링 제도를 도입했고, 2016년에는 행복주택과 뉴스테이 공급물량을 확대하는 정책도 발표했다.

하지만 2016년 주택거래가 급격히 증가하면서 가계부채 문제가 심각한 수준에 이르자 8·28대책(LH택지공급 조절, 중도금대출보증 강화, 분양보증 강화)과 11·3대책(조정대상지역 전매제한 강화, 1순위 청약자격 강화, 재당첨 제한, 중도금 대출보증요건 강화, 청약가점제 자율시행 유보)을 발표하면서 규제 완화에서 규제강화로 부동산 정책을 전환했다.

그런데 한 번 움직인 부동산 시장의 흐름을 대책 한 번으로 바꾸는 것은 어려운 일이었다. 그러다가 집값 상승의 숙제는 문재인 정부로 넘어왔다. 문재인 정부에서는 서울 집값 폭등의 원인이 박근혜 정부 시절에 지나치게 풀어버린 규제완화에 있다고 비판한다. 물론 틀린 말은 아니다. 하지만 부동산 정책은 부동산 시장의 흐름과 반응에 따라 나올 수밖에 없는지라 박근혜 정부 시절에는 규제를 풀 수밖에 없었고, 문재인 정부는 규제를 강화할 수 밖에 없는 상황이었다. 부동산 정책으로 부동산 시장을 컨트롤한다는 것이 얼마나 어려운지 다시 한 번 느낄 수 있었다. 박근혜 정부 시절 아파트 가격 변동률은 전국 10%, 서울 10%였다.

03

인구가 줄어든다는데
집값은 내릴 것인가?

출산율 감소로 인구가 줄어들면 집값이 떨어질까?
주택구매연령 인구, 가구 수와 외국인의 증가 등을 고려해
인구와 집값의 상관관계를 알아보자.

"출산율 감소로 인구가 줄어들어도 집값이 계속 오를 수 있을까요?" 필자는 이런 질문을 종종 듣는다. 수요와 공급이라는 경제학의 기본개념에서 생각해보면 인구가 줄어든다는 것은 수요가 준다는 것이고, 수요가 줄면 집값이 떨어진다는 논리가 당연해 보인다. 그런데 진짜 인구감소로 인해 집값이 떨어질까?

"아들딸 구별 말고 둘만 낳아 잘 기르자." 1970년대 우리나라 출산 정책의 단면을 볼 수 있는 표어다. 당시 우표로 나올 정도로 '둘만 낳아 잘 기르자'가 유행이었다. 남아선호사상 때문에 아들을 낳으려고 여러 명의 자녀를 출산하는 것이 사회문제가 되면서 출산억제 정책을 시행한 것이다. 1980년대에 들면서 "하나만 낳아 잘 기르자"라는 표어가 등장했다. 출산억제 정책이 더 강화된 것이다. 이때만 하더라

도 저출산이 사회문제가 되리라고는 생각하지도 못했을 것이다.

1960년대 6명이던 출산율은 1983년 2.1명 아래로 떨어지면서 우리나라는 저(低)출산 국가가 되었다. 2001년부터는 초저출산 국가가 되면서 "아빠, 혼자는 싫어요. 엄마, 저도 동생을 갖고 싶어요"라는 표어가 등장할 정도로 인구정책은 출산억제에서 출산장려 정책으로 완전히 전환되었다. 그러나 출산장려를 위해 막대한 예산을 쏟아부었음에도 출산율은 더 큰 폭으로 감소하고 있다.

현재 OECD 회원국 중에서 저출산 문제가 가장 심각한 국가가 우리나라다. 우리나라 출산율은 2015년 1.24명, 2016년 1.17명, 2017년 1.05명, 2018년 0.98명으로 1명이 붕괴되더니 2019년 0.92명, 2020년 3분기 0.84명으로 0.9명 선도 무너졌다. 저출산 국가의 대표였던 일본보다 우리나라의 출산율이 더 낮아진 것이다.

◆ 인구감소는 집값에 치명적이다

2020년 말 기준으로 보면 우리나라 인구는 5,182만 9,023명이다. 2019년 말보다 2만 838명(0.05%)이 줄었다. 인구증가율은 매년 감소했지만 통계를 집계한 이래 사상 첫 감소다. 2020년 출생자는 27만 5,818명으로, 2019년보다 3만 2,882명(10.65%) 감소했다. 2017년 40만 명 아래로 떨어진 뒤 3년 만에 30만 명이 무너진 것이다.

사망자 수는 30만 7,764명으로 2019년 대비 9,269명(3.1%)이 늘어나면서 출생자 수보다 사망자 수가 더 늘었다. 그러면서 인구가 자연

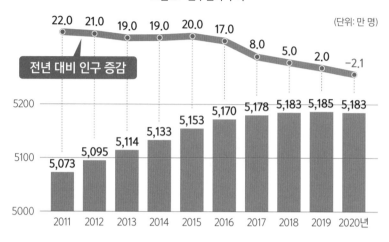

<그림15> 인구변화 추이

(단위: 만 명)

전년 대비 인구 증감

22.0 21.0 19.0 19.0 20.0 17.0 8.0 5.0 2.0 -2.1

5200

5,178 5,183 5,185 5,183
5,170
5,153
5,133
5,114
5100 5,095
5,073

5000
      2011 2012 2013 2014 2015 2016 2017 2018 2019 2020년

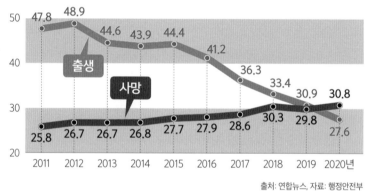

50 47.8 48.9
             44.6 43.9 44.4
출생   41.2
40   36.3
사망   33.4
                                    30.9 30.8
30   30.3 29.8
   25.8 26.7 26.7 26.8 27.7 27.9 28.6   27.6
20
   2011 2012 2013 2014 2015 2016 2017 2018 2019 2020년

출처: 연합뉴스, 자료: 행정안전부

감소하는 인구 데드크로스(dead cross)를 기록했다. 2060년이 되면 대
한민국 인구가 반토막이 날 것이라는 충격적인 이야기까지 나온다.

이런 인구감소가 일시적 현상이 아니라는 데 더 큰 문제가 있다.
연애·결혼·출산을 포기한 세대를 '삼포세대'라 지칭하는 신조어가
나온 지는 꽤 되었다. 저출산의 근본 원인은 경제성장률 둔화와 내수

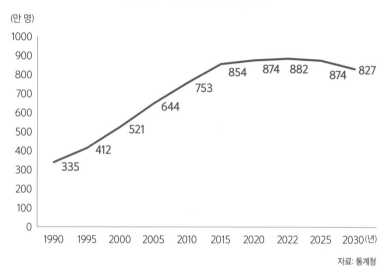

(만 명)

자료: 통계청

경기 침체로 인한 일자리와 소득 감소, 주거와 교육비 부담, 불안한 노후 때문이다. 총체적인 사회문제를 해결하기 위해 막대한 재정을 투입했지만 출산장려 정책의 효과는 전혀 나오지 않고 있다. 인구감소는 궁극적으로 수요감소에 따른 내수경제 축소로 이어지면서 경제 활력이 떨어지고, 주택구입 수요가 줄어들면서 빈집 증가와 주택가격 하락 등 심각한 사회문제로 이어질 수 있다.

인구가 정점을 찍고 감소하면, 집값도 인구를 따라 내려간다고 생각하는 사람들이 많다. 틀린 말은 아니지만 출산율과 인구감소가 곧바로 집값 하락으로 이어지지는 않는다. 단순 출산율 증감보다는 실제 부동산을 구입할 능력이 되는 경제활동 가능 연령층인 40~59세 인구변화가 아파트 시장의 수요를 예측하는 데 도움이 된다. 능력 있는 부모님을 둔 금수저가 아니라면 30세 이전에 아파트를 구입하기는 현실적으로 어렵다.

137페이지 〈그림16〉에서 보듯이 40~59세 인구변화를 보면 2022년 882만 명을 정점으로 2030년 827만 명 수준으로 감소하지만 2010년보다는 높은 수준이다. 최근에는 의료기술의 발달 덕분에 평균수명이 증가했다. 본격적인 고령화 사회로 접어들면서 60대가 최대 주택구매연령대로 등극했다는 통계가 나오고 있어서 주택구매연령대를 40~59세보다 확대해 40~69세로 범위를 넓히면, 주택구매연령층의 변화는 적어도 2030년까지는 문제없고 2040년이 넘어서야 최근 출산율 감소에 따른 수요감소의 영향을 받을 것으로 예상된다. 1950년대 후반부터 출산율이 크게 늘어났지만 주택가격은 30여 년이 지난 1980년대부터 본격적으로 상승했다. 이는 출산율과 주택구매연령 인구와의 차이 때문이다.

서울 및 수도권 지역과 지방 광역시와 세종특별시는 더 걱정할 필요가 없다. 수요는 인구증가와 인구이동에 따른 '절대수요'와 투자심리에 따라 움직이는 '상대수요'로 구분할 수 있다. 투자심리에 따른 상대수요는 탄력성이 커서 단기간에 반응속도가 빨리 나타나는 것이 특징이다. 집값이 더 오를 것 같은 기대감이 있으면 단기간에 상대수요는 급격하게 늘어났다가, 집값이 떨어질 것 같은 불안감이 커지면 언제 그랬냐는 듯이 순식간에 줄어든다.

반면 인구증가와 인구이동에 따라 수요가 변하는 절대수요는 비탄력적으로 장기간에 거쳐 서서히 효과가 나오며, 한 번 변화가 시작되면 오래 지속되는 경향이 있다. 원칙적으로 보면 절대인구가 늘어나면 주택가격이 상승한다. 1980년대 집값이 폭등한 이유는 베이비붐 세대들이 성장해 취업과 결혼을 하면서 본격적인 주택구매 수요로 이어졌기 때문이다. 즉 전형적인 인구증가에 따른 절대수요 증가 현상이었다.

◆ 일본 신도시가 붕괴한 이유를 기억하자

허허벌판에 대규모로 신도시가 개발되면 수요가 이동하면서 유입된 인구에 비례해 소득이 늘어나고, 인프라가 확충된다. 그 결과 인구유입이 된 신도시 지역의 부동산 가격은 상승하고, 구도심 집값은 도심 공동화(空洞化) 현상으로 하락할 수가 있다. 지역별 인구이동에 비해 인구감소는 장기간에 걸쳐서 보다 광범위하게 집값 하락의 원인으로 작용한다.

일본 신도시가 몰락한 이유가 바로 인구감소와 함께 고령화와 버블붕괴로 인한 도심 회춘화(回春化) 현상으로, 신도시에서 도쿄 등 중심 지역으로 인구가 이동했기 때문이다. 서울과 수도권의 경우 출산율은 줄어들고 있지만 대학교, 직장 등의 이유로 지방에서 꾸준히 인구가 유입되고 있다. 인구가 감소하고 있다는 통계는 서울의 아파트 매매가격과 전세가격에 등떠밀려 경기도나 인천으로 인구가 이동했기 때문이다. 서울, 경기도, 인천 등 수도권 전체로 보면 인구는 늘어나고 있다.

또한 가구 수 증가도 고려 대상이다. 만혼(晩婚)·미혼·독신 확산, 평

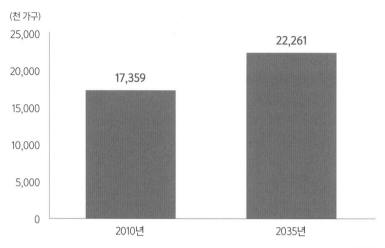

<그림17> 가구 수 변화

(천 가구)

자료: 통계청

균수명 연장, 독거노인 증가 등의 영향으로 최근 1~2인 가구 증가세
가 두드러진다. 통계청에 따르면 2019년 우리나라 1인 가구는 614만
가구로 전체 가구의 30.2%에 달했다. 2000년 대비 2.5배 증가했고,
2030년 33.3%, 2040년 35.7%까지 증가할 예정이다. 이런 1인 가구
증가와 가구분화 및 가구해제 진행에 따라 가구 수는 2010년 1,735
만 9천 가구에서 2035년 2,226만 1천 가구로 1.3배 증가할 것으로 예
상된다.

　2021년 대통령 신년회견에서 대통령은 집값상승 원인 중 하나로
가구 수 증가를 꼽았다. 그런데 가구 수 증가가 주택가격 상승압력으
로 작용될 수 있지만, 아파트 구매력이 떨어지는 1~2인 가구 증가 폭
이 크고 2019~2020년 가구 수가 크게 늘어난 것은 3기 신도시 사전

청약을 위한 세대 분리, 임대차 3법의 계약갱신청구권을 거부, 증여 등 세금 부담을 줄이기 위한 세대 분리의 영향이 커서 그렇다. 그러니 가구 수 때문에 집값이 올랐다기보다는 집값이 올라서 나온 정책의 부작용으로 가구 수가 비정상적으로 늘었다고 봐야 할 것 같다.

인구 통계에는 아직 포함되지 않았지만 외국인 노동자와 이민 가구의 유입이 계속 늘어나고 있다. 그러므로 인구절벽에 따른 수요급감 가능성은 높지 않다. 외국인은 내국인과 달리 주택 구입에 적극적으로 나서지 않는다는 반론이 있을 수 있다. 물론 외국인이 주택 구입에 적극적으로 나서지 않을 수 있지만, 집을 사지 않아도 전세나 월세 등 임대로 거주는 해야 하기 때문에 임대수요 증가에는 도움이 될 수 있다.

결국 출생률 감소로 인해 장기적으로 절대인구가 줄면서 부동산 시장도 영향을 받겠지만, 실질주택구입 연령대인 40~69세 인구와 가구 수 증가, 외국인 유입, 인구이동을 감안하면 서울과 수도권 지역은 적어도 2040년까지는 인구감소에 따른 주택가격 하락 걱정을 잠시 접어두는 것이 좋겠다.

04

주택보급률이 높아도
주택은 왜 부족한가?

주택보급률이 높다고 해서 주택이 충분한 것은 아니다.
중요한 것은 양질의 주택이다.
1천 명당 주택 수와 주택자가보유율을 체크하는 것이 도움이 된다.

2006년 여름, "지방 아파트는 끝났다"고 했다. 출산율 감소와 대학과 직장을 찾아 떠난 젊은 세대의 인구 유출, 그리고 주택보급률이 서울보다 높다는 점 때문이었다. 이 전망은 나름 그럴 듯했지만 결과적으로 틀렸다.

2010년부터 2015년까지는 부산을 비롯한 지방 부동산 시장의 투자열기가 서울보다 더 뜨거웠다. 주택보급률이 높다는 것은 주택이 많이 공급되었다는 의미이기도 한데, 서울보다 높았던 지방의 아파트 가격은 왜 올랐던 것일까?

주택공급이 늘어나면 가격 상승폭은 줄어들면서 주택 가격이 안정되는 반면에 주택공급이 줄어들면 상승폭이 커지면서 주택 가격은 상승하는 것이 경제학적으로 정상이다. 〈그림18〉에서 보듯이 전국

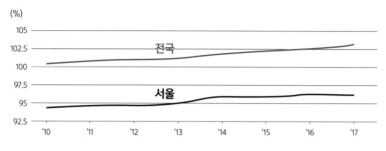

<그림18> 주택보급률

구분	2010	2011	2012	2013	2014	2015	2016	2017
전국	100.5	100.9	101.1	101.3	101.9	102.3	102.6	103.3
서울	94.4	94.7	94.8	95.1	96	96	96.3	96.3

출처: 한국부동산원

주택보급률은 2010년 100.5%로 100%를 넘었고, 2017년 103.3%였다. 서울은 2017년 기준으로 96.3%였다. 오피스텔, 원룸, 고시원 등 대안 주거형태까지 주택 수에 포함시킨 실질주택보급률은 일반주택보급률에서 3~4%p 정도 더 올라간다.

참고로 주택보급률은 주택재고의 과부족을 비율로 나타내는 지표로, 총 주택 수를 가구 수로 나누어서 계산한다. 그리고 2008년부터 1인 가구를 포함해 다가구 주택을 1채로 보지 않고 개별 가구 모두를 주택 수에 포함시켜 산정한 주택보급률을 적용하고 있다. 2020년이 되면 주택보급률은 105.8%(실질주택보급률 110%)까지 상승할 예정이어서 주택보급률만 보면 우리나라는 주택공급이 부족한 상황이 아니다.

◆ 주택보급률이 높지만 주택이 부족한 이유

다시 2006년으로 돌아가보자. 당시 서울 아파트 가격은 천정부지로 올랐지만 지방은 조용했다. 2006년 당시, 지방 주택보급률은 100%가 넘었으나 서울은 91.3%였다. 당연히 지방 아파트 시장은 끝났다는 말이 나올 만했다. 그런데 그로부터 불과 3년 후인 2009년부터 부산을 중심으로 아파트 가격이 오르기 시작했다. 주택보급률이 100%가 넘어 더 이상 주택이 부족하지 않는데, 왜 지방 아파트 가격은 상승한 것일까?

40~69세 주택구매연령의 여전한 수요층과 서울 대비 저평가된 가격, 서울에 집중된 규제의 칼날을 피한 덕도 있었지만 주택보급률의 함정도 숨어 있었다. 주택보급률은 주택 재고와 가구 수로 산정하는데, 1가구가 여러 채의 주택을 보유하는 경우도 많아서 주택보급률이 높아도 실제로는 주택을 소유하지 않은 무주택 가구 수가 여전히 많다. 이런 주택보급률의 함정을 피하기 위해 1천 명당 주택 수와 자가보유율을 체크해볼 필요가 있다.

〈그림19〉는 인구 1천 명당 주택 수를 나타낸 그래프다. 전국적으로 보면 1천 명당 400호, 서울은 1천 명당 380호 주택이 있음을 알 수 있다. 1인 세대부터 3~4인 세대까지 다양한 세대가 구성되어 있는 만큼 절대기준이 될 수는 없지만 전국보다는 역시 서울에서 주택이 부족함을 알 수 있고, 매년 소폭 늘어나고 있는 것도 볼 수 있다.

이제 자기 집을 가진 사람들의 비율인 주택자가보유율을 〈그림20〉에서 보자. 2015년 기준 전국적으로 56.8%, 서울 42.1%로 서울에서

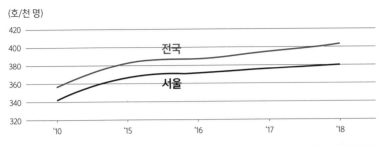

<그림19> 인구 1천 명당 주택 수

(호/천 명)

구분	2010	2015	2016	2017	2018
전국	356.8	383.0	387.7	395.0	403.2
서울	342.0	366.8	371.6	376.9	380.7

출처: 한국부동산원

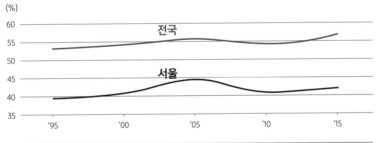

<그림20> 주택자가보유율

(%)

구분	1995	2000	2005	2010	2015
전국	53.3	54.2	55.6	54.2	56.8
서울	39.7	40.9	44.6	41.1	42.1

출처: 한국부동산원

집을 가진 사람이 절반도 안 됨을 알 수 있다. 2019년 통계도 별반 큰 차이는 없어 전국이 약 58%, 서울이 약 42.7%이다.

◆ 양질의 주택, 즉 새 아파트가 부족하다

예전보다는 주택공급이 늘어나고 있고, 지방보다 서울의 주택이 부족하다는 것은 알겠다. 그런데 우리나라 주택이 충분하다는 것인지, 부족하다는 것인지 모르겠다는 사람들을 위해 국가별로 비교를 해보겠다.

〈그림21〉에서 보듯이 2010년 기준 국가별 1천 명당 주택 수는 미국, 영국(2009년), 일본(2005년)보다 낮은 수준이며 자가보유율 역시 미국, 캐나다, 영국, 호주보다 높지 않다. 일부에서 우려하는 것처럼 주택공급이 아주 많은 수준은 아니다. 연도별로 차이가 있고 통계조사기관에 따라 약간씩 차이는 있지만 전체 흐름을 읽는 데 영향을 주지는 않는다.

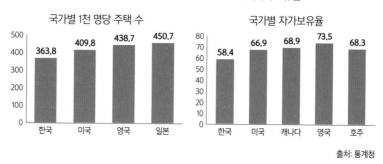

<그림21> 국가별 1천 명당 주택 수와 주택자가보유율

출처: 통계청

146

자기 집을 가진 자가보유율이 절반 정도밖에 되지 않는다는 것은 집을 가지지 못한 사람들이 절반 정도 남아 있다는 의미이기도 하다. 굳이 집을 사고 싶지 않거나 다른 이유 때문에 집을 소유하지 않는 사람들도 있지만 집값이 너무 비싸서, 자금이 부족해서 등 여러 현실적인 이유로 집을 가지고 싶어도 내집 마련을 못하는 사람들이 여전히 많다.

　결국 주택 숫자는 많아도 여러 채를 보유한 다주택자들도 많고, 다수의 시장 수요자들이 원하는 살 만한 양질(良質)의 주택, 즉 새 아파트가 부족하다는 의미이기도 하다. 정부가 주택보급률 통계 숫자만 보고 주택이 충분하다고 말하거나 빌라 등 쉽고 빠르게 지을 수 있는 단기주택공급만 늘려 숫자만 채우는 것은 주택시장 안정에 도움이 되지 않는다. 시장에서 원하는 '전용 59㎡ 이상 중소형 아파트'가 제대로 공급이 되어야만 한다.

05

주택공급에서 중요한 것은 입주물량이다

입주물량은 집값과 반비례하는 경향이 있다.
하지만 절대공식이 될 수는 없고, 지역별·정책·투자심리에 따라
반대의 결과가 나오기도 한다.

주택의 공급물량을 따질 때는 예전에 공급된 오래된 아파트와 지하 단칸방 빌라까지 포함된 주택보급률보다는 시장의 수요자들이 원하는 새 아파트 입주물량을 보는 것이 더 중요하다. 아파트 입주물량이 실질적으로 부동산 시장에 영향을 주는 공급물량인 셈이다.

예전엔 "젊어서 고생은 사서도 한다"고 했지만 요즘은 굳이 사서 고생 안 하고 싶고, 고생시키고 싶지도 않다. 물질적으로 풍요로운 시대를 살아온 현재의 젊은 세대와 그 부모들은 주거환경이 열악한 주택보다는 편리하고 쾌적한 새 아파트를 원한다. 귀한 우리 딸을 위해 인기 지역의 브랜드 아파트를 구입하지 않으면 결혼 승낙을 해줄 수 없다는 부모님들을 드라마가 아닌 주변에서도 심심찮게 볼 수 있다.

2006년 당시, 분위기가 좋았던 서울 수도권에 신규 아파트 분양물

량이 집중이 된 반면, 미분양 우려가 높았던 부산, 대구 등 지방은 오히려 신규 아파트 분양물량이 줄어들었다. 2009년부터 입주물량 부족이 현실화되면서 부산을 시작으로 지방 아파트 가격이 상승했다. 입주물량이 늘어나면 전세도 약세이지만 주택매매가격도 약세가 된다. 반면 입주물량이 줄어들면 전세와 매매가격은 오른다. 입주물량과 아파트 가격 상승률은 반비례 관계다.

◆ 입주물량은 집값과 반비례 관계인가?

〈그림22〉는 1990년부터 2024년까지 서울 아파트 입주 및 입주예정 물량을 나타낸 그래프다. 2017년 2만 5천 가구, 2018년 3만 4천 가구, 2019년 4만 가구, 2020년 3만 9천 가구 정도로 서울의 입주물량은 지속적으로 상승했다. 그런데 서울 집값은 계속 올라 '미친 집

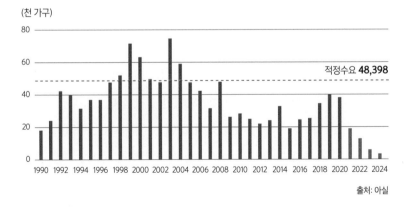

<그림22> 서울 아파트 공급 추이

출처: 아실

값'이 되었다. 그렇다면 입주물량과 집값은 반비례라고 한 것이 잘못된 공식이라는 뜻인가?

2016년까지는 입주물량과 매매가격의 상관관계가 반비례 공식이 어느 정도 맞았지만, 최근 2017~2020년 흐름을 보면 서울의 입주물량이 상승했음에도 서울 집값은 미친 듯이 올랐다. 그 이유는 아파트 가격이라는 것이 입주물량에만 영향을 받는 것이 아니라 부동산 정책, 금리, 경제, 유동자금, 투자심리에 영향을 받는 것이라서 그렇다. 즉 절대적인 기준이 될 수는 없기 때문에 저금리, 과잉 유동성뿐만 아니라 반시장적 일방적 규제정책의 부작용과 왜곡으로 '나만 뒤처진다'는 상대적 박탈감, '지금 아니면 영원히 서울에 집을 살 수 없다'는 미래의 불안감으로 투자심리가 살아나면서 입주물량을 완전히 눌러버렸기 때문이다.

또한 서울은 대학교, 직장, 투자를 위해 지방에서 주택수요가 꾸준히 유입되고 있고, 서울의 적정주택 수요는 4만 8천 세대 정도인데 2017년 이후 지속적으로 늘어나긴 했지만 필요주택 수에는 여전히 부족하다. 또한 다른 지역과 달리 개발이 완성된 도시가 서울인지라 더 이상 대단지 아파트를 지을 땅이 부족해 철거가 수반되는 재건축·재개발 사업을 통해 새 아파트 공급을 하다 보니 멸실(滅失)된 주택까지 감안하면 서울은 항상 주택이 부족하다. 이런 이유로 2017~2020년 입주물량이 그래프상으로는 늘어났지만 집값은 더 올랐다.

그렇다고 입주물량과 집값 공식이 틀린 것은 아니다. 오히려 2021년 2만 2천 가구 정도, 2022년 1만 2천 가구 정도로 줄어드는 입주물량은 집값을 더 자극할 가능성이 높다. 어떻게 되었든 주택공급 측면

에서는 입주물량이 중요하다. 참고로 입주물량 통계자료는 조사기관
에 따라 차이가 있으므로 여러 조사기관의 통계자료를 찾아서 함께
보는 것이 더 좋다.

◆ 입주물량은 전세가격에도 영향을 준다

입주물량은 매매가격에도 영향을 주지만 전세가격에는 더 큰 영향
을 준다. 전세가격은 인플레이션에 따른 화폐가치 하락만큼 또는 그
이상 집값이 올라가서 매매가격과 전세가격 차이인 전세가율이 벌어
지면 오른다. 전세가격이 떨어질 때는 대규모 입주물량이 나오는 경
우밖에 없어서 전세가격이 입주물량에 더 민감한 반응을 보인다.
〈그림23〉은 전국의 입주물량과 전세가격의 상관관계를 나타낸 그

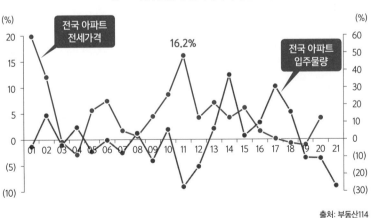

〈그림23〉 입주물량과 전세가격의 상관관계

출처: 부동산114

래프다. 대체적으로 입주물량이 늘어나면 전세가격은 안정되고, 입주물량이 줄어들면 전세가격이 불안정함을 알 수 있다.

내가 집을 사거나 전셋집을 구할 때는 전국 통계보다 각 시나 구별 입주물량 통계를 참고해서 검토하는 것이 좋다. 통계자료는 한국부동산원, 통계청 같은 공공기관뿐만 아니라 부동산114, 직방, 아실과 같은 민간기관에서도 자료를 제공하고 있다. 또한 네이버, 다음, 구글에서 검색만 해도 쉽게 확인할 수 있다.

분양물량은 입주물량을 예측할 수 있는 선행지표다. 때문에 현재 분양물량을 예의주시하면 2~3년 후 입주물량 영향을 예측할 수 있다. 또한 주택인허가 물량도 입주물량을 예측하는 데 도움이 된다. 분양물량은 입주물량보다 3년 정도 시차가 있는데 주택인허가 물량은 이런 분양물량보다도 6개월에서 1년 정도 더 빠른 선행지표다.

하지만 주택인허가 물량 가운데 30% 정도만 예측 가능한 공공물량이고 나머지 70% 정도는 민간건설사의 물량이기 때문에 실질 주택공급량과 차이가 있다. 그래서 실제로 건설 인허가 물량 중 일정 부분은 착공도 되지 않거나 소멸되는 경우도 있어서 실제 착공이 되는 주택 수는 더 줄어들 수 있다는 점을 감안하는 것이 좋겠다.

06

지역별 입주물량 체크는
필수 중 필수다

입주물량 체크도 요령이 필요하다.
전국 단위로 입주물량을 체크하기보다
각 지역별 입주물량과 비율을 체크해보는 것이 좋다.

앞서 주택공급물량을 체크할 때는 입주물량이 중요하고, 인허가 물량도 참고할 필요가 있다고 배웠다. 물론 입주물량이 절대적인 공급의 기준이 될 수는 없고, 부동산 시장 흐름과 부동산 정책, 투자심리에 따라 집값 흐름은 달리 움직일 수 있다. 지역별 적정 수요와 입주물량에 따라서도 달라질 수 있다. 이번 장에서는 조금 더 세밀하게 각 지역별 적정 수요 및 입주물량에 대해서 살펴보도록 하겠다.

다음 페이지 〈그림24〉는 2021년 전국 16개 시도 적정 수요 및 입주물량을 나타낸 그래프다. 참고로 적정수요는 각 지역별 인구를 고려해 수요·공급이 조회되는 수준을 나타낸 것이다. 대한민국의 수도이자 부동산 시장의 대표이며 수급불일치가 가장 심한 서울부터 살펴보면 서울의 적정수요는 4만 8천 가구 정도 된다.

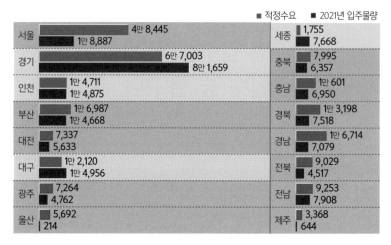

<그림24> 2021년 전국 시도 적정 수요 및 입주물량(가구)

■ 적정수요 　■ 2021년 입주물량

지역	적정수요	2021년 입주물량
서울	4만 8,445	1만 8,887
경기	6만 7,003	8만 1,659
인천	1만 4,711	1만 4,875
부산	1만 6,987	1만 4,668
대전	7,337	5,633
대구	1만 2,120	1만 4,956
광주	7,264	4,762
울산	5,692	214
세종	1,755	7,668
충북	7,995	6,357
충남	1만 601	6,950
경북	1만 3,198	7,518
경남	1만 6,714	7,079
전북	9,029	4,517
전남	9,253	7,908
제주	3,368	644

출처: 머니투데이

◆ 입주물량 체크도 요령이 필요하다

서울은 이미 수급불일치가 매우 심각한 지역으로 대학교, 직장, 투자 등을 위해 서울로 유입되는 인구가 계속 늘어나고 있다. 게다가 서울은 이미 개발이 완성된 도시로 대단지 새 아파트를 지을 땅(농지나 나대지)이 없다. 그래서 멸실을 수반할 수밖에 없는 재건축·재개발 사업으로 새 아파트를 공급할 수가 없는 독특한 지역이다.

서울은 매년 4만 8천 가구 정도가 공급되어야 하는데, 2021년 입주물량은 1만 8,887가구다. 다른 민간기간에서 조사한 2021년 입주물량은 2만 1,993가구이고, 정부의 자료에서는 4만 가구가 넘는다고도 한다. 이는 각 조사기관에서 정한 기준에 따라 달라질 수 있다.

특히 정부와 민간의 조사결과 차이가 큰 것은 재건축·재개발 사업을 하면서 발생하는 멸실주택 수량의 포함 유무에 따른 차이가 있고, 또한 민간기관의 경우 입주물량이 늘어나거나 줄어드는 것에 큰 영향이 없는 반면 정부기관은 집값 안정 시그널을 주기 위한 입주물량을 늘리고 싶은 목적성이 들어가기 때문에, 가급적 정부보다는 민간 조사 결과를 참고하는 것이 좋다.

조사기관 차이를 감안하더라도 서울의 2021년 입주물량은 적정 수요의 절반에도 미치지 못한다. 공급 측면에서만 보면 2021년 서울은 공급 부족 현상이 2020년보다 더 심화될 가능성이 높다.

이번에는 경기도를 알아보자. 경기도의 적정 수요는 6만 7천 가구 정도인데 2021년 입주물량은 8만 1,659가구다. 1만 5천 가구 정도 공급물량 초과가 나타난다. 하지만 경기도는 수도권 지역으로, 서울과 맞물려 서울의 부족 물량을 채워주는 역할을 하고 있다. 그래서 서울에서 집을 구하지 못한 사람들이 경기도나 인천에 집을 구입한 후 서울로 출퇴근하는 경우가 많다. 그래서 서울, 경기, 인천을 묶어서 수도권의 입주물량을 분석해보는 것도 필요하다.

서울, 경기, 인천의 적정수요는 13만 가구이고, 2021년 입주물량은 11만 5천여 가구다. 경기도만 보면 입주물량 과잉이라 볼 수 있지만, 수도권 전체로 보면 입주물량이 넉넉하지는 않다. 만약 경기도 물량이 없었다면 서울의 공급부족 문제는 한층 더 심각해졌을 것이다. 그러나 그나마 경기도 입주물량이 받쳐주고 있어서 서울에서 경기도로 이동하는 수요를 대체하면서 수급균형을 어느 정도 안정적으로 유지하고 있는 것이다.

◆ 각 지역별 입주물량과 비율을 꼭 체크해봐야 한다

경기도의 각 지역별 입주물량을 상세히 체크해볼 필요가 있다. 경기도청이 있는 수원은 2021년과 2022년 입주물량이 적정수요를 넘어서고 있다. 저금리, 유동성, 정책 부작용 등으로 전체 부동산 시장 흐름이 강세가 될 수는 있지만, 지역적으로 수원은 공급물량이 적정 수요를 넘어서고 있는 점을 감안해 투자전략을 세워야 한다.

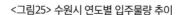

<그림25> 수원시 연도별 입주물량 추이

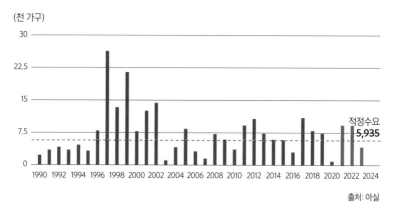

출처: 아실

이번에는 안산시를 알아보자. 안산시는 2018년부터 2020년까지 입주물량이 증가하면서 전세가격도 약세를 보이던 지역이었다.

〈그림26〉의 연도별 입주물량 그래프를 보더라도 2020년까지 입주물량이 많았음을 알 수 있다. 하지만 2021년부터 입주물량이 적정수요 아래로 떨어지고 있어서 전세가격도 정상을 회복하면서 입주물량 영향에서 자유로워질 것으로 예상된다.

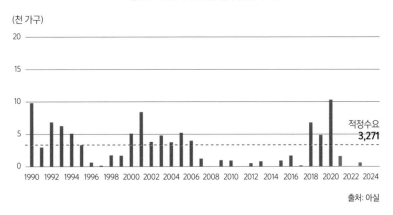

<그림26> 안산시 연도별 입주물량 추이

(천 가구)

적정수요
3,271

출처: 아실

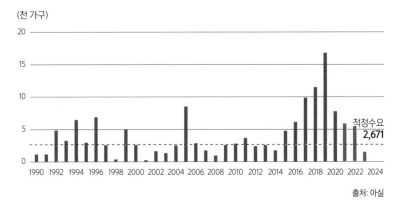

<그림27> 평택시 연도별 입주물량 추이

(천 가구)

적정수요
2,671

출처: 아실

2015년부터 입주물량 풍년이었던 평택시를 보자. 〈그림27〉 그래프를 보니 평택시는 2023년은 되어야 입주물량이 줄어드는 것으로 봐서 2021~2022년은 여전히 입주물량 과잉의 영향에서 자유롭지는 못할 것 같다.

지금까지 수원, 안산, 평택시의 입주물량만 살펴본 것이고, 각자 관심이 있거나 필요한 지역의 입주물량 추이를 확인해서 분석해보길 바란다. 수원시처럼 장안구, 권선구, 팔달구, 영통구로 나누어져 있는 시라면, 각 구별로 세분화된 입주물량을 분석하는 것도 좋다. 참고로 지역별 입주물량 추이는 아실(www.asil.kr)에서 쉽게 확인해볼 수 있다.

이처럼 지역별 적정수요 대비 연도별 입주물량을 비교·분석해보

<그림28> 2020~2023년까지 입주물량 비율

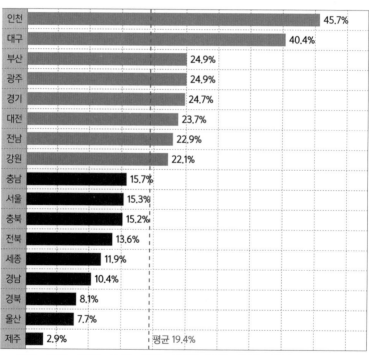

출처: 네이버 블로그 '리치고'

는 것이 가장 좋은 방법이다. 〈그림28〉과 같이 2020~2023년까지 입주물량 비율을 구해서 지역별로 비교해보는 자료도 도움이 된다.

2023년까지 입주물량 비율을 비교해보면 인천, 대구가 비교적 많은 입주물량이 예상되며 부산, 광주, 경기, 대전 등의 지역들은 평균 이상이고, 서울, 충청, 세종, 경상, 울산, 제주 등의 지역은 비교적 입주물량 비율이 낮아 입주물량 영향에서 다소 자유로울 것으로 예상된다.

물론 이런 참고자료가 절대기준이 될 수는 없다. 도 단위는 광범위한 입주물량보다 시나 구 단위의 세밀화된 입주물량 추이를 분석해보는 것이 훨씬 더 도움이 된다.

07

금리와 집값은
전형적으로 반비례 관계다

금리와 집값은 반비례 관계다.
미국의 기준금리 흐름도 중요한 변수가 된다.
향후 미국의 금리인상은 우리나라 부동산에 부정적이다.

미국의 기준금리는 2015년 12월 제로금리를 탈출한 이후 지속적으로 인상이 되어 2018년 말 기준 2.25~2.50%까지 올랐다. 그러다가 2019년 코로나19 사태가 발생하면서 다시 제로금리인 0.00~0.25%가 되었다.

반면 우리나라의 기준금리는 2018년 11월 1.75%를 찍은 후 코로나19 사태가 발생하면서 미국의 흐름을 따라 2020년 5월 거의 제로금리 수준인 0.5%까지 기준금리를 내렸다. 우리나라 기준금리가 이렇게까지 낮아진 것은 유례없는 일이다. 최근 집값 상승 원인 중 하나가 바로 이 저금리 때문이다.

기준금리를 결정하는 한국은행 금융통화위원회의 입에 항상 관심이 쏠리는 이유는 금리가 부동산에 미치는 영향이 커서 그렇다. 금리

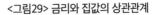

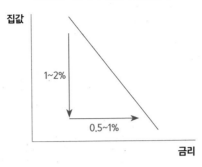

<그림29> 금리와 집값의 상관관계

와 집값은 반비례 관계다. 통상적으로 금리가 0.5~1% 오르면 집값은 1~2% 내리고, 금리가 내리면 집값은 오른다. 대출금리가 오르면 대출 부담이 늘어나면서 매물은 증가하고, 투자수요는 줄어든다.

반대로 대출금리가 내려가면 대출이자 부담이 줄어든 집주인들은 매물을 회수하고, 대출이자 부담이 줄어든 수요자들은 주택 구입에 뛰어들어서 집값이 오른다. 또한 기준금리가 내려가면 은행 예금금리도 내려가면서 갈 곳 잃은 유동자금이 늘어나고, 이는 자연스레 부동산 시장으로 유입이 됨으로써 집값상승 압력이 커지게 된다.

◆ 금리와 집값은 반비례한다

집값이 금리에만 영향을 받는 것은 아니지만 금리가 집값에 영향을 주는 것은 분명하다. 저금리로 갈 곳을 잃은 1,100조 원이 넘는 유동자금의 힘이 최근 집값상승에 영향을 준 것은 부인할 수 없는 사실이다. 집값상승을 멈추려면 금리를 올려야 하는데, 금리가 집값뿐만 아니라 경제에 미치는 영향도 커서 섣불리 금리를 올리지도 못하고 있다. 한국은행에서 기준금리를 결정할 때는 부동산 시장뿐만 아니라 고용, 내수, 수출 등 경제상황과 미국의 기준금리 흐름까지 감안해서 결정한다.

미국이 기준금리를 올리는데, 왜 태평양 너머에 있는 우리나라의 기준금리인상 압박이 커지는 것일까? 미국과 우리나라 기준금리의 차이가 1%p 이상 벌어지면 국내에 유입된 외국자본 유출이 시작될 수 있기에 미국의 기준금리 흐름까지 신경을 써야 한다.

미국이 기준금리를 인상하면 안전자산 선호도가 높아지면서 신흥국에 유입된 투자자본 이탈이 확대된다. 그러면 신흥국 자산가격과

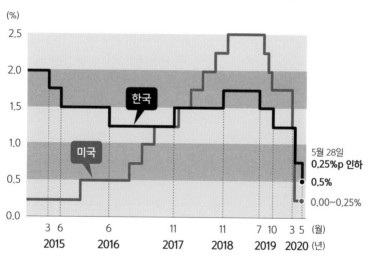

<그림30> 2021년 1월 기준, 한국과 미국의 기준금리 추이

출처: 연합뉴스

통화가치가 하락할 수 있고 신흥국의 금리상승과 국제 원자재시장 자본유출로 원자재가격 하락 등 신흥국 경제는 외환불안과 경기둔화, 디플레이션 우려가 커진다.

미국이 금리인상이라는 '기침'을 하면 신흥국은 '독감'에 걸릴 가능성이 커지는 이유다. 그래서 미국 기준금리와 차이가 1%p 이상 벌어지면 국내에 유입된 외국자본의 유출 가능성이 높아지는 것이다.

〈그림30〉은 한국과 미국의 기준금리 추이를 나타낸 그래프다. 고용, 실업률 등 각종 경제지표가 호황인 미국은 2015년 12월 긴 양적완화의 종말을 알리면서 2018년 11월 2.25~2.5%까지 올렸다. 그러자 한국은행 역시 경제상황이 안 좋았음에도 0.25%p를 올려 기준금리를 1.75%로 맞추었다.

◆ 미국의 기준금리 흐름도 중요하다

코로나19 사태가 발생하지 않았다면 미국은 기준금리를 2020년 3%, 2022년 4% 수준까지는 올렸을 것이다. 한국은행 역시 2020년 2%, 2022년 3% 수준까지는 따라갔을 것이다. 미국 기준금리와의 차이가 점점 더 벌어지면 외국자본 유출 가능성이 높아지기 때문인데, 예상치 못한 변수가 생겼다.

2019년 코로나19 팬데믹(pandemic, 전염병이 전 세계로 확산)이 생기면서 미국은 0.00~0.25%의 제로금리로, 한국은 0.5%라는 사상 최저금리가 되어버렸다. 최저금리가 되자 풍부해진 유동성의 힘으로 주식 시장과 부동산 시장이 사상 최대의 호황을 맞이하고 있다. 코로나19 백신과 치료제가 개발되어서 보급되더라도 2021년은 코로나19 영향에서 완전히 자유로울 수는 없다. 경제라는 것이 한 번 구멍이 나면 시간이 지날수록 엉뚱한 곳에서 문제가 발생할 수 있다. 따라서 아마도 2022년까지는 저금리를 유지할 가능성이 높다.

미국 연방준비제도이사회(Fed)도 2023년까지는 저금리를 유지하겠다고 발표했다. 저금리가 해소되지 않는다면 부동산 시장의 집값은 그렇게 쉽게 무너지지 않을 것이다. 하지만 우리가 2021년 또는 2022년만 바라보고 투자를 할 수는 없다. 결국 2023년 이후 미국과 EU가 본격적으로 금리를 올리면서 유동성 회수에 나서는 순간, 금리인상과 유동성 제거라는 악재를 만나 부동산 시장은 위기가 올 가능성이 높다.

향후 코로나19가 끝나고 실업률과 경제성장률 등의 지표가 회복세로 접어들었다고 판단이 되면, 미국은 정상 상태로 되돌리기 위해 기준금리를 올릴 것이다. 그만큼 지금의 저금리, 유동성 장이 비정상이라는 말이다.

미국이 기준금리를 올린다고 한국은행에서 우리나라의 기준금리를 무조건 올리지는 않을 것이다. 하지만 우리나라도 결국에는 1%p 정도 차이를 유지하는 선에서 기준금리를 올릴 수밖에 없을 것이다.

급등한 서울 집값에 대한 피로감과 강한 규제가 누적이 되고 있는 상황에서 향후 금리인상은 어떤 식으로든 부정적인 영향을 줄 것이다. 그만큼 위기관리가 필요한 것은 분명하다. 다만 우리나라도 기준금리를 올릴 때도 있었고 내릴 때도 있었기에 적절하게 대응을 한다

<과거 미국 금리인상시 국내의 영향>

구분	미국 금리인상 기간	KOSPI 추이	주택가격 추이
1차	1985년 10월~1989년 3월	262% 상승	평균 2배 상승
2차	1993년 12월~1994년 12월	36% 상승	보합
3차	1999년 1월~2000년 1월	1998년 폭락 후 79% 상승	1998년 폭락 이전 회복
4차	2004년 6월~2006년 7월	138% 상승	평균 1.7~2배 상승

면 우려와 달리 잘 넘어갈 수도 있다. 위기관리는 하되 너무 걱정하지는 말자.

위의 표에서 보듯이 과거에도 미국은 1985년 이후 4번의 큰 금리인상 시기가 있었다. 당시 우려와 달리 우리나라 경제는 큰 영향을 받지 않았다.

08

서울 아파트 vs. 지방 아파트

서울 아파트와 지방 아파트, 영원한 승자는 없다.
시차를 두고 차이가 벌어지기도 하고 좁혀지기도 하는
메커니즘을 알면 매매 타이밍을 잡을 수 있다.

2018년까지 서울의 아파트 시장은 여름의 폭염처럼 펄펄 끓었다. 반면 지방 아파트 시장은 시베리아처럼 추운 겨울이었다. 하지만 2019년부터 광주, 대구, 부산 등 지방 아파트 시장이 살아나더니 2020년 말 경남 창원, 경북 경산, 포항, 전남 여수, 순천, 충남 공주 등 지방 중소도시들이 조정대상지역에 지정될 정도로 아파트 가격이 많이 올랐다.

서울이 경제·교통·교육·문화 인프라가 월등히 뛰어나고 인구밀도가 높은 반면에 주택 수는 부족하므로 서울 집값이 비싼 것은 당연하다. 그런데 우리가 지금 "집값이 비싸다, 덜 비싸다" 이야기를 하는 것이 아니다. 투자관점에서는 투자금액 대비 투자수익을 많이 얻는 것이 더 중요하다. 서울의 20억 원 아파트를 사서 25억 원으로 오르는 것보다 지방의 5억 원 아파트를 사서 10억 원으로 오르는 것이 투자를 더 잘한 것이다.

물론 서울이 대표주자인 만큼 먼저 오르고 갭이 벌어지면 지방이 따라 움직여주는 메커니즘을 보이고 있는데, 이는 부동산 규제정책의 풍선효과 부작용 영향이 크다. 부동산 투자는 기다릴 수 있어야 한다. 2006년으로 기억하는데 한 부동산 모임에서 서울 상계동에 거주하는 분이 "강남 아파트는 쭉쭉 올라가는데 노원구 아파트는 그대로다. 버림받은 지역이다"라며 한숨을 쉬었다. 그분이 그렇게 한숨을 쉰 뒤 2년 정도가 지나자 '노도강'의 소형 아파트 가격은 천정부지로 오르기 시작했다. 2007~2008년 투자수익률을 보자면 강남보다 노원구 아파트가 더 좋았다.

◆ 영원한 승자는 없다

경남 창원은 한때 서울 못지않을 정도로 부동산 투자 열기가 뜨거웠던 지역이다. 그러다가 2017~2018년 가격 하락에 속수무책인 상황이 발생했다. 지진까지 겹친 경북 포항에서는 입주를 앞둔 새 아파트의 하자를 문제 삼아 입주를 거부하는 일이 벌어지기도 했다. 그런데 2020년 아파트 가격이 다시 오르면서 조정대상지역으로 지정되었다.

창원, 포항, 경산 등 지방 중소도시가 조정대상지역으로 지정될지 누가 알았겠는가? 물론 새 아파트, 구축 아파트 가리지 않고 2013년

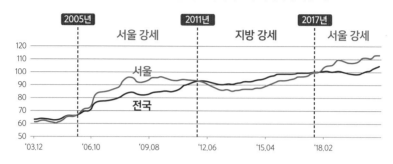

<그림31> 2003~2020년 서울과 전국 아파트의 매매가격 지수 비교

출처: 한국부동산원

부터 2020년까지 무차별적으로 오른 서울에 비교할 바는 아니지만 지방 아파트도 오를 때가 되면 오른다.

〈그림31〉은 2003년부터 2020년까지 서울과 전국 아파트 매매가격 지수를 비교한 그래프다. 1997~1998년 IMF 경제위기 이후 폭락한 집값은 2001년부터 상승세로 돌아서면서 2003년까지는 서울과 지방 큰 차이 없이 아파트 가격이 서서히 회복했다. 그러다가 2004~2005년부터 서울의 집값 상승이 본격화되면서 서울 수도권 집값은 2010년까지 천정부지로 올랐다. 당시 "지방 아파트 시장은 끝났다"는 말을 할 정도로 서울 아파트와 지방 아파트의 온도 차이는 컸다.

2006년으로 기억하는데 부산 아파트에 투자하고 싶다는 분한테 "지방 아파트 시장은 어려우니 서울 아파트에 투자하는 것이 좋겠다"라고 답변을 했다. 그 후 2009년 이후부터 부산 아파트 가격은 오르기 시작했고, 서울 아파트 가격은 조정이 시작되었다. '아, 그때 부산 아파트 사겠다는 분을 괜히 말렸다'라는 미안한 마음에 한동안 괴로

웠던 기억이 생각난다. 2010~2011년 이후 서울 아파트보다 부산과 대구를 중심으로 하는 지방 아파트 시장이 강세가 되었다.

2013년 이후 서울 아파트 거래량이 늘어나면서 회복이 되기는 했지만 지방 아파트 시장은 2010~2012년 서울 아파트 조정기에도 펄펄 끓어올랐다. 2013년 박근혜 정부에서 1년간 1주택자가 집을 사면 5년간 양도세 면제 혜택을 주는 양도세 특례제도를 도입했었는데, 지금 생각해보면 엄청난 특혜였음에도 서울 투자자들은 2010~2012년의 하락에 질려서 주저했다. 반면 지방 투자자들은 신나게 서울 수도권 소형 아파트 원정투자에 나서서 큰 투자수익을 얻기도 했다.

2016~2017년부터 다시 서울이 강세가 되면서 서울 아파트 가격은 미친 듯이 올랐다. 부산, 창원 등 지방 아파트 시장은 어려움을 겪기도 했지만 2020년 다시 지방 광역시와 중소도시 아파트 가격도 오르면서 서울 아파트와의 격차가 줄어들고 있다.

◆ 메커니즘을 알면 매매 타이밍을 잡을 수 있다

땅덩어리도 좁은 우리나라에서 왜 이렇게 서울과 지방에 온도 차이가 나고, 시차를 두고 왔다 갔다 하는 것일까? 입주물량과 부동산 정책의 부작용에서 그 원인을 찾을 수 있다.

수요와 공급이라는 가장 기본적인 경제원리는 아파트 가격 형성에 매우 중요한 역할을 한다. 앞에서 설명했듯이 주택공급에서 가장 중요한 요소가 바로 입주물량이다. 입주물량이 줄어드느냐 늘어나느냐에 따라 전세와 매매 공급물량이 결정되며, 입주물량 증감은 투자심리에도 영향을 준다.

　서울은 개발이 끝난 완성도시다. 그도 그럴 것이 강북은 조선시대부터 이어진 수도였고 1970년대 대규모 토지구획정리사업으로 탄생한 강남, 강서, 노원 등 대부분 주거지 역시 포화상태다. 재건축·재개발 등 정비사업이 아니면 더 이상 신규 주택공급이 불가능하다. 정비사업은 정부의 수요억제를 위한 각종 규제로 속도를 내기 어렵고, 그나마 정비사업이 진행되는 구역은 멸실을 수반하기 때문에 입주물량의 50~70% 정도가 순 주택 증가물량이다.

　반면 경기도나 지방은 아직까지 빈 땅이 많다. 마음만 먹으면 얼마든지 신도시급 대규모 택지공급이 가능하다. 힘들게 정비사업에 목맬 필요 없이 택지공급을 통해 손쉽게 주택을 공급할 수 있다는 말이다. 문재인 정부의 수도권 주택공급 확대방안에서도 주택공급이 경기도에 집중되어 있다. 빈 땅에 주택을 지으니 당연히 기존주택 멸실이 없어 100% 순 주택 증가물량이 된다. 결국 서울은 아무리 노력해도 신규 입주물량이 항상 부족한 반면, 지방은 아파트 시장 분위기만 좋아지면 신규 분양물량이 어김없이 크게 늘어나면서 3~4년 후 입주물량이 큰 폭으로 증가한다.

　부동산 정책도 서울 집중현상을 부추기는 데 큰 역할을 했다. 정부는 투기수요 억제를 위해 다주택 보유자에게 양도세와 종합부동산세 중과 폭탄을 내렸다. 폭탄이 떨어지는데 가만히 있을 사람은 없다. 다주택 상태를 유지하면 중과로 세금을 더 내야 하는 만큼, 다주택 보유자가 선택할 수 있는 방법은 가치가 높은 아파트는 보유하되 가치가 낮은 아파트는 정리를 하는 '선택과 집중'이었다. 가지고 가는 똑똑한 한 채는 서울 아파트가 된 반면에 지방 아파트는 정리 대상이 되었다.

반면 풍선효과는 다시 지방 아파트 시장에 기회를 만들어주었다. 서울 강남을 규제하니 규제를 피해 마용성과 흑석 등 서울 내 인기 지역으로 수요가 몰리게 되고, 다시 규제를 하니 강북과 경기 수원, 성남, 안양 등 남부권역으로, 또 규제를 하니 부천, 인천, 남양주 등으로 풍선효과가 번져나갔다. 김포와 파주를 빼고 수도권 대부분의 지역을 규제하자 김포로, 김포를 묶으니 파주와 대구, 울산, 부산 등 지방 광역시로, 지방 광역시를 규제하니 창원, 경산, 포항, 전주, 여수, 순천, 공주가 오르면서 규제지역으로 지정되었다.

돈 벌고 싶은 투자수요가 여기서 멈추지는 않을 것이다. 따라서 또 다른 풍선효과를 찾아 경북 구미, 경주, 경남 양산, 전남 목포 등 비규제 중소도시로 투자수요가 유입될 것이다. 어차피 규제지역이라면 차라리 서울 아파트에 투자하겠다는 역 풍선효과가 발생해 2020년 말 서울 아파트 가격이 다시 오르는 부작용이 나타나기도 했다.

서울과 지방 아파트 간의 가격 차이인 '갭'은 항상 관심 있게 봐야 한다. 서울은 인구밀도가 높고 개발될 땅이 없어서 입주물량 영향도 제한적이고 수요와 공급의 불균형이 큰 것은 분명한 사실이지만, 그렇다고 사람이 사는 주거공간인 아파트 가격이 지방과 비교해 천정부지로 차이가 날 수는 없다.

같은 소비도시인 서울과 부산, 대구의 집값은 시차를 두고 적정수준을 유지한다. 서울 집값이 큰 폭으로 상승해 매매가격 차이가 벌어지면 향후 서울 집값 조정장이 올 때 부산과 대구 아파트 가격은 회복을 하면서 그 격차를 줄인다. 2009년 2배 정도 차이가 벌어지다가 2014년 1.5배 정도로 줄어들었고, 2018년 다시 벌어졌다가 2020년 다시 좀 줄어들었다.

아파트 가격이 영원히 상승할 수는 없다. 일정기간 동안 상승 후에는 반드시 조정기간이 온다. 서울과 지방 아파트 가격 차이가 많이 벌어지면 지방이 저평가되었다고 할 수 있을 것이고, 반대로 갭이 줄어들면 서울 아파트 시장이 저평가라 할 수 있을 것이다. 이러한 서울과 지방 아파트 가격 차이의 흐름을 관심 있게 체크하면, 아파트 매매 타이밍을 잡을 때 큰 도움이 될 것이다.

09

서울 집값,
정말 비싸다고 할 수 있는가?

서울의 2020년 PIR은 24.58이다.
서울 집값이 진짜 비쌀까?
해외 주요 도시의 PIR과 소비자물가로 비교·분석을 해보자

　"서울 아파트 가격이 너무 비싸다"라는 고(高)평가론과 "비싸다는 기준이 무엇이냐? 해외 다른 나라와 비교하면 결코 비싸지 않다"라는 저(低)평가론. 부동산 시장에서 이 2가지 이론은 항상 부딪히면서 논쟁을 낳았다. 결과적으로는 긍정의 힘을 앞세운 저평가가 이기고 있다. 집값이 계속 올랐으니까.

　10여 년 전 "아파트 가격이 지나치게 많이 올랐다, 소득은 오르지 않는데 너무 비싸다, 그래서 버블이다." 이런 고평가론으로 부동산 폭락을 주장하는 한 전문가가 등장해서 큰 인기를 끈 적이 있었다. 당시 부동산 시장이 침체를 겪으면서 많은 호응을 얻었는데, 2013년 이후 집값이 상승하면서 상황은 반전되었다. 그 전문가 말만 믿고 집을 안 샀는데 집값이 너무 올라서 이제는 살 수 없게 된 것이다.

서울의 주택가격이 높은지를 비교·판단하기 위해서는 가구의 소
득수준에 비교해 주택가격이 적정한지를 나타내는 지표인 소득 대비
부동산 가격 비율 PIR(Price to Income Ratio)을 해외 도시들과 비교해
볼 필요가 있다. 참고로 PIR은 '소득을 몇 년을 모아야 집을 살 수 있
는가'를 나타내는 수치로, PIR이 10이면 10년 동안 소득을 모아야 집
한 채를 살 수 있다는 의미다.

<그림32> 세계 주요 도시 PIR 비교

순위	2009년	PIR	순위	2020년	PIR
1	Moscow, Russia	31.65	1	Damascus, Syria	70.71
2	Bucharest, Romania	30.29	2	Shenzhen, China	46.35
3	Kiev(Kyiv), Ukraina	27.84	3	Hong Kong, Hong Kong	44.11
4	Riga, Latvia	27.08	4	Beijing, China	41.56
5	Vilnius, Lithuania	22.50	5	Tehran, Iran	40.55
6	Beijing, China	22.29	6	Mumbai, India	38.00
7	Manila, Philippines	21.95	7	Shanghai, China	36.58
8	Seoul, South Korea	21.29	8	Guangzhou, China	34.34
9	Hong Kong, Hong Kong	21.19	9	Taipei, Taiwan	33.51
10	Bangkok, Thailand	19.75	10	Phnom Penh, Cambodia	33.31
11	Warsaw, Poland	19.10	11	Manila, Philippines	31.50
12	Shanghai, China	18.08	12	Colombo, Sri Lanka	31.29
13	Beigrade, Serbia	17.66	13	Bangkok, Thailand	28.11
14	Novi Sad, Serbia	17.00	14	Nairobi, Kenya	26.70
15	Delhi, India	16.46	15	Algiers, Algeria	26.41
16	Paris, France	16.15	16	Ho Chi Minh City, Vietnam	26.38
17	Athens, Greece	15.97	17	Bogota, Colombia	25.75
18	Sofia, Bulgaria	15.91	18	Hangzhou, China	25.68
19	Ljubljana, Slovenia	15.20	19	Buenos Aires, Argentina	25.56
20	Rome, Italy	15.13	20	Kathmandu, Nepal	24.79
21	Bratislava, Slovakia	15.10	21	Seoul, South Korea	24.58
22	Prague, Czech Republic	14.89	22	Qingdao, Shandongl, China	22.76
23	London, United Kingdom	14.73	23	Belo Horizonte, Brazil	22.69

출처: 시사오늘

〈그림32〉는 세계 주요 도시의 PIR을 비교한 글로벌 조사기관 넘베오(NUMBEO)의 자료다. 2020년 기준 서울의 PIR은 24.58로 전 세계 456개 주요 도시 가운데 21위를 차지했다. 이와 같은 서울의 상승은 2009년 8위(21.29) 이후 가장 높은 순위인데, 순위가 높다고 좋아할 일이 아니다. 그만큼 집값이 많이 상승했다는 의미다.

◆ 서울 집값이 진짜 비쌀까?

서울의 2020년 PIR은 24.58이다. 개인의 소득격차와 각 지역별 주택상황에 따라서 차이는 있겠지만, 평균적으로 24년 동안 소득을 모아야 서울에 집 한 채를 살 수 있다는 뜻이다. 24년 동안 소득을 모아야 집을 살 수 있는 서울의 집값이 비싸다고 할 수도 있으나, 서울보다 PIR이 더 높은 세계 주요 도시의 지역들과 비교하면 서울 집값이 높다고 할 수는 없다.

우리가 알 만한 도시 중 서울보다 집을 사기 어려운 도시, 그러니까 소득 대비 집값이 지나치게 높은 도시는 중국 천진, 베이징, 상하이, 홍콩, 대만 타이페이, 캄보디아 프놈펜, 필리핀 마닐라, 태국 방콕, 케냐 나이로비 등이다. 주로 우리보다 낙후된 지역이어서 집값이 절대적으로 비싸다기보다 소득이 낮아서 PIR이 높게 나온 것 같다.

우리가 주로 비교 대상으로 삼는 영국 런던, 싱가포르, 이탈리아 로마, 러시아 모스크바, 일본 도쿄, 미국 뉴욕, 프랑스 파리 등 선진국들은 2017년까지는 우리보다 높았다. 그러나 2018~2020년 서울 집값 폭등을 거치면서 지금은 우리가 더 높은 수준이 되었다. 참고로 우리나라의 과거 PIR 순위를 보면 2010년 23위(16.29), 2012년 10.96(128위), 2015년 96위(14.17), 2017년 33위(17.82), 2019년 22위(20.67), 2020년 21위(24.58)를 차지했다. 문재인 정부에서 집값이 많이 올랐다는 것이 다시 한 번 확인된 것으로, 단기간에 집값이 매우 빠르게 올랐음을 알 수 있다.

2020년 서울 집값에 어느 정도 버블이 있다고 볼 수 있을 것 같다. 물론 PIR은 각 나라마다 조사기준과 조사방식이 다르고, 명확하지 않다. 국가별 주택정책과 문화적 차이를 감안하면 절대기준이 될 수 있다는 반대 의견도 있으므로 참고만 하자.

최근 2017~2020년 서울 집값이 많이 올랐고, 대다수의 사람들이 '서울 아파트 가격이 비싸다'라고 생각한다. 이는 사실이지만 내집 마련이 어려운 건 비단 지금의 문제만은 아니다. 10년 전에도 비싸다고 난리였고, 20여 년 전 IMF 시절에는 "이제는 부동산 시대는 끝났다"라는 말을 공공연하게 했다. '응답하라 1988' 시절에도 모두들 집값이 비싸다고 했었다.

과연 주택가격이 실제로 그렇게 많이 오른 것일까? 〈그림33〉은 지난 30년간 전국 주택 매매가격과 강남 아파트 매매가격 지수를 물가상승률과 비교한 그래프다. 전국 주택가격은 소비자물가보다 오히려 낮은 수준이고 강남 아파트 매매가격은 높은 수준이긴 하지만, 우리나라의 수도 서울에서 가장 부촌인 강남의 주택가격이 높은 것이 이상한 일은 아니다. 전국 집값을 비교하면 물가수준보다 오히려 낮은 편이고, 강남 등 인기 지역의 집값은 물가를 넘어서는 상승을 했다.

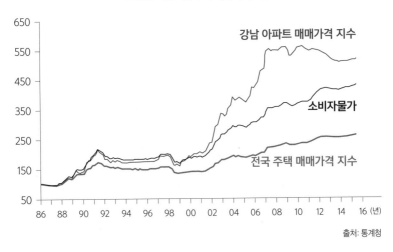

<그림33> 연도별 주택 매매가격 지수

강남 아파트 매매가격 지수

소비자물가

전국 주택 매매가격 지수

출처: 통계청

아쉽게도 1986~2016년까지 통계여서 2017~2020년 서울 집값 폭
등이 반영되지는 않았다. 2020년 기준에서 보면 전국 집값은 여전히
소비자물가보다는 낮은 수준일 것이고, 서울 집값은 소비자물가를
넘어서는 수준이 아닐까 예상해본다.

서울 집값이 2017~2020년 과도하게 상승한 것은 분명한 사실이
고, 당장은 아니더라도 몇 년 내 한번 조정이 될 가능성은 있다. 1990
년대 IMF 경제위기와 2000년대 글로벌 금융위기, 2012년 하락 등을
보듯이 언제든지 하락은 할 수 있다. 다만 영원한 상승도 없듯이 영
원한 하락도 없고, 상승 기간보다 하락 기간이 짧고 상승폭보다 하락
폭이 제한적이므로 지나치게 두려워할 필요는 없다.

3주택 이상을 보유한 다주택자라면 위험관리를 할 필요는 있지만
1주택 실수요자라면 부동산 시장 흐름에 일희일비할 필요가 없다.

무주택자라면 집이 없는 것이 더 큰 위험이기에 집값이 떨어지기만을 기다리기보다 차분하게 자금에 맞는 현실성 있는 내집 마련 전략을 짜는 것이 좋겠다.

집값이 떨어질 때 집을 사는 사람들은 위험을 추구하는 공격적인 성향을 가진 분들이나 하지, 일반적인 위험회피 성향을 가진 다수의 80%는 집값이 떨어질 때는 두려움에 절대 집을 사지 못한다. 필자가 오랜 세월 지켜보면서 내린 결론은 다음과 같다. 나의 자금에 맞춰서 적당한 대출을 받아 집이 필요할 때 사고, 필요 없을 때 파는 것이 정답이다.

10

부동산 투자는 과학이다

부동산 투자는 과학이다.
막연한 감(感)으로 느끼기보다 과학적인 통계를 이용해
부동산 시장의 흐름을 읽어보자.

집값이 올랐다는 뉴스를 보고 직접 체감도 하지만, 나만 그렇게 느끼는 것인지 객관적으로 알고 싶은 분들이 많이 있을 것이다. "부동산 투자는 과학"이라고 하는데, 주택가격 적정성을 알 수 있는 과학적인 통계는 어떤 것들이 있는지 알아보자.

◆ 주택구입부담지수, K-HAI

주택구입부담지수인 K-HAI(Korea-Housing Affordability Index)는 중간소득 가구(가구를 소득별로 늘어놓았을 때 중앙에 위치하는 가구)가 표준대출을 받아 중간가격의 주택(주택을 가격별로 늘어놓았을 때 중앙에 위치하는

주택)을 구입하는 경우 주택금융의 상환부담을 나타내는 지수다. 이 숫자가 높을수록 주택구입 부담이 크다는 것을 의미한다.

한국주택금융공사에서 주택구입능력 정도와 변화를 파악하기 위해 2008년부터 K-HAI를 도입해 분기별로 지역별·주택규모별로 발표하고 있다. 중간주택가격, LTV, DTI, 주택담보대출 금리 등에 영향을 받는다.

$$주택구입부담지수(K-HAI) = \frac{대출상환가능소득}{중간가구소득(월)} \times 100$$

〈그림34〉는 2004년부터 2020년까지의 주택구입부담지수(K-HAI)를 나타내는 그래프다. 그래프만 보더라도 노무현 정부 시절과 문재

인 정부 시절에 많이 오른 것을 알 수 있다. 지수 100은 의미가 있는 숫자다. 소득 5%를 주택구입담보대출 원리금 상환으로 부담한다는 의미로, 통상적으로 주택구입부담지수가 100을 넘으면 소득을 통해 대출상환이 어렵다고 판단하고 있다. 이렇듯 주택구입부담이 커지고 있다는 것은 주택가격 상승과 대출규제로 점점 더 주택을 구입하기 어려워지고 있는 현실을 반영한 통계라 할 수 있겠다.

◆ 주택구입물량지수, K-HOI

주택구입물량지수인 K-HOI(Korea-Housing Opportunity Index)는 중위소득 가구가 구입 가능한 주택 재고량을 전체주택물량으로 나눈 값으로, 중위소득 가구가 구매 가능한 주택물량(전체 주택물량 100)을 의미한다. K-HAI와 달리 수치가 높을수록 거주하고 있는 지역의 아파트 구입이 쉽고, 낮아지면 구입이 어렵다는 의미다.

$$주택구입물량지수(K-HOI) = \frac{중위소득 \ 가구가 \ 구입가능한 \ 주택물량}{전체주택물량} \times 100$$

182페이지 〈그림35〉는 지역별 주택구입물량지수를 나타낸 그래프다. 낮을수록 집을 사기 어렵다는 의미인데, 역시나 서울이 너무나 낮음을 볼 수 있고 부산, 대구, 인천, 대전, 경기 등도 집을 사기가 쉽지 않다는 것을 볼 수 있다. 다만 아직 2020년 통계가 나오지는 않아

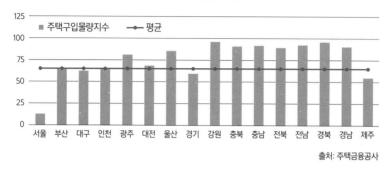

<그림35> 주택구입물량지수 추이

출처: 주택금융공사

서 2020년에 집값이 많이 상승한 울산, 대전, 대구, 부산 등의 지역들
은 더 낮아질 가능성이 있다.

◆ 소득대비 주택가격지수, PIR

소득대비 주택가격 비율인 PIR(Price to Income Ratio)은 앞에서도 설
명했듯이 연평균 소득을 반영해 특정 지역 또는 국가 평균 수준의 주
택을 구입하는 데 걸리는 시간을 의미하는 지표다. 가구소득수준을
반영해 주택가격의 상승과 하락 등 주택가격의 적정성을 나타낸다.
PIR이 올라가면 '소득이 줄지 않는 한 주택가격이 상승했다'는 의미
로 해석하면 되겠다.

$$\text{소득대비 주택가격지수(PIR)} = \frac{\text{주택구입가격}}{\text{가구당 연 소득}} \times 100$$

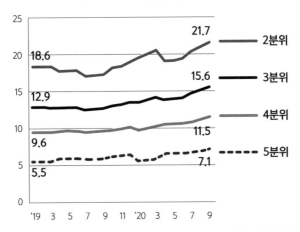

<그림36> 2020년 서울 중간구간 PIR 추이

출처: KB국민은행

〈그림36〉은 2020년 기준 서울의 PIR 추이를 나타낸 그래프다. 서울의 중간구간(3분위 가구의 3분위 주택가격 비율)의 PIR은 15.6년으로, 15.6년 동안 소득을 모아야 중간에 위치한 집을 살 수 있다는 의미다. 2019년 12.9년보다 2년 넘게 늘어났다. 전국은 5.5년이었지만 서울은 15.6년으로, 서울 집값이 얼마나 비싼지를 알 수 있다.

◆ 주택구매력지수, HAI

HAI(Housing Affordability Index)는 중간 정도의 소득을 가진 가구가 금융기관의 대출을 받아 중간 정도 가격의 주택을 구매할 때 현재 소득으로 대출원리금상환에 필요한 금액을 부담할 수 있는 능력을 나

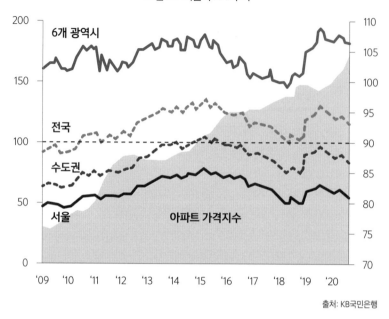

6개 광역시

전국

수도권

서울

아파트 가격지수

출처: KB국민은행

타내는 지표다. 숫자가 높을수록 상환능력이 좋아져 주택 구매력이 높다는 의미다.

주택구입능력지수인 HAI는 100을 기준으로, HAI가 100보다 높으면 중간 정도의 소득을 가진 가구가 중간가격 정도의 주택을 큰 무리 없이 구입할 수 있다는 의미다. 즉 HAI가 100보다 낮을수록 원리금 상환이 어렵고 주택구매력이 떨어지며, 100보다 높을수록 원리금 상환이 수월하고 주택구매력이 증가해서 집을 살 능력이 좋아졌다고 볼 수 있다.

$$\text{주택구매력지수(HAI)} = \frac{\text{중위가구소득}}{\text{대출상환가능소득}} \times 100$$

앞서 보았던 주택구입부담지수인 K-HAI는 수치가 높을수록 주택구입 부담이 큰 반면, 주택구매력지수인 HAI는 수치가 낮을수록 주택구매력이 떨어진다. K-HAI와 HAI가 비슷해 보이지만 해석은 반대로 해야 한다. 〈그림37〉을 보면 2019~2020년 집값이 오른 만큼 주택구매력이 떨어지고 있음을 알 수 있다.

◆ 통계를 이용해 부동산 시장 흐름을 파악하고 분석하자

이렇게 주택가격의 적정성을 나타내는 몇 가지 통계에 대해 알아보았다. 소득대비 주택가격지수(PIR)와 주택구입부담지수(K-HAI)는 낮을수록, 주택구입물량지수(K-HOI)와 주택구매력지수(HAI)는 높을수록 주택구입 능력이 좋아져서 부동산 시장이 좋아지고 있다고 해석할 수 있다. 반대로 PIR과 K-HAI가 높을수록, K-HOI와 HAI는 낮을수록 주택구입 능력이 나빠져 부동산 시장이 나빠지고 있다고 해석할 수 있다.

통계는 가장 객관적인 참고자료이기에 어설픈 감으로 섣부른 판단을 하기보다는 이런 통계를 이용해 현재의 부동산 시장 흐름을 파악하고 분석하는 것이 좋다. 다만 통계수치에 대한 지나친 맹신은 오히려 독이 될 수도 있다. 통계는 조사기관마다 수치 차이가 있고 설정에 따라 전혀 다른 값이 나올 수도 있으며, 통계를 이용하는 사람의 의도에 따라 통계의 오류도 발생할 수 있다. 때문에 보다 객관적이고 냉정한 판단을 하는 도구로 참고만 하면 된다. 목적에 따라 통계의 왜곡이 심하면 서울 집값이 뉴욕이나 도쿄보다 낮게 나오게 할 수도 있기 때문이다.

11

서울의 아파트는
진짜 부족한가?

서울 아파트는 수요는 풍부한 반면에
새 아파트 공급물량은 매우 제한적이다.
정부는 아니라고 하지만 서울 아파트가 부족한 것은 사실이다.

서울 집값을 잡기 위해 2017년 5월부터 2021년 2월까지 25번의 고강도 부동산 대책이 발표되었다. 그럼에도 집값은 잡히지 않고 부동산과의 전쟁은 계속 진행중이다. 강력한 대책에도 불구하고 규제를 피한 지역에서 풍선효과가 생기고, 임대차 3법으로 전세가격까지 상승하는 부작용을 낳고 있다.

4년 정도 규제를 했다면 집값이 안정될 만도 한데, 잡히지 않는 이유는 무엇일까? 그것은 바로 저금리, 과잉 유동성 그리고 서울의 주택부족 문제 때문이다.

그런데 서울 주택부족에 대해 정부와 서울시는 "절대 부족하지 않다"는 주장을 반복하고 있다. 2019년 국토교통부 발표에 의하면 서울 아파트는 2019년 4만 5천 호가 공급되었고 2020년과 2021년도 4만 호 이상이 공급되어 실수요에 대응하는 공급물량은 충분하다는 입장이다. 서울 아파트 입주물량 추이를 보면 2013~2017년 평균 3만 2천 호였고, 2018년 4만 4천 호, 2019년 4만 5천 호, 2020년 4만 1천 호 정도였다고 한다.

◆ 수요는 풍부하지만 공급은 제한적이다

서울 정비사업 332개 단지 중 향후 입주물량으로 이어질 착공(81개) 및 관리처분인가(54개) 단계 단지가 135개 단지다. 2019년 10월 누계기준, 서울 정비사업 인허가는 5년(14~18년) 평균과 유사한 1만 6천 호 정도라는 것이 정부와 서울시의 주장이다. 서울 입주물량 추

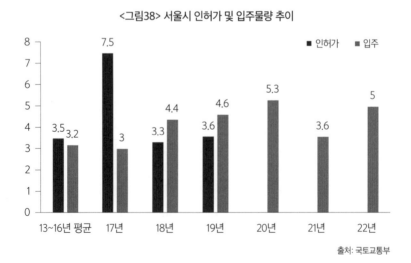

<그림38> 서울시 인허가 및 입주물량 추이

출처: 국토교통부

이에서 2018년 4만 4천 호, 2019년 4만 5천 호, 2020년 4만 1천 호는 부동산 규제가 많이 풀렸던 2012~2015년 시절 속도를 내었던 정비사업 단지의 입주물량이 나왔기 때문에 이 정도 물량이라도 나온 것이다.

앞으로 계속 4만 호 이상 공급된다면 괜찮겠지만 현실은 2021년 이후에는 서울 아파트 공급이 더 줄어들 가능성이 높다. 문재인 정부가 출범한 이후 규제의 강도가 높아지면서 정비사업 속도를 늦추는 단지들이 늘어났고, 민간 조사기관과 큰 차이가 나고 있다. 무엇보다 정부의 발표내용도 1년 새 달라졌다.

〈그림38〉은 2020년 8·4대책에서 발표한 국토교통부 자료다. 이를 보면 2019년 입주물량은 4만 6천 호, 2020년 5만 3천 호로 1년 전 발표내용보다 더 늘어났다. 2021년 입주물량은 3만 6천 호로 줄었다가 2022년 또 5만 호로 늘어난다. 조사시점이나 조건에 따라 통계결과는 달라질 수 있으나 국토교통부의 서울 입주물량 통계가 이렇게 왔다 갔다 하면 아무래도 신뢰는 떨어질 것이고, 무엇보다 민간 조사결과와 차이가 크다.

이번에는 민간 조사결과를 살펴보자. 190페이지 〈그림39〉는 부동산114에서 조사한 내용으로, 2021년 2만 1,939가구로 크게 줄어들 것으로 예상된다. 〈그림40〉은 부동산 정보업체인 아실에서 제공한 서울 아파트 입주물량 추이로, 역시 2021년부터 입주물량이 크게 줄어들 것으로 예상된다. 서울의 적정수요가 4만 8천 호 정도인데 2008년 이후 서울은 계속 부족했고, 2021년 이후부터는 급격하게 부족해질 듯하다.

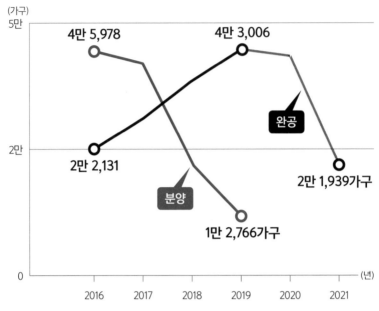

<그림39> 서울 아파트 공급 추이

※2019년 분양·인허가는 상반기 기준, 2020~2021년 완공은 추정치. 서울의 적정 공급 물량은 연간 3만 가구

자료: 부동산114, 국토교통부, 출처: 조선일보

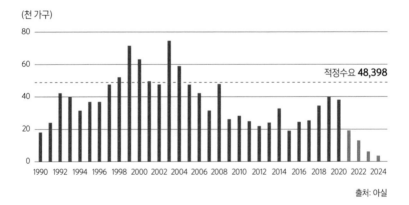

<그림40> 서울 아파트 입주물량 추이

출처: 아실

◆ 서울 아파트가 부족한 것은 사실이다

정부 발표가 맞을까, 민간 조사기관의 발표가 맞을까? 필자는 민간 조사기관의 조사가 더 타당하다고 생각한다. 왜냐하면 정부는 집값 안정 시그널을 주고 싶어서 가급적 입주물량을 늘리고 싶은 목적성이 있는 반면에, 민간 조사기관은 서울 입주물량이 늘어나든 줄어들든 별 상관이 없기 때문이다. 굳이 이해를 하자면 서울 아파트 입주물량의 80% 정도를 차지하는 재건축·재개발 사업의 특성상 기존주택 철거가 수반되는데, 정부는 이런 철거된 주택 수를 반영하지 않았을 수도 있다.

아무튼 문제는 2021년부터 2024년까지는 서울의 입주물량이 계속 줄어든다는 것이다. 서울의 주택문제를 해결하는 유일한 오아시스 같은 해법이 정비사업인데, 정부와 서울시는 여전히 소극적이며 오히려 규제의 강도를 높이고 있다. 그나마 추진하던 정비사업단지들 중 해제된 곳들도 적지 않다는 점은 너무나 아쉽다.

서울시의회의 '서울시 정비사업 출구전략의 한계 및 개선방안 연구'에 따르면 2012년 뉴타운 재개발 수습방안 발표 이후 2018년까지 서울 내 정비사업구역 683곳 중 393곳이 해제가 되어 해제면적이 여의도 5배 정도인 1,424만㎡가 되고, 주택공급량 감소 추정치는 25만 가구에 달한다고 한다.

2021년 공공재개발을 중점적으로 추진한다고 한다. 장기적인 방향성은 맞지만 '과연 공공이 급하게 추진해서 제대로 된 사업이 있을까?'라고 생각해보면 공공재개발도 큰 기대가 되지는 않는다.

2019년 주택소유통계에 의하면 개인이 소유한 주택은 대략 전국 1,500만 호(아파트 900만 호)이며 서울 주택은 250만 호, 아파트는 대략 150만 호다. 해제가 된 정비사업이 계속 추진되어 입주까지 연결이 되었다면 현재 서울주택 수 대비 10%, 아파트 대비 16% 정도 물량이 더 늘어날 수도 있었을 것 같은 마음에, 해제된 393곳의 재개발 구역에 대한 아쉬움이 남는다. 이왕 공공재개발을 한다고 하니 지지부진했던 도심의 재개발구역이 제대로 정비되었으면 좋겠다.

서울 가구의 주택소유율은 49.1%로, 절반 이하 가구가 주택이 없다. 서울 기준으로 대략 384만 가구 중 188만 가구가 주택을 가지고 있는 반면, 195만 가구는 여전히 주택이 없는 것이다. 주택이 부족한 것이 아니라 여러 채를 보유한 가구가 많아서 그렇다고 할 수 있지만, 자본주의 사회에서 세금 다 내고 집을 더 구입하는 수요는 항상 존재하기에 다주택 보유자 탓만으로 볼 수는 없다.

설사 다주택 보유자가 사라진다 해도 250만 호 정도인 서울 주택 수를 감안하면 384만 가구 중 134만 가구는 집을 가질 수 없다. 특히 소득 수준이 높아진 요즘, 많은 사람들이 원하는 집은 아파트다. 그것도 새 아파트다. 그렇게 보면 수요자들이 원하는 새 아파트는 매우 부족하다.

통계의 오류를 감안하더라도 절대 충분하다고 말할 수 없다. 외국처럼 오래된 집을 수리하면서 살지 않고 새 아파트만 선호하는 우리의 모습이 결코 바람직하다 할 수는 없지만, 그렇다고 새 아파트 선호 현상만 나무랄 수는 없다.

서울의 수요범위는 매우 넓다. 서울시민뿐만 아니라 지방, 해외에 있는 분들도 서울 주택을 사는 수요자가 된다. 서울 수요분산을 위한 중장기적 대책도 필요하지만 서울 주택, 특히 아파트 공급확대는 반드시 풀어야 할 숙제다. 가계부채 안정을 위해 적절한 대출규제는 필요하지만 강남 고가 아파트 때려잡기 식 대출규제는 풍선효과와 전세수요 증가로 또 다른 왜곡이 더 심해질 수 있다.

노후가 불안한 시장수요자들은 돈을 벌기 위해서 어떤 식으로든 반응을 하고 움직인다. 정부가 집값 안정을 위해 집 사지 말라고 해도 집이 필요하고 돈이 될 것 같으면 절대 가만히 있지 않는다.

12

전 국민이 1주택을 가지면 집값문제가 해결될까?

서울의 자가보유율이 낮은 것은
집을 안 사는 것이 아니라 못 사서 그런 것이다.
전 국민에게 집 한 채씩을 주더라도 주거문제를 해결할 수는 없다.

부동산 때문에 온 나라가 난리다. 난리도 이런 난리가 없다. 세금 폭탄으로 투기세력을 꽁꽁 묶어서 서울 수도권 집값을 잡으려 했는데, 서울 수도권 집값은 잡지 못하고 지방 집값까지 오르고 있으니 말이다. 어찌되었든 정부가 규제를 강화했음에도 집값을 잡지 못하자 여러 채를 가진 다주택자들뿐만 아니라, 내집 1채를 가진 1주택자와 내집 마련을 하지 못한 무주택자들도 불만이다.

다급해진 정부는 서울 내 유휴부지 개발, 3기 신도시 용적률 상향, 태릉 골프장 개발 등을 서두르고 있고, 단기 공공임대, 공공전세나 공공재개발 등을 통한 공급확대에 그야말로 총력을 기울이고 있다. 단기공급은 아파트가 아닌 빌라여서 시장의 눈높이를 맞추기 어렵고, 양질의 아파트는 타성기간이 긴 특성상 지금 공급계획을 세워도 빨라야 5년 후에 입주가 가능하다. 때문에 당장 효과를 얻기에는 한계가 있다.

결국 주택을 가진 다주택자들의 매물이 시장에 나와주는 것이 가장 효과적이고 빠른 공급확대 정책이다. 정부도 이 점을 모를 리가 없다. 그래서 정부는 종합부동산세를 강화시켜 다주택자들을 압박하고 있지만 시장의 반응은 정부의 의도와 달리 '좋은 집은 보유하자'는 똘똘한 한 채와 오히려 매물이 나오지 않는 매물동결 효과만 더 커지고 있다.

다주택자를 압박해서 매물을 늘리고 싶다면 양도세를 한시적으로 완화해줌으로써 퇴로를 열어주어야 했다. 그러면 의외로 많은 매물이 나와주었을 것이다. 아마 정부는 투기와의 전쟁을 선포한 마당에 불로소득 환수까지 잡으려다 보니 '알면서도 못하는 것이 아닌가?' 하는 생각도 든다.

집값문제는 여러 원인의 복합적인 현상이다. 무엇보다 공급의 문제를 생각하지 않을 수 없다. 예전 주택보급률이 낮아서 수요대비 공급의 절대량이 부족했던 시절과 달리, 주택보급률이 100%가 넘었음에도 여전히 주택문제는 해결되지 않고 있다.

◆ 서울의 자가보유율이 낮은 것은 집을 못 사서다

한 사람이 집을 여러 채 가져서 문제일까? 자기 집을 가지고 있는 비율인 자가보유율이 얼마나 되는지 알아보자.

〈그림41〉은 국토교통부에서 발표한 2019년 주거실태조사내용 중 연도별 자가보유율 추이를 나타낸 그래프다. 2019년 주거실태조사결과에 따르면 우리나라 자가점유율은 전국 61.2%로, 10명 중 6명은 집이 있고 나머지 4명은 집이 없다. 문제가 되는 서울 수도권은 54.1%로 전국 평균보다 더 낮다. 역시 서울의 주택문제가 심각함을 알 수 있다. 2006년 56.8%에서 시간이 지날수록 낮아져 2014년 51.4%까지 떨어졌다가 소폭 반등해서 54% 수준이다. 15년째 제자리걸음인 서울에서 내집 가지기, 과연 무엇이 문제일까?

2012~2014년에 하락한 것은 아마 부동산 시장 침체 영향으로 주택구입보다는 전세 등 수요가 임대로 이동한 영향이 크다. 그 당시 팔고 싶어서 급매물로 내놓았음에도 팔리지 않아 발을 동동 굴리는

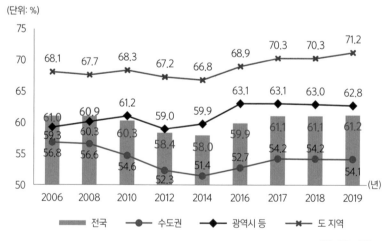

<그림41> 2019년 자가보유율

출처: 국토교통부

집주인들이 많았다. 그리고 서울로 유입되는 수요는 꾸준히 증가한 반면 집값은 계속 상승하면서 서울에서 내집 마련은 안 하는 것이 아니라 못한 것이다. 대신 서울에서 집을 살 수가 없으니 경기도, 인천 등 수도권 지역으로 주택구입 수요가 이동하면서 수도권 지역의 자가보유율은 전국보다 높아졌다.

여기서 드는 생각! 그럼 전 국민이 집을 한 채씩 가지면 과연 주택문제가 없어질까? 전 세계 어느 나라도 자가보유율이 100%인 국가는 없다. 자가와 임대가 적절히 섞여 주거형태를 이루는 것이 일반적이다. 미국 64%, 일본 62%, 우리나라 61% 정도로 큰 차이는 없다.

재미있는 것은 유독 루마니아의 자가보유율이 96%라는 점이다. 거의 100%에 가까운 자가보유율을 가진 나라가 우리가 알고 있는 선진국이나 복지국가가 아니다. 왜 루마니아일까? 루마니아가 이렇게 자가보유가 높은 이유는 1990년대 공산주의 시절, 전 국민에게 주택을 가지게 하는 정책을 펼쳤기 때문이다.

루마니아 정부의 의도는 이상적이었으나 현실의 결과는 반대로 나왔다. 크게 노력하지 않고도 살 집이 해결되자 새 집을 짓지 않았고, 지어도 살 사람이 없었다. 집을 팔려고 해도 잘 팔리지도 않아서 다른 주택으로 이사하기도 어렵게 되었다. 그러자 주택건설이 멈추면서 경제도 활력을 잃었다. 당연히 임대물량도 안 나오니 아이들이 독립하기도 어려워서 주거혼잡도가 높아졌으며, 주택의 노후화는 심각한 수준이 되었다.

리비아는 더 극단적인 주택정책을 펼쳤다. 정말 이런 생각을 한 번도 해본 적이 없는데, 모든 주택을 국유화해 소유 개념을 없애고 빈

집을 먼저 발견한 사람이 살 수 있게 했다고 한다. 우리 같으면 강남 아파트를 국유화해서 '먼저 들어가 사는 사람이 임자'라는 것이다. 이렇게 되면 텐트 치고 새벽부터 몇 달간 줄 서면서 기다리지 않을까? 자물쇠를 채우자 자물쇠를 채우지 못하게 했고, 결국 가정부와 하인을 둘 수 있는 부유층과 권력층이 좋은 집을 다 차지했다고 한다. 서민들은 모두 나가서 일해야 하기에 집을 지키기도 어려웠고, 빈 집을 장만할 수도 없었기 때문이다.

엄청난 재원을 투입해 주택을 더 많이 공급한다고 해서 주택문제가 해결되지 않을 수 있다는 것이다. 모든 사람이 내집을 가지는 것이 이상이라면, 현실은 내집에서 거주하든, 남의 집에서 임대로 거주하든 편하게 잘 살면 되는 것이다.

아이러니하게도 집을 여러 채 가진 사람들은 전세나 월세 물량을 공급해주는 민간임대 공급자의 역할을 해준다. 다주택자를 때리기만 하고 양질의 아파트 공급물량을 늘리지 않으면, 향후 줄어드는 임대 물량으로 인한 피해는 고스란히 내집 마련을 하지 못한 서민들이 받을 것이다.

13

다주택 소유자가
집값 상승의 주범인가?

집값이 얼마나 올랐길래 이렇게 난리일까?
정말 다주택자가 집값 상승의 주범인 걸까?
최근 10년간의 전국 및 서울 집값 흐름을 살펴보자.

2017~2020년 서울 집값을 잡기 위해 문재인 정부는 다주택자와 고가 아파트를 보유한 사람들에게 규제폭탄을 쏟아부었다. 다주택을 보유하고 있거나 고가 주택을 보유한 사람들을 주택시장을 교란시키는 '투기꾼'으로 간주하고 규제대상으로 지목한 것이다.

그런데 궁금하다. 정말 다주택자들 때문에 집값이 이렇게 많이 오른 것일까? 모임에 나가보면 모두 투자에 성공했고 많은 사람들이 주택을 여러 채 가지고 있는 것 같은데, 막상 주위를 살펴보면 여러 채를 가진 사람들이 많지는 않다. "다주택자들의 투기로 서울 집값이 이렇게 상승한다"는 정부의 말과 달리, 현장이나 전문가들은 한결같이 "다주택자들 때문이 아니라 실수요자들 때문에 집값이 상승하는 것"이라고 말한다. 주택소유통계를 근거로 다주택 보유자들이 집값 상승의 주범인지 알아보도록 하자.

통계청이 발표한 '2019년 주택소유통계 자료'를 보면 대한민국의 총 주택 1,812만 7천 호 중 법인이 아닌 개인이 소유한 주택은 1,568만 9천 호로, 전체 주택 중 86.9%를 개인이 소유하고 있다. 개인이 소유한 주택이 모두 아파트는 아니다. 우리가 관심을 두는 아파트는 937만 8천 호로, 개인소유 주택 중 59% 정도이다. 약 1,500만 채의 집 중에서 내집 하나 없다는 것이 무주택자의 설움이라 할 수 있다. 주택을 가진 개인은 1,433만 6천 명으로, 총인구 5천만 명의 28.6%의 국민이 주택을 소유하고 있다. 전 국민의 1/4 정도가 집을 가지고 있다는 것이니, 그래도 마음의 위안을 삼을 수는 있다. 집 없는 개인이 3/4은 되니까 말이다.

◆ 집값 상승의 주범은 다주택자인가?

이제는 집을 여러 채 가진 개인이 얼마나 되는지를 알아보도록 하자. 1,433만 6천 명이 1,568만 9천 호의 집을 가지고 있다. 이 중 집을 한 채만 가진 1주택자는 1,205만 2천 명으로 전체 주택보유자의 84.1%다. 그럼 이들을 제외한 나머지 15.9%가 2주택 이상 다주택자라는 말이다.

집을 가진 100명 중 16명 정도가 다주택자라는 것인데, 다주택도 다주택 나름이다. 집을 갈아타기 위해서 한 채를 더 구입했거나 팔려고 했다가 못 팔았을 수도 있고, 부모님한테 상속이나 증여를 받았을

<표42> 거주지역 및 소유물건 수 별 주택 소유자 현황

년도	거주지역	합계	1건	비율	2건이상	비율	2건	비율	3건	비율	4건	비율	5건이상	비율
2018	전국	14,010	11,818	(84.4)	2,192	(15.6)	1,721	(12.3)	280	(2.0)	74	(0.5)	117	(0.8)
2019	전국	14,336	12,052	(84.1)	2,284	(15.9)	1,797	(12.5)	293	(2.0)	76	(0.5)	118	(0.8)
	서울	2,483	2,091	(84.2)	393	(15.8)	292	(11.8)	48	(1.9)	15	(0.6)	38	(1.5)
	부산	987	832	(84.3)	155	(15.7)	120	(12.1)	20	(2.0)	5	(0.6)	10	(1.0)
	대구	891	588	(85.1)	103	(14.9)	83	(12.0)	13	(1.9)	3	(0.5)	3	(0.5)
	인천	791	676	(85.5)	115	(14.5)	92	(11.6)	14	(1.8)	4	(0.5)	5	(0.6)
	광주	414	353	(85.2)	61	(14.8)	49	(11.8)	8	(1.9)	2	(0.5)	2	(0.6)
	대전	404	341	(84.5)	63	(15.5)	50	(12.4)	8	(2.0)	2	(0.5)	2	(0.6)
	울산	352	294	(83.7)	57	(16.3)	47	(13.3)	7	(2.0)	2	(0.4)	2	(0.6)
	세종	88	70	(79.6)	18	(20.4)	14	(15.9)	3	(3.0)	1	(0.7)	1	(0.7)
	경기	3,454	2,912	(84.3)	543	(15.7)	430	(12.4)	67	(1.9)	17	(0.5)	28	(0.8)
	강원	441	365	(82.9)	76	(17.1)	59	(13.3)	10	(2.4)	3	(0.7)	4	(0.8)
	충북	469	393	(83.8)	76	(16.2)	60	(12.9)	10	(2.2)	3	(0.5)	3	(0.6)
	충남	620	503	(81.0)	118	(19.0)	91	(14.8)	17	(2.8)	5	(0.7)	4	(0.7)
	전북	537	455	(84.8)	82	(15.2)	65	(12.2)	11	(2.0)	3	(0.5)	3	(0.5)
	전남	558	470	(84.1)	89	(15.9)	71	(12.8)	12	(2.2)	3	(0.5)	2	(0.4)
	경북	832	699	(84.0)	133	(16.0)	109	(13.1)	17	(2.0)	4	(0.4)	3	(0.4)
	경남	1,033	868	(84.0)	166	(16.0)	136	(13.2)	21	(2.0)	4	(0.4)	4	(0.4)
	제주	180	143	(79.3)	37	(20.7)	28	(15.4)	6	(3.1)	2	(0.9)	3	(1.4)

단위: 천 명, %. 출처: 통계청

수도 있고, 자녀의 결혼 때문에 구입한 것일 수도 있다. 혹은 불안한 미래 때문에 한 채 정도는 더 살 수도 있다. 이런저런 이유로 2주택 보유자까지는 투기 세력으로 보는 것에 무리가 있다.

필자는 2주택까지는 실수요자 범위에 포함시켜야 한다고 생각한 다. 집을 2채 가진 2주택자는 179만 7천 명으로 전체 주택보유자의 12.5%를 차지하고 있다. 실수요자인 1주택자와 2주택자가 전체 주택 보유자의 96.6%나 된다. 정부는 2주택자 이상 소유한 228만 4천 명 을 투기수요로 보고 규제대상으로 포함시켰는데, 이 중 실수요자라 할 수 있는 2주택자는 78.6%나 된다. 결국 228만 명의 2주택 이상 보유자 중 22.3%만이 3주택 이상을 소유한 진짜 다주택자인 것이다. 총 주택소유 개인인 1,433만 6천 명 중에서 1주택과 2주택 실수요자를 제외한 3주택 이상 보유한 사람은 3.3%밖에 되지 않는다.

정부의 말만 들으면 3주택 이상 다주택자들이 엄청 많을 것 같은데, 현실에서는 그렇게 많지 않다. 3주택 소유자까지 실수요로 포함시키기에는 무리가 있지만, 사연을 들어보면 이해가 되는 경우도 제법 있다. 5주택 이상은 정부에서 투기라 해도 할 말은 없을 것 같다. 진정한 투자자라 할 수 있는 5주택 이상 보유자는 11만 8천 명으로 0.8%에 지나지 않는다. 0.8%의 5주택 이상 보유자가 '서울과 전국 집값을 미치게 할 정도로 부동산 시장을 그렇게까지 교란시킬 수 있을까?' 하는 의문이 든다.

◆ 다주택 소유자는 얼마나 되는가?

그럼 각 지역별 2건 이상 소유자의 비율을 살펴보자. 정부 대책만 보면 서울 25개 구가 다주택자 비중이 높아야 하는데, 현실은 그렇지 않다. 〈표43〉에서 보듯이 서울 강남구(21.5%), 서초구(20.4%), 종로구(19.7%)를 제외하고는 세종, 충남 당진 등 지방이다. 2주택 이상 양도세 중과를 시행한 정부의 논리대로면 표에서 보이는 지방 도시들은 투기꾼들로 난리가 나고 집값이 폭등해야 하는데 그렇지는 않다.

주택을 가진 개인 기준으로 봤으니 이제 가구로 따져보자. 부모님이나 배우자가 집을 가지고 있으면 같은 가족이다. 그래서 개인별이

<표43> 주택 2건 이상 소유자 비중 상위 10개 지역(시군구 기준)

	시(市) 지역(147개)				군(郡) 지역(82개)			
	거주지역	주택소유 개인	2건 이상 소유자	비율	거주지역	주택소유 개인	2건 이상 소유자	비율
	전국	14,335.7	2,283.8	(15.9)				
	시 지역 합계	12,947.6	2,034.0	(15.7)	군 지역 합계	1,388.1	249.8	(18.0)
1	서울 강남구	146.2	31.4	(21.5)	충남 서천군	17.4	4.7	(26.8)
2	제주 서귀포시	49.1	10.4	(21.2)	전남 영광군	15.2	4.0	(26.4)
3	제주 제주시	131.3	27.0	(20.5)	전북 고창군	16.1	4.0	(25.0)
4	서울 서초구	122.3	24.9	(20.4)	강원 횡성군	14.6	3.5	(23.9)
5	세종 세종시	87.5	17.8	(20.4)	전남 함평군	10.3	2.4	(23.0)
6	충남 당진시	47.9	9.8	(20.4)	충남 예산군	27.1	6.2	(22.7)
7	경기 여주시	31.8	6.3	(19.9)	충남 태안군	19.9	4.5	(22.5)
8	서울 종로구	40.7	8.0	(19.7)	강원 홍천군	22.1	5.0	(22.5)
9	충남 보령시	29.9	5.9	(19.7)	인천 옹진군	6.6	1.5	(22.1)
10	충남 공주시	32.7	6.3	(19.2)	경북 울릉군	2.8	0.6	(22.0)

단위: 천 명, %. 출처: 통계청

아닌 가구당 주택소유를 살펴보는 것이 조금 더 타당할 수 있다.

전국적으로 주택을 소유한 가구는 총 1,145만 6천 가구로, 전 가구 2,034만 3천 가구의 56.3%가 집을 가지고 있다. 반면 집이 없는 무주택 가구는 888만 7천 가구로, 총 가구에서 43.7%의 가구가 집이 없다. 개인별로는 1/4 정도가 집을 가지고 있는데, 가구로 보니 절반 이상의 가구가 집을 가지고 있다. 무주택자라면 우울함이 밀려올 수도 있을 것 같은데 조금 더 알아보자.

다음 페이지 〈표44〉에서 보듯이 2019년 기준, 주택을 소유한 가구 중 1주택을 소유한 가구는 828만 8천 가구로 전체의 72.3%이고, 2주택을 보유한 가구는 230만 1천 가구로 20.1%를 차지하고 있다. 2주택까지는 수요라 할 수 있으니, 실수요로 주택을 보유한 가구는 전체

<표44> 주택 소유 물건 수 별 가구 현황

	2018년		2019년		증감		
	주택소유 가구 수	구성비	주택소유 가구 수	구성비	주택소유 가구 수	증감률	구성비 (%p)
합계	11,234	(100.0)	11,456	(100.0)	222	2.0	–
1건	8,153	(72.6)	8,288	(72.3)	136	1.7	(-0.2)
2건 이상	3,081	(27.4)	3,168	(27.7)	87	2.8	(0.2)
2건	2,240	(19.9)	2,301	(20.1)	62	2.8	(0.2)
3건	533	(4.7)	550	(4.8)	18	3.3	(0.1)
4건	151	(1.3)	156	(1.4)	5	3.3	(0.0)
5건	55	(0.5)	56	(0.5)	2	3.2	(0.0)
6건	26	(0.2)	27	(0.2)	0	1.3	(-0.0)
7건	16	(0.1)	16	(0.1)	0	0.9	(-0.0)
8건	10	(0.1)	11	(0.1)	0	1.2	(-0.0)
9건	8	(0.1)	8	(0.1)	0	0.0	(-0.0)
10건	6	(0.1)	6	(0.1)	-0	-0.1	(-0.0)
11~20건	26	(0.2)	26	(0.2)	-0	-0.8	(-0.0)
21~30건	7	(0.1)	7	(0.1)	-0	-0.1	(-0.0)
31~40건	2	(0.0)	2	(0.0)	-0	-1.9	(-0.0)
41~50건	1	(0.0)	1	(0.0)	0	1.5	(-0.0)
51건 이상	2	(0.0)	2	(0.0)	0	2.5	(0.0)

단위: 천 가구, %, %p. 출처: 통계청

보유가구의 92.4%나 된다. 소위 '투자 좀 하고 있다'는 3주택 이상 소유가구는 7.6%에 불과하다. 이는 100명 중 56명이 집을 가지고 있고, 이 56명 중 7~8명 정도만 3주택 이상을 가진 가구라는 것이다.

결코 실망하거나 좌절할 필요가 없다. 주변 이야기만 들으면 모두가 다 투자 잘 했고 집을 많이 가지고 있는 것 같지만, 실제 3주택 이상 보유한 가구는 7.6%, 개인별로는 3.4%밖에 되지 않는다. 침묵하는 무주택자나 실수요자들이 더 많다는 점을 알아야 한다.

14

우리나라 신도시 vs. 일본 신도시

"우리나라 신도시가 일본의 신도시처럼 되지 않을까?"
부동산 시장에서는 이런 우려의 목소리가 있다.
과연 우리의 신도시가 일본의 신도시처럼 경쟁력을 잃는 날이 올까?

노태우 정부 시절에 급등하는 집값을 잡기 위해서 1기 신도시를 개발했다. 이후 신도시는 편리한 생활 인프라를 무기로 삼아 대표 주거지로서 자리를 잡았다. '천당 아래 분당'이라는 유행어가 나올 정도로 1기 신도시의 대표인 분당은 수도권 대표 주거지로 자리 잡았다. 판교, 광교, 위례 등 2기 신도시 역시 높은 인기만큼이나 높은 시세가 형성되었다. 문재인 정부의 핵심 공급대책도 과천, 하남 교산, 남양주 왕숙, 고양 창릉, 부천 대장, 인천 계양, 광명 시흥에 3기 신도시를 개발하는 것이다.

그런데 말이 신도시이지, 1기 신도시는 어느덧 구(舊)도시가 되면서 벌써 노후화 문제가 시작되었다. 1993년 입주를 시작한 1기 신도시가 벌써 30년이 가까이 되면서 '신도시'라는 말이 무색할 정도로 노후화가 사회문제로 대두되고 있다. 그런데 그 많은 아파트들을 재건축하자니 이주수요와 가격상승 등 사회적인 부작용을 감당하기 어렵고, 리모델링을 하자니 집주인들 주머니로 사업비를 충당해야 하는 부담에 반대하는 주민들이 많다.

◆ 일본의 신도시가 우리나라 신도시의 미래다

아마 정부 내에서도 1기 신도시의 노후화 문제가 잠재적인 고민거리 중 하나일 것이다. 왜냐하면 콘크리트 건물은 노후화되면서 감가상각이 될 수밖에 없고, 향후 인구감소로 도심회귀 현상이 본격화되면 낙후된 신도시는 경쟁력을 잃을 가능성이 있기 때문이다.

신도시 이야기를 하면 항상 일본 신도시의 쇠퇴가 따라붙는다. 우리보다 먼저 신도시 개발을 했고, 신도시 문제가 사회문제가 되고 있으므로 일본 신도시를 살펴볼 필요가 있다.

우리보다 먼저 인구감소가 시작된 일본은 이미 도심회귀 현상이 본격화되면서 교외인구는 줄고, 도심인구는 늘어났다. 일본의 다마 신도시는 도쿄 외곽에 개발되어 도쿄 출퇴근 수요자들을 흡수하고 주변 산업지역과 연계해 자급자족의 30만~40만 명 규모의 대도시로 자리를 잡았다. 그 결과 도쿄의 부족한 주택문제 해결과 서민주거안정에 큰 도움이 되었다.

한때는 도로, 공원, 학교 등 편리한 생활기반시설로 주거 선호도가 높아 인기가 높았고, 가격도 많이 올랐다. 그러나 현재는 과거와 달

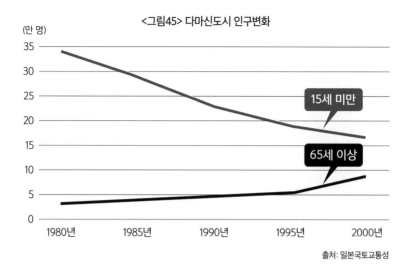

<그림45> 다마신도시 인구변화

(만 명)

35

30

25

20

15

10

5

0

15세 미만

65세 이상

1980년 1985년 1990년 1995년 2000년

출처: 일본국토교통성

리 유령도시로 점점 변해가고 있다. 젊은층들은 일자리를 찾아 도쿄
등 도심으로 가고, 경제력이 부족한 노인들 다수가 남으면서 도시의
기능이 점점 퇴색되고 있는 것이다.

　과거 시세의 절반 가격에도 거래가 되지 않고 빈집도 생겨날 정도
로 쇠퇴하고 있는데, 주택수요 감소에 따른 주택가격은 당연한 결과
일지도 모른다. 다마신도시의 계획인구가 34만 명이었는데, 현재는
14만 명 정도이다. 게다가 20년 내에 또 절반 수준으로 줄어들 수 있
다는 암울한 전망이 나오고 있다.

　도쿄 도심에서 서쪽으로 30~40km 떨어져 있는 일본의 다마신도
시는 우리나라로 치면 동탄신도시 정도가 될 것 같다. 분명 도쿄와
집값 차이가 나는데 도심회귀현상을 촉진시킨 이유 중 하나는 교통
여건이다. 물론 오타큐선이나 게이오선 등 지하철이 연결되어 있어

<일본의 신도시>

신도시	조성 시기	입주 시기	개발 면적	현재 인구
오사카 부 센리	1961년	1962년	1,160ha	9만 명
아이치 현 고조지	1966년	1968년	702ha	4만 8천 명
도쿄 도 다마	1967년	1971년	2,892ha	20만 5천 명
지바 현	1969년	1979년	1,933ha	8만 2천 명
가나가와 현 고후쿠	1974년	1983년	2,530ha	13만 6천 명

서 40분 대로 도쿄 도심으로 이동할 수 있다.

문제는 일본의 교통요금이 우리나라보다 월등히 높다는 것이다. 굳이 비싼 교통비와 불편을 감수하면서까지 외곽의 큰 집에 거주할 필요가 없고, 작고 알찬 도심주택 선호도가 더 높을 수밖에 없다. 1~2인 가구가 증가한 것도 한몫을 했다.

또한 시간이 지나면서 노후화 문제가 더욱 심각해진다. 그러면서 신도시가 아닌 구도시가 되고 있는데, 일부는 슬럼화까지 진행되고 있다. 하지만 재개발 등 제대로 된 도시재생을 하지 못하고 있다. 그 이유는 사업성이 떨어지기 때문이다. 신도시에서 자란 세대가 어른이 되어서 다시 도쿄로 돌아가버린 것이다.

도쿄 주변에 과도하게 지은 신도시 물량도 또 다른 원인이다. 위의 표에서 보듯 30~40년 전 도쿄 주변 다마(서부), 지바(동부), 쓰쿠바(북부), 요코하마 고호쿠(남서부) 등 신도시가 줄줄이 개발되었다.

◆ 일본의 신도시처럼 경쟁력을 잃는다면?

일본의 고도 성장기에는 이런 신도시들이 효자였다. 하지만 경제
성장은 멈추고 인구는 감소하는 지금은 외곽 신도시들의 물량이 독
이 되었다. 여기에 과거 고이즈미 전 일본총리가 경제활성화를 위해
도쿄의 부동산규제를 무력화하고 콤팩트시티(한정된 부지에 고밀도 개발
을 하는 압축도시)를 내세우면서 도쿄 도심재생사업을 적극적으로 추진
하자, 베드타운 기능을 하는 외곽 신도시의 경쟁력은 더 떨어지고 수
요는 도쿄로 이동할 수밖에 없었다.

우리나라는 당장 일본과 같은 신도시 몰락은 없을 것이다. 하지만
먼 미래라고 치부하며 마냥 넋 놓고 있어서는 안 된다. 현재 추진하
고 있는 수도권 3기 신도시 등 수도권 공급확대 정책으로, 몇 년 후
수도권 지역의 새 아파트 공급물량이 크게 늘어날 가능성이 높다. 서
울도 공공재개발, 역세권개발 등 일본 도쿄처럼 고밀도 콤팩트시티
개념으로 도심개발사업이 확대될 계획이어서 장기적으로 인구감소
와 맞물리면 일본처럼 감당하기 어려운 독이 될 수도 있다는 점을 잊
어서는 안 될 것이다.

우리는 이미 고령화사회로 접어들었고, 출산율은 일본보다 더 낮
아졌으며, 인구감소 속도는 세계 최고 수준이다. 결국 신도시 노후화
문제의 답을 빨리 찾지 못한다면 주택구매연령인 40~69세 인구가
본격적으로 감소되는, 빠르면 2030년, 늦어도 2040년 이후에는 우리
나라 신도시의 경쟁력은 일본 신도시의 길을 따라갈 가능성이 높다.

이제 본격적인 투자기술에 대해 알아보도록 하자. 아파트 투자의 4가지 가치인 시장가치·현재가치·미래가치·내재가치에 대해 알아보고, 불확실성이 그 어느 때보다 높아진 지금, 위험관리에 대해서도 공부해보자. 그 다음 부동산 폭락이 왔을 때의 대처법, 최적의 부동산 타이밍을 잡는 방법에 대해서도 살펴보자. 그리고 아파트 투자의 실질적인 기술인 로열동·로열층, 조망권, 평면구조, 옵션선택, 지하철역 등 교통환경까지 살펴보고, 새 아파트 장만의 기회인 3기 신도시와 서울 내 알짜 공급물량, 개발호재에 따른 투자가치와 전략에 대해서도 알아보자.

3부

돈이 되는 부동산 투자,
노하우는 따로 있다

01

아파트의 4가지 가치를
명확히 파악하자

아파트의 가치 차이는 왜 생기는지,
어떤 아파트가 더 높이 올라갈 수 있는지,
아파트의 4가지 가치에 대해 알아보자.

우리나라에서 '아파트'라 하면 부동산 투자가 연상될 정도로 본연의 주거목적보다는 투자목적에 더 가깝다. 거주하지 않고 투자목적으로 전세를 끼고 투자를 할 수도 있고, 실거주를 하면서 투자수익을 기대할 수도 있는 것이 아파트다. 어떻게 되었든 집값이 오르는 것을 싫어하는 집주인은 없다.

상담을 하다 보면 "저는 실수요자인데요, 이 아파트 어떤가요?"라고 물어보는 고객들이 많다. 아파트를 구입함에 있어서 '실수요냐, 투자냐'는 본인이 직접 거주를 하느냐 하지 않느냐의 판단기준이지, 투자가치를 논하는 기준이 아니다.

집값이 오르면 좋지, 내리는 것을 좋아할 투자자는 없다. 많은 주택, 특히 아파트 중에서 가격이 높게 형성되는 곳이 있는 반면에 그렇지 않은 곳이 있다. 이렇듯 아파트의 가치 차이는 왜 생기는지, 어떤 아파트의 가치가 더 높이 올라갈 수 있는지 아파트의 4가지 가치에 대해 알아보도록 하자. 아파트를 포함한 주택의 가치는 시장가치·현재가치·미래가치·내재가치, 이 4가지의 가치로 판단할 수 있다.

<그림46> 아파트의 4가지 가치

◆ 시장가치

"내가 사면 내리고 내가 팔면 오른다." 이 말을 듣고 '내 이야기하는 거 아냐?' 이렇게 생각하는 사람들이 많이 있을 것이다. 주식이든 부동산이든 이상하게 내가 사면 내리고, 내가 팔면 오른다. 도대체 왜 그럴까?

시장가치를 제대로 이해하지 못하면 이런 '뒷북 투자'를 할 가능성이 높다. 시장가치란 부동산 시장의 분위기와 흐름에 따라 형성되는 가치를 말한다.

전통시장에 가보면 수많은 물건이 있고 그 물건을 사고파는 사람들이 있다. 희소가치가 있는 좋은 물건은 비싸게 팔릴 것이고, 어디 가더라도 쉽게 살 수 있는 흔한 물건은 싼 값에 팔릴 것이다. 비가 오는 등 날씨가 안 좋으면 거래가 잘 안 되고, 명절 등 대목이 오면 수요가 늘어나면서 물건 가격도 오르고 거래도 늘어난다.

부동산 시장(특히 아파트 시장)도 전통시장과 별반 다를 게 없다. 아파트를 사는 사람이 '수요자'가 되고 아파트를 파는 사람이나 공급하는 건설회사는 '공급자'가 되며, 아파트는 거래대상인 물건 즉 '공급'이 된다. 이런 수요와 공급에 영향을 주는 요인은 부동산 정책, 금리, 경제상황, 집값 흐름, 투자심리 등이다. 수요가 늘어나거나 공급이 줄어들면 아파트 가격은 오르고, 수요가 줄어들거나 공급이 늘어나면 아파트 가격은 내려간다. 이것이 기본적인 경제 개념이다.

부동산 시장이 침체되면 정부는 얼어붙은 아파트 시장을 살리기 위해 부동산 규제를 많이 풀어준다. 그리고 규제완화로 투자여건이 좋아지고 침체 시기에 미분양 우려로 분양물량을 줄인 영향으로 주택공급물량이 줄어들면 집값이 오를 수 있다는 기대감은 커진다.

이렇게 기대감이 커지면 투자심리가 살아나고, 내집 마련뿐만 아니라 투자목적으로 집을 사는 사람들이 늘어나면서 수요가 증가하고 집값은 오른다. 집값이 오르면 건설회사들은 분양물량을 늘리게 되고, 정부는 과열된 아파트 시장을 안정시키기 위해 수요를 강하게 억제하는 규제대책을 내놓으면서 아파트 시장을 묶는다.

2017년부터 2020년까지 계속 강한 규제가 나왔다는 것은 부동산 시장이 그만큼 '과열'이라는 시그널을 주는 것이다. 과열이 지속되면 정부는 집값이 안정될 때까지 규제를 할 수밖에 없다. 그리고 규제가 누적이 되고 있음에도 한 번 살아난 투자심리는 집값을 더 올려 오버슈팅을 하면서 버블을 만든다.

집값은 시장에서 감내할 수 있는 수준을 넘어 더 올라가다가 결국 더 오르기 힘들다는 심리가 확산되면서 투자심리는 꺾인다. 그러면 수요는 감소되고, 늘어난 공급물량과 맞물려 집값은 내려가게 된다. 여기에 금리변동, 국내외 경제상황 등 외적인 변수들이 추가되면서 부동산 시장은 오르기도 하고 내리기도 한다.

즉 시장가치가 기준선 이상으로 오버슈팅이 되었을 때 시장의 흐름을 제대로 읽지 못하고 막차를 타면 집값이 떨어지는 것이다. 반대로 시장가치가 기준선 이하로 언더슈팅이 되었을 때 기다리지 못하

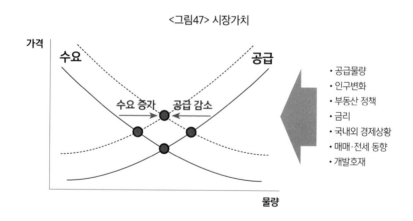

<그림47> 시장가치

고 던지면, 집값은 오르는 것이다. 아무리 좋은 아파트를 샀다고 해도 시장가치를 제대로 읽지 못하면 이득을 보지 못하고 손해를 보는 경우가 있고, 좀 아쉬운 아파트를 보유하고 있더라도 시장가치를 잘 파악해 타이밍을 잘 잡으면 돈을 벌기도 한다. 아파트 투자는 타이밍이고, 이 타이밍이 바로 시장가치다.

◆ 현재가치

현재가치는 아파트의 현재가격을 형성하는 요소로, 교통·학군·교육·편의시설 등 주변환경과 입주 연도, 세대 수, 브랜드, 동·층·라인, 평면 타입 등 내부환경으로 구분할 수 있다. 현재가격에는 현재가치가 반영되어 있기 때문에 가격이 높다는 건 그만큼 현재가치가 많이 포함되어 있다는 뜻이다. 그러니 돈이 많다면 당연히 가격이 높은 아파트를 선택하는 것이 좋다. 현재가치가 높은 아파트가 침체 시기에 강하고, 상승 시기에 더 탄력적으로 반응을 한다. 또한 전세수요를 구하기도 쉽고, 팔 때도 잘 팔린다.

하지만 제한적인 자금 사정상 현재가치가 좋은 아파트만 선택할 수 없는 것이 현실이다. 그러니 나의 자금계획 범위 안에서 현재가치의 요소들 중 내가 필요로 하는 현재가치의 우선순위를 정한 후, 선택과 집중을 하는 것이 현명한 현재가치 투자다. 로열동과 로열층, 향과 라인, 조망권 평면구조, 옵션 선택, 지하철역 등 주요 현재가치 요소들은 뒷부분에서 다시 상세히 설명하도록 하겠다.

◆ 미래가치

미래가치는 현재가치에서 향후 더 성장이 되어 개선될 수 있는 기대가치를 말한다. 흔히 말하는 개발호재가 미래가치라 할 수 있겠다. 개발호재는 교통개발호재와 지역개발호재로 구분할 수 있다.

교통개발호재는 현대인의 이동수단인 교통여건이 개선되는 것이다. 대표적으로 지하철역 신설이나 연장을 꼽을 수 있고, 도로 개통 등도 해당된다.

최근 지하철 9호선이 3기 신도시 중 하나인 남양주 왕숙지구로 연결된다고 발표되면서 남양주의 집값이 들썩였다. 이렇듯 지하철은 최고의 미래가치 요소다. 지하철 9호선과 8호선, 신분당선, GTX 등의 연장이나 신설 라인은 잠재적인 미래가치를 확보하고 있다고 해도 과언이 아니다. 특히 지하철이 골드라인이나 더블 역세권이 되면 파급력은 더 커진다. 도로 개통은 '현재의 불편함이 얼마나 개선이 되느냐'가 중요하다.

정보사령부 부지가 관통된 장재터널은 강남에서 다소 소외되었던 방배와 사당 지역에 호재가 되었다. 반면 없던 고가도로가 아파트 앞을 관통한다든가 도로 소음이 발생하게 된다면 마이너스 효과가 발생할 수도 있다.

지역개발호재는 3기 신도시 등 신도시 개발이나 잠실 MICE(주거·문화·전시 등 복합개발)개발이나 삼성동 GBC(현대자동차 글로벌 비즈니스 센터) 등 굵직한 개발프로젝트 영향으로, 그 지역이 발전하고 인구가 유입되어 수요가 늘어나면서 가치상승의 힘이 될 수 있는 요소다.

◆ 내재가치

내재가치는 부동산이 품은 본연의 가치인 땅의 가치를 말한다. 부동산은 토지와 건물로 구성되는데, 우리는 눈에 보이는 콘크리트 건물만 보면서 해당 부동산의 가치를 판단한다. 하지만 30~40년의 감가상각 기간이 지나면 가치가 없어지는 건물보다는 변하지 않는 영속성의 성질을 가지면서 꾸준히 가치상승도 하는 땅, 즉 토지가치가 더 중요해진다.

예전에 부모님이 소유한 건물에 분쟁이 생겨서 토지등기는 상대방이 가져가고 건물등기는 본인이 가져와서 보유 중이라는 분을 상담한 적이 있었다. 상대방은 영속성의 땅을 가져와서 내재가치의 실속을 챙겼고, 그는 감가상각이 되는 건물을 가져왔다. 그런데 당장은 비슷해 보여도 시간이 지나면 건물 가치는 하향곡선을 그릴 것이다.

아파트가 가지고 있는 토지를 대지지분이라고 하는데, 이 대지지분이 큰 아파트일수록 시간이 지나면 가치가 더 높아진다. 개포주공 1~4단지 저층 아파트가 재건축되기 전, 한 분이 이런 질문을 한 적이 있다. "아니, 40년이 넘어 다 무너져가는 저 아파트가 왜 이렇게 비싼 겁니까?" 그 이유는 바로 대지지분 때문이다. 콘크리트 건물가치는 이미 감가상각이 0이 되어 없어졌지만, 대지지분은 5층의 저층 단지로 매우 크다. 분양면적 13평의 대지지분이 16평 정도 나오고 그랬으니 말이다.

최근에 지어진 새 아파트 34평(편의상 '평'을 사용했고 전용면적 84㎡)의 대지지분은 5평 정도밖에 되지 않는다. 재건축·재개발 정비사업을 기대하는 주택이라면 당연히 대지지분을 많이 확보하고 있는 곳을 선택해야 한다. 같은 값이면 용적률이 낮고 대지지분이 높은 주택이나 아파트, 즉 내재가치가 높은 아파트가 좋다. 한때 부의 상징이었던 강남 타워팰리스보다 개포, 반포, 압구정의 오래된 아파트의 가격 상승이 높은 이유가 바로 내재가치 때문이다. 타워팰리스의 용적률은 800% 정도인데, 40년 전에 지어진 이들 아파트들의 용적률은 200% 이하이기 때문이다.

02

누가 뭐라고 해도
위험관리가 실력이다

이 세상에 위험이 없는 투자는 없기에
위험관리는 투자의 필수 준비사항이라 할 수 있다.
포트폴리오 분산투자와 수익률로 커버하는 방법에 대해 알아보자.

글로벌 여론조사업체인 입소스(Ipsos)에서 실시한 '행복도' 조사에서 우리나라는 28개국 중 21등을 했다. '매우 행복하다'라고 답한 사람은 3%에 불과해 조사대상국 중 가장 낮은 수준이었다. 행복요소에서는 '건강'을 모든 나라에서 1위로 꼽았지만 2위부터는 차이가 났다. 대부분 국가에서는 2위가 '아이들', 3위가 '배우자와의 관계'였지만 우리나라는 2위가 '의미 있는 삶', 3위가 '더 많은 돈'이었고, '아이들'은 8위, '배우자와의 관계'는 9위였다. 솔직히 '건강, 의미 있는 삶이 중요하다'는 것은 이성적인 답변이었을 것이고 속마음은 '더 많은 돈'이지 아니었을까 싶다.

우리가 3위로 꼽은 '더 많은 돈'은 다른 나라에서는 9위였다. '다들 먹고살 만하니 돈이 필요 없겠지'라고 생각할 수도 있겠지만 우리가 너무 '돈, 돈' 그러는 것은 아닌지 한번쯤 생각해볼 필요는 있을 것 같다. 예전에는 우리도 '잘 살아보세, 밥걱정하지 않고 배불리 잘 살아보자'는 의미에서 경제개발을 시작했다. 그런데 지금은 어떠한가? 이제 너무 배불러서 비만이 걱정이고 살 빼느라 돈을 써야 할 지경이 되었다. 그래서 돈은 더 필요하고 돈을 더 벌기 위해서 부동산 투자를 하고 있지만 행복은 더 멀어지고 있다.

◆ 위험관리는 투자의 필수 준비사항이다

우리는 돈을 많이 벌어서 투자수익을 최대로 얻는 투자를 '잘하는 투자' '성공한 투자'라 한다. 샀을 때보다 많이 올라서 양도차익이 클수록 투자가치가 높고, 투자에 성공을 했다고 한다. 과연 수익만 높으면 투자가치가 높은 것일까?

부동산학에서는 부동산의 투자가치를 투자에 대한 예상 기대수익과 요구수익률의 관계로 해석을 한다. 기대수익률이 요구수익률보다 크면 당연히 투자를 할 것이다.

$$\boxed{기대수익률 > 요구수익률} \rightarrow 투자 결정$$

요구수익률이란 투자에 위험이 있으니 투자시 적어도 이 정도 이상의 수익률은 되어야 투자를 결정할 수 있는 최소한의 수익률이다. 적어도 은행 예금금리보다는 높은 수익을 얻어야 투자를 할 것이다.

예금금리가 2%인데 부동산 투자수익률이 2%라면 누가 세금을 내고 고생해서 투자를 하겠는가? '이 정도는 되어야 투자를 하겠다'는 마음이 드는 수준을 요구수익률이라 이해하면 되겠다. 요구수익률은 '위험'과 같은 개념으로, 예상 수익이 높아지거나 위험이 낮아질 때 부동산 투자가치는 높아진다.

$$부동산\ 투자가치 = \frac{예상\ 수익}{요구수익률(위험)}$$

　무조건 부동산 가격만 올라 수익이 높아지는 것만 중요한 것이 아니라, 위험도 고려를 해야 한다. 물론 위험이 전혀 없는 투자는 있을 수 없다. 그래서 낮은 금리이지만 위험도 낮기 때문에 많은 사람들이 예금을 하는 것이고, 그보다 더 높은 수익을 얻으려면 위험도 같이 커지는 주식, 부동산으로 눈을 돌리는 것이다.

　위험을 관리하는 방법에는 크게 2가지가 있다. 포트폴리오(Portfolio)를 통해 위험을 분산시키는 방법이 있고, 요구수익률을 올려 수익으로 커버하는 방법이 있다.

　포트폴리오는 투자위험을 제거하기 위해 여러 종류의 자산에 분산투자를 하는 것이다. "한 바구니에 모든 계란을 담지 말라"는 유명한 말이 바로 포트폴리오의 중요성을 강조하는 말이다. 한 지역에만 투자하고 있다면 투자 지역을 분산하는 것이 좋고, 아파트 위주로만 투자를 했다면 아파트뿐만 아니라 상가, 오피스텔 등 수익형부동산이나 토지투자도 하는 것이 좋다. 자산 비중에서 부동산이 차지하는 비중이 너무 높다면 부동산 비중을 낮추는 대신 예금, 주식·펀드, 채

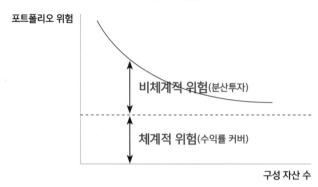

<그림48> 포트폴리오 위험 그래프

권 등 금융자산 비중을 조금씩 올리는 것도 좋다. 포트폴리오, 즉 분산투자만 하면 모든 위험이 제거되냐고 한다면, 그렇지는 않다. 복잡 미묘한 경제활동의 산물인 투자위험이 어디 분산투자만 가지고 제거가 되면 얼마나 좋겠는가.

〈그림48〉에서 보듯이 포트폴리오 위험은 피할 수 있는 위험인 '비체계적 위험'과 피할 수 없는 위험인 '체계적 위험'으로 구분된다. 비체계적 위험은 부동산 시장의 전반적인 움직임보다는 특정 개별자산에 국한해 영향을 미치는 위험이다. 여러 자산에 분산투자를 함으로써 제거될 수 있어서 분산가능 위험 또는 피할 수 있는 위험이다.

반면에 체계적 위험은 알다가도 모를 부동산 시장에 의해 발생하는 시장위험이다. 부동산 시장의 변동성으로 발생하는 부동산 자산의 체계적인 위험은 분산투자로 제거되지 않는다. 즉 서울, 경기, 부산으로 분산투자를 했더라도 경제위기가 오면 포트폴리오와 상관없이 폭락할 것이다.

그래서 이런 체계적 위험을 분산불가능 위험 또는 피할 수 없는 위험이라 하며, 이는 수익률로 커버할 수밖에 없다. 즉 요구수익률을 더 높게 잡아서 보다 보수적으로 투자를 해야 하는 것이다. 예를 들어 요구수익률이 3%에서 부동산 시장 흐름에 따라 조금 더 위험관리를 해야 할 필요가 있다고 판단되면, 투자가치는 다소 낮추더라도 요구수익률을 4%로 상향조정을 해서 보다 깐깐한 투자전략을 세우는 것이 좋다. 반면 부동산 시장 분위기가 상승기에 접어들어 공격적인 투자가 필요하다고 판단되면, 요구수익률을 낮추어 보다 적극적인 투자 결정을 할 필요가 있을 것이다.

◆ 포트폴리오 분산투자와 수익률로 커버하는 방법

투자자들은 개인적인 성향에 따라 위험회피성향도 있고, 위험추구성향도 있다. 위험회피성향 중에서도 공격적인 투자자들도 있고, 보수적인 투자자들도 있다. 공격적인 투자자들은 '위험은 내가 감내할 테니 어떻게든 수익률을 최고로 올리고 싶다'고 할 것이다.

다음 페이지 〈그림49〉는 동일한 위험에서 최고의 수익률을 나타내는 포트폴리오를 연결한 곡선으로 효율적 투자선(효율적 프론티어)이라고 한다. 이 효율적인 투자선에서 투자자는 어떤 포트폴리오를 선택하든지 주어진 위험에서 더 이상의 수익률을 얻을 수 없고, 수익률을 더 올리고 싶으면 추가적인 위험을 더 감수해야 한다.

결국 공격적인 투자자는 상대적으로 위험이 크지만 기대수익률도

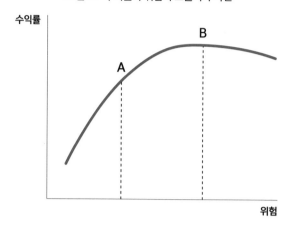

<그림49> 수익률과 위험의 효율적 투자선

수익률

B

A

위험

큰 B점을 최적 포트폴리오로 선택할 것이며, 보수적인 투자자는 상대적으로 기대수익률은 작으나 위험도 작은 A점을 선택할 것이다. 투자에는 정답이 없고 어찌 보면 공정하다. 내가 더 많은 수익률을 얻고 싶으면 그만큼 위험도 감당해야 하는 것이니까.

우리나라는 IMF 경제위기나 글로벌 경제위기처럼 일시적인 조정만 있었을 뿐, 일본의 잃어버린 20년처럼 부동산 시장의 장기침체를 경험해보지 못했다. 코로나19로 인한 불확실성 증가와 디플레이션 우려가 커지는 요즘, 투자자 개인별 차이는 있겠지만 위험도를 관리하는 투자를 고려해야 할 때다.

지역별·상품별·종목별 분산투자를 통한 위험분산과 함께 요구수익률을 높여 보다 보수적으로 투자목표를 세우는 것이 좋겠다. 또한 향후 위기가 온다면 3년 정도는 금리인상을 감안하더라도 이자를 내고 버티는 데 문제가 없을 정도의 자금계획을 꼼꼼하게 세우는 것이 좋다. 무엇보다 부동산 투자의 목적을 잃어버려서는 안 된다. 나와 내 가족의 행복을 위해서 투자를 하는 것이지, 자산 숫자 자체는 무의미하다. 투자를 더 많이 해서 남들보다 돈을 더 많이 번다고 내 인생이 행복해지거나 건강이나 배우자와 아이들과의 관계가 좋아지는 것은 아니다. 돈이 너무 없으면 불행하지만, 많다고 무조건 행복해지는 것은 아니다.

연소득 기준 8천만 원 이상이 넘어가면 돈과 행복이 비례하지 않는다고 한다. 상대적인 비교는 끝이 없다. 나보다 잘나고 능력 많은 사람들이 얼마나 많은가?

게임을 통해서 언제 행복을 느끼는지 조사를 했다. 외국 사람(아마도 미국)들은 자신이 돈을 땄을 때 행복을 느낀 반면, 한국 사람들은 상대방보다 더 땄을 때 행복을 느꼈다고 한다. 남보다 더 버는 것보다 내가 필요한 만큼 버는 것이 더 행복하지 않을까? 행복은 비교가 아닌 절대기준으로, 나와 내 가족이 행복하다면 이보다 더 행복한 사람은 없을 것이다.

03

부동산 가격이 폭락한다면 돈을 벌 또 다른 기회다

꾸준한 지가 상승과 인플레이션에 따른 화폐가치 하락 때문에
우리나라의 부동산이 폭락할 가능성은 낮다.
그럼에도 부동산이 폭락한다면 우리는 어떻게 해야 할까?

부동산 가격은 영원히 상승하지 않는다. 가격하락은 있을 수 있지만 단기간에 큰 폭으로 하락하는 폭락 가능성은 낮다. 과거 IMF 경제위기나 글로벌 금융위기, 2010~2012년 서울 집값 하락 등 집값이 비교적 큰 폭으로 떨어진 적은 있었다. 하지만 6개월에서 2년 반 정도 지난 후 반등을 하면서 결과적으로 더 큰 폭으로 상승했다.

당시 부동산 가격 폭락을 주장하는 일부 전문가의 말만 믿고 보유하고 있던 아파트를 팔았거나 구입 기회를 놓친 사람들은 때늦은 후회를 했다. 어쩌겠는가? 결과적으로 본인의 선택인 것을. 이렇듯 집값 하락이 발생할 수는 있지만 시간이 해결해주면서 아파트 가격이 더 오른 이유는 무엇일까? 바로 지가(地價) 상승과 인플레이션에 따른 화폐가치 하락 때문이다.

◆ 땅값은 쉽게 떨어지지 않는다

　많은 사람들이 살고 있는, 영속성과 희소가치가 있는 땅의 가치인 지가는 계속 상승 진행형이다. 사람이 살지 않는 산속의 땅값은 오르지 않을 수 있지만 사람들이 모여 사는 도시 지역, 특히 서울의 땅값은 오르면 올랐지 잘 내려가지 않는다.

　IMF 경제위기나 글로벌 금융위기 같은 대외적으로 큰 경제위기 상황이 오면 땅값도 떨어질 수는 있다. 다만 경제위기는 일시적인 현상으로, 중장기적으로 보면 인구가 뒷받침되는 도시 지역의 땅값은 오른다. 〈그림50〉은 2008년에서 2019년까지 전국 지가지수 추이를 보여주는 그래프다. 등락의 정도에 차이는 있겠지만 꾸준히 땅값이 상승하고 있음을 알 수 있다.

　시간이 지날수록 감가상각이 되는 콘크리트 덩어리가 아닌, 부동산의 내재가치인 땅의 가치를 볼 수 있어야 진정한 가치투자자라 할 수 있다. 꾸준히 인기를 끌고 있는 꼬마빌딩의 가치 역시 땅의 내재

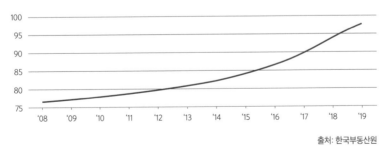

〈그림50〉 2008~2019년 전국 지가지수 추이

출처: 한국부동산원

가치이며, 오래되었지만 가치가 높은 아파트들은 대부분 좋은 입지에 용적률이 낮고 대지지분이 큰 내재가치가 높은 아파트다.

◆ 화폐가치 하락만큼 부동산 가격은 오른다

얼마 전 편의점에 갔다가 예전에 즐겨 사먹던 과자 가격이 1,500원임을 알고 깜짝 놀랐다. 필자가 대학생이던 1990년에 그 과자의 가격은 200원 정도였다. 거의 30년 만에 7배 정도 가격이 상승한 것이다.

이렇듯 예전에 즐겨 먹던 아이스크림이나 과자 가격도 세월이 지나면 몇 배가 오르는데, 하물며 희소가치가 높은 부동산, 특히 도시 지역의 아파트 가격이 안 오르면 이상한 일 아닐까? 상황에 따라 단기조정은 있을 수 있지만, 장기적으로는 물가상승에 따른 화폐가치 하락만큼 또는 그 이상 상승을 한다.

〈그림51〉은 1995~2015년까지 20년간 평균 물가상승률에 따른 화폐가치 하락을 나타낸 그래프다. 연평균 3%씩 물가가 오른 만큼 화폐가치가 떨어졌고, 화폐가치가 떨어진 만큼 부동산 가격은 올랐다.

물가상승률 3% 기준으로 화폐가치 하락을 나타낸 〈그림51〉을 보면 현금 1억 원을 금고에 넣어 보유할 경우 5년이 지나면 약 8,600만 원, 10년이 지나면 약 7,400만 원, 20년이 지나면 약 5,500만 원으로 화폐가치가 떨어지는 것을 알 수 있다. 즉 화폐가치가 떨어진 만큼 부동산 가격은 오른다. 10년 전에 10억 원이던 아파트가 지금 13억 원이라면 명목 아파트 가격이 오른 것이지, 물가상승을 감안한 실질

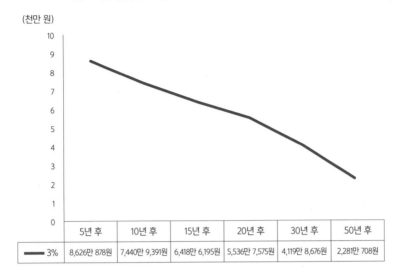

<그림51> 물가상승률 3%, 1억 기준 물가상승률에 따른 화폐가치 하락

(천만 원)

	5년 후	10년 후	15년 후	20년 후	30년 후	50년 후
3%	8,626만 878원	7,440만 9,391원	6,418만 6,195원	5,536만 7,575원	4,119만 8,676원	2,281만 708원

주택가격이 오른 것은 아니다. 가격이 올라서 돈을 벌었다기보다는 실질화폐가치 정도 '본전치기'를 했다는 표현이 맞을지도 모르겠다.

다음 페이지 〈그림52〉는 연도별 전국 명목 및 실질 아파트 가격지수를 나타난 그래프다. 명목 아파트 가격만 보면 많이 오른 것 같지만 인플레이션을 감안한 실질가격은 생각보다 높지 않음을 알 수 있다. 그래도 현금을 보유한 것과 같은 전세보다는 실물자산인 부동산을 구입하는 것이 인플레이션 방어 차원에서 유리하다.

이런 화폐가치가 반영되면서 많은 수요자들이 몰리는 서울, 수도권, 세종, 지방 광역시 등 인기 지역 아파트 가격이 더 많이 오르는 것은 이상한 일이 아니다. 본인 월급이 오르는 것은 정상이고 부동산 가격은 폭락할 것이라고 말하는 것은 모순(矛盾)이다. 설사 부동산 시

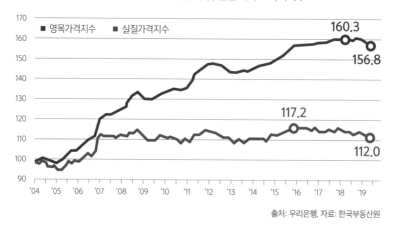

<그림52> 연도별 전국 명목 및 실질 아파트 가격지수

■ 명목가격지수 ■ 실질가격지수

160.3
156.8
117.2
112.0

출처: 우리은행, 자료: 한국부동산원

장 침체가 와도 거주하거나 임대를 주면서 버틸 수 있다면 크게 불안해할 필요는 없다.

2008년 반포 래미안퍼스티지 일반 분양가가 3.3㎡당 3천만 원을 넘었을 때 고분양가 논란이 있었다. 그런데 지금은 어떤가? "그때 샀어야 했는데"라며 후회할 것이다. 2021년 강남의 새 아파트의 가격은 3.3㎡당 1억 원을 훌쩍 넘어서면서 "버블이다, 아니다" 논란이 있지만 10년이 지나면 또 "그때 샀어야 했는데" 이런 말을 할 수도 있다.

◆ 만약 부동산 폭락이 온다면?

부동산 폭락 가능성은 낮지만 미국이나 중국에서 예상치 못한 상황이 발생하면 폭락할 수도 있다. 만약 폭락하면 우리는 어떻게 해야 할까? 겁에 질려서 부동산을 급매로 던져야 할 것인가, 아니면 과감한 투자를 해야 할 것인가?

모든 투자에는 위험이 존재하며, 그 위험과 투자수익은 비례한다. 위험이 적은 은행예금이 부동산이나 주식보다 수익률이 낮은 것은 당연하다. 지나치게 높은 위험은 수익이 아무리 크더라도 자칫 큰 손실이 발생할 수 있으니 주의가 필요하다. 그러나 지나칠 정도로 위험을 기피한다면 투자수익의 기회조차 얻을 수 없다.

위험의 실체를 명확히 파악하고 위험관리를 할 수 있다면 위기를 기회로 잡을 수 있다. 만약 부동산 가격이 폭락하는 상황이 발생한다면 두려움에 보유하던 부동산을 급매로 던질 것이 아니라, 오히려 저가 급매물 매수의 기회로 삼는 것이 현명한 투자전략이다.

IMF 경제위기 당시 수익률은 마이너스 49.5%였지만 16개월 후 18.5%의 수익률을 기록했다. 글로벌 금융위기 때도 큰 폭의 하락이 있었지만 결국 회복을 하면서 큰 투자수익을 얻었다. "나라가 망한다는데 투자가 웬 말이냐?" 이렇게 말하는 분들도 있을 것이다. 경제위기로 진짜 나라가 망한다면, 현금을 가지고 있어야 안전할까? 은행이라고 안심할 수 있을까? 최악의 경우 나 혼자 망하는 것도 아니고 다 같이 망하는데 뭐가 걱정이란 말인가?

나 혼자 못사는 상대적인 빈곤이 불행한 것이지, 다 같이 못사는 것은 불편할 뿐 불행은 아니다. 그런데 말이 쉽지 막상 그런 상황이 오면 저가매수 투자를 하는 것은 매우 어렵다. 뉴스나 주변 사람들이 "부동산 시대는 끝났다, 더 떨어진다"라고 아우성을 치는 마당에 감히 떨어지는 칼날을 과감히 잡을 수 있는 사람이 몇 명이나 될까? 대

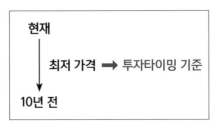

<그림53> 폭락시기의 투자타이밍 기준

현재

최저 가격 ➡ 투자타이밍 기준

10년 전

부분 투자자들은 엄두도 내기 어려울 것이다.

그래서 이런 떨어지는 칼날과 같은 폭락시기에서는 투자기준을 정하고 투자를 해야 한다. 현재 기준에서 과거 10년 동안 최저가격 수준까지 떨어지면 인기 지역 위주로 선별 투자하는 것이 좋다. 바닥 상황에서 저가매수 투자의 상황이라면 오를 때 많이 오를 만한 지역, 많은 사람들이 선호하고 알고 있는 지역으로 눈을 돌려야 한다.

내가 인천에 거주하고 있어도 이럴 때는 강남, 용산, 마포 등 서울의 핵심 지역에 과감하게 들어가야 한다. 2012년 12월 당시 잠실주공 5단지 매매가격은 8억 6천만 원, 전세가격은 3억 5천만 원 정도였지만 대부분의 투자자들은 더 떨어질 것 같은 두려움에 투자하지 못했다. 당시 5억 원이면 잡을 수 있었는데 말이다.

04

내가 사면 내리고,
내가 팔면 오르는 이유

내가 팔면 오르고 내가 사면 내린다?
많은 사람들이 공감하는 공식이다.
부동산 시장의 순환흐름에 대해 알아보자.

앞서 설명한 인플레이션 방어가 되는 실물자산인 부동산에 투자하는 것은 참 쉬워 보인다. 부동산 가격이 물가만큼 올라준다는데 무슨 걱정이 있겠는가. '무조건 투자만 하면 돈 벌겠네'라고 쉽게 생각할 수 있지만 현실은 그렇게 간단하지 않다.

남들은 부동산에 투자해서 돈을 잘도 버는데 이상하게 내가 사면 떨어지고 내가 팔면 오른다는 사람들이 많다. 나는 진정 마이너스의 손이라는 말인가? 이렇게 좌절하지는 말자.

아파트 가격이 장기적으로는 인플레이션에 따른 화폐가치 하락과 지가 상승에 따라 상승하는 것은 맞다. 하지만 매년 물가상승률 정도 연속해서 아날로그 흐름으로 오르는 것은 아니라 수요와 공급의 불규칙성, 부동산 정책, 금리, 국내외 경제상황 등에 따라 불규칙적인

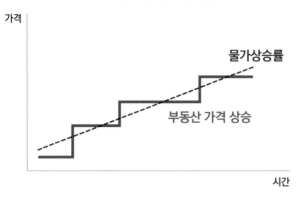
<그림54> 계단식 상승을 하는 부동산

계단식 디지털 흐름으로 상승한다. 안 오를 때는 10년 동안 정체되다 가 오를 때는 10년의 상승분이 단기간에 반영되기도 한다. 이처럼 한 번 오를 때 많이 오르는 현상만 본 사람들은 부동산이 항상 폭등하는 것처럼 착각을 한다.

2018~2020년 집값 상승만 보면 영원히 상승할 것 같은 착각이 든 다. 하지만 영원한 상승은 없고, 몇 년이 지나면 조정기가 올 것이다. 2012년에 바닥을 찍고 2021년까지, 9년 정도 꽤 오랜 시간을 상승 한 서울만 보더라도 계속 상승만 한 것은 아니었다. 2016년 겨울에서 2017년 봄, 2018년 겨울에서 2019년 봄, 2020년 봄, 이렇게 잠깐씩 쉬어가는 시간이 있었다.

서울은 워낙 인구밀도가 높고 공급이 부족해서 쉬는 기간보다 오 르는 시간이 길었던 것은 사실이다. 서울 외의 다른 지역은 오르지 않는 침체기간이 짧게는 2~3년, 길게는 10년까지도 지속된 곳들도 많다.

아파트 가격은 한번 오를 때 침체기간 동안 누적된 에너지가 집값을 밀어 올리면서 상승하기 때문에 오르는 시점에 잘 투자하면 큰 폭의 투자수익을 얻을 수 있다. 반면에 끝물에 상투를 잘못 잡으면 마음고생을 할 수도 있다. 살 때도, 팔 때도 타이밍이 중요하다.

상승기간이 지속되면 계속 상승이 이어질 것 같은 착각에 빠지면서 무리한 투자를 하다가 상투를 잡기도 한다. 반면에 침체기간이 길어지면 '이제 부동산 시대는 끝났구나'라는 좌절감에 보유하고 있던 아파트를 팔았다가 후회하기도 한다.

아파트 가격이 계속 상승만 하면 좋겠지만 아쉽게도 계속 상승만 할 수는 없고 침체도 온다. 물론 지금까지 패턴은 상승기간이 하락기간보다 더 길었고, 상승폭도 하락폭보다 더 높았다. 아무튼 상승과 침체의 흐름이 반복되면서 돌고 도는 부동산 경기 변화의 순환구조 흐름이 벌집모양과 비슷하다고 해서 '벌집순환모형' 이론이 탄생했다.

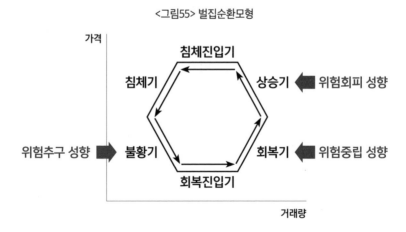

<그림55> 벌집순환모형

벌집순환모형은 〈그림55〉에서 보듯이 '회복기→상승기→침체진입기→침체기→불황기→ 회복진입기→회복기→상승기'의 흐름이 반복되면서 순환을 한다. 이 벌집순환모형을 잘 이해하면 앞서 설명한 시장가치가 자연스럽게 완성될 것이다.

회복기

회복기는 거래량이 늘어나면서 가격이 오르는 국면이다. 침체기와 불황기에 줄어든 분양물량의 영향으로 입주물량은 줄어든다. 반면에 침체된 부동산 시장을 살리기 위한 부동산 규제완화로 투자심리가 살아나면서 수요증가, 공급부족, 규제완화의 영향으로 거래량 증가와 함께 가격이 상승하게 된다. 주로 '필요에 따라서는 위험을 감내할 수 있다'는 위험중립 성향의 수요자들이 많이 유입되는 단계다.

상승기

상승기는 거래량은 다소 줄어들지만 가격은 더 오르는 국면이다. 2018~2020년 서울 집값 흐름은 상승기에 해당한다고 할 수 있다. 입주물량이 조금씩 늘어나기는 하지만 과잉상태는 아니고, 정부의 부동산 수요억제 규제대책이 나오면서 상승에 피로감이 서서히 누적되지만, 그동안 집값이 떨어지기를 기다리다가 '지금 안 사면 못 살 것 같은 불안감'에 더 오르기 전에 아파트를 구입하자는 투자수요가 적극적으로 움직인다. 그 결과 가격상승이 더 크고 높아지는 단계다. 가급적 위험을 피하고 싶어 하는 위험회피 성향의 수요자들이 유입되는 단계다.

부연설명을 하자면 시장의 60~70% 정도 수요자들이 위험회피 성향에 해당되고, 위험회피 성향 중에서도 다시 공격적인 투자자와 보수적인 투자자로 구분된다. 상승기 전반에는 위험회피 성향 중 공격적인 수요자들이 움직이고, 상승기 후반에는 위험회피 성향 중 보수적인 수요자들이 뒤늦게 움직이는 경향이 있다.

침체진입기

침체진입기는 거래량이 더 줄어들지만 가격은 보합세를 유지하는 국면이다. 정부의 부동산 규제는 더 강화되면서 상승에 대한 피로감과 입주물량에 대한 부담이 커지면서 거래량은 점점 더 줄어든다. 다만 아직 반등에 대한 기대감이 남아 있어서 가격은 하락보다는 보합이 유지되는 불안한 단계다.

침체기

침체기는 거래량과 가격 모두 감소하는 국면이다. 팔고 싶어도 잘 팔리지도 않는 부동산 시장 분위기가 암울한 단계, 바로 침체기다. 수요자들은 아파트 가격이 떨어질 것으로 예상하면서 매수에 나서지 않고 오히려 매물을 내놓는다. 미분양 우려로 분양물량은 줄어들지만 2~3년 전에 밀어냈던 분양물량이 입주물량으로 나오면서 거래와 가격 모두 하락하는 단계다.

규제완화 대책이 나오기 시작하지만 약발이 먹히지 않는다. 집값이 과열될 때 규제를 해도 계속 오르듯이, 집값이 내릴 때 역시 규제를 풀어도 효과가 빨리 나오지 않는다.

불황기

불황기는 거래량이 소폭 늘어나긴 하지만 가격은 더 하락하는 국면이다. 고수익을 위해 위험을 즐기는 위험추구 성향 수요자들이 유입되면서 급매물이 조금씩 거래되면서 거래량은 소폭 증가한다. 하지만 여전히 부동산 시장 분위기는 얼어붙어 있어서 급매물과 미분양이 늘어난다. 정부는 냉각되어 있는 부동산 시장을 살리기 위해 연이은 규제완화 대책을 발표하지만 회복되지 않는다.

회복진입기

회복진입기는 가격 하락이 멈추면서 거래량이 소폭 늘어나지만 본격적으로 회복되지 않는 국면이다. 부동산 거래활성화를 위한 매우 강력한 규제완화 대책이 나오고, 상승에 대한 기대감과 투자심리가 서서히 회복된다. 거래량은 눈에 띄게 늘어나지만 여전히 불안해하는 매도인들의 매물도 같이 늘어나면서 가격은 크게 반등하지 못하고 보합세를 유지하는 단계다.

이렇게 돌고 도는 부동산 순환 흐름을 알면서도 막상 그 상황 속에 빠지면 같은 실수를 반복하는 것이 우리들의 모습이다. 상승기 마지막에 들어와서 상투 잡고 침체기와 불황기를 고통스럽게 보내는 사람들이 있는 반면, 운 좋게 필요해서 회복기에 진입했거나 불황기에 팔고 싶었는데 팔리지 않아 전세로 돌렸더니 회복진입기를 지나 회복기가 되면서 달콤한 투자수익의 열매를 맛보는 사람들도 있다.

결국 부동산은 기다리고 버틸 수 있는 사람에게 기회가 온다. '부동산은 파는 것이 아니라 가지고 가는 것'이라는 극단적인 표현이 공감이 가는 순간이다. 장기적으로는 부동산을 팔아서 돈 번 사람들보다 가지고 간 사람들이 돈을 더 많이 벌었다. 주변에서 장기투자를 해서 주식보다 부동산으로 돈을 번 사람들이 많은 이유가 바로 이런 순환흐름을 잘 견디고 기다렸기 때문이다.

더 좋은 부동산으로 갈아타거나 꼭 팔아야 할 이유가 없다면 불안하다는 이유만으로 파는 것은 바람직하지 않다. 기다리면 돌고 돌아 시간이 해결해준다. 이는 부동산 투자가 기다릴 수 있는 위험관리와 병행되어야 하는 이유이기도 하다.

05

로열동과 로열층의
기준은 이것이다

좋은 아파트 구하기의 첫 번째는 무엇일까?
로열동과 로열층 찾기에서 시작한다.
로열동과 로열층의 기준이 무엇인지 알아보자.

◆ **로열동의 기준**

규격화된 아파트는 개별성이 강한 상가, 토지 등과 달리 규격화·표
준화가 잘 되어 있다. 그래서 가격 편차가 크지 않아 아파트 이름과
면적만 알면 인터넷으로도 시세를 쉽게 확인할 수 있다. 하지만 이런
아파트도 동(棟)과 층(層)에 따라서 미묘하게 가격 차이가 난다.

그런데도 대부분의 사람들은 로열층은 따지지만 로열동은 고려하
지 않는 경우가 많다. 경매로 아파트를 낙찰받은 A씨는 시세보다 낮
은 가격으로 아파트를 샀다는 기쁨에 기분이 좋았다. 하지만 이런 기
쁨도 잠시, 낙찰 가격이 같은 동의 급매물 가격보다 오히려 높다는
사실을 알고 망연자실했다. A씨가 낙찰을 받은 아파트는 소음이 큰

도로변 가까이에 위치한 동의 물건이었기 때문이다. 같은 아파트라도 동에 따라 시세가 달라질 수 있다는 사실을 간과한 것이 그의 실수였다.

〈그림56〉은 아파트 주 출입구 전면에 큰 도로가 있는 경우다. 소음이 발생할 정도의 교통량이 많은 도로라면 도로 소음에 노출된 1, 2, 3동보다는 도로 소음에서 상대적으로 조용한 중간 동인 4, 5, 6동이 로열동이 된다. 만약 동 간 간격이 좁아서 앞 동인 1, 2, 3동에 가려져 4, 5, 6동에 햇볕이 들지 않아 일조권 확보가 어렵다면, 도로 소음 정도에 따라 앞이 트여 있는 1, 2, 3동이 로열동이 될 수도 있다. 이렇듯 도로 소음과 일조권 확보에 따라 로열동이 결정되며, 동 별로 가격 차이가 발생한다.

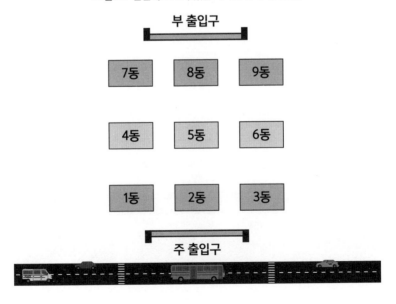

<그림56> 전면에 도로가 있는 아파트 단지의 로열동

이번에는 조망과 소음, 교통조건에 따른 로열동에 대해 알아보자. 전면에 소음이 발생하는 도로가 있는 일반적인 경우라면 조용한 중간 동인 4, 5, 6동이 로열동이 된다. 그런데 〈그림57〉과 같이 도로 건너편에 산이나 강, 호수 등 조망권이 있다면 이야기는 달라진다. 조망권이라는 차별화된 무기가 확보되면 1, 2, 3동이 로열동이 된다.

한강과 같이 선호도가 높은 조망권이라면 조망이 나오느냐에 따라 억 단위로 가격 차이가 날 수도 있다. 다만 생활에 지장을 줄 정도로 철도나 도로 소음이 심한 경우라면 조망권의 가치는 크게 떨어져서

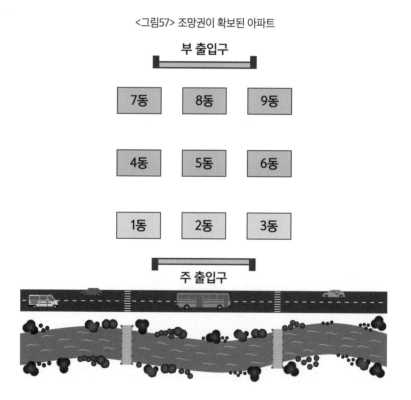

〈그림57〉 조망권이 확보된 아파트

정숙성을 가진 중간 동이 로열동이 된다.

골프장 조망이 기가 막히게 나오는 군포시의 한 아파트를 보러 간 적이 있었다. "와, 이렇게 멋진 조망이 있다니"라며 감탄이 저절로 나오는 아파트였는데 뭔가 이상했다. 이 정도로 완벽한 조망이면 다른 동보다 10~20% 정도는 더 비싸야 하는데 가격 차이가 나지 않았다. 왜일까? 그때 매우 시끄러운 기차 소리가 들렸다. 앞에 철길이 있었던 것이다. 철길 소음이 조망권의 가치를 다 갉아먹어 버렸다.

이번에는 지하철 역세권 아파트다. 〈그림58〉과 같이 지하철역이

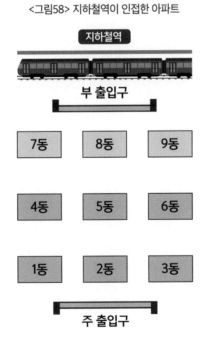

<그림58> 지하철역이 인접한 아파트

아파트 뒤쪽 부 출입구에 인접해 있다면, 주 출입구가 멀지만 지하철역 접근성이 좋은 7, 8, 9동이 로열동이 된다. 대중교통 수단인 지하철역으로 대부분의 아파트 주민들이 지나다닐 것이고, 새로운 매수자나 세입자 역시 지하철역이 가까운 동을 선호하기 때문이다. 기존에 없던 지하철역이 신설되면 강력한 개발호재로 인해 아파트의 가격이 껑충 뛰는 것뿐만 아니라 지하철이 가까운 동이 로열동으로 바뀌게 된다.

하지만 지하철이 지하가 아닌 지상철이라면 철길 소음 발생유무에 따라 로열동이 달라질 수 있다. 서울에서는 2호선 구로-신림 구간과 강변-성수 구간, 1호선, 4호선, 경의중앙선 등이 지상 구간으로 되어 있다. 지상 구간은 소음이 크게 발생하며, 특히 1호선 국철 구간은 기차도 다니고 있어서 소음 강도가 더 심하다.

이렇게 지하철역이 있어도 소음이 크게 발생하면 소음 영향이 상대적으로 덜한 중간 동인 4, 5, 6동이 로열동이 된다. 대부분의 사람들은 1분 더 걷더라도 덜 시끄러운 것을 선호하기 때문이다.

정리를 하자면, 일반적으로 아파트 단지 내 중간에 위치해서 정숙성과 일조권이 확보되면 선호도가 높아져 로열동이 된다. 만약 도로나 철길 소음이 있는 아파트라면 도로 가까운 쪽에는 소형 면적이 배치되고, 조용한 중간에는 중대형 면적이 배치되는 경우가 많다. 분양가가 비싼 중대형을 로열동에 두는 경우가 많고, 인기가 높은 소형은 굳이 로열동에 두지 않아도 잘 나가기 때문이다.

소음 영향은 크지 않으면서 앞이 트여 일조권과 시야 확보가 잘 되는 동이 로열동이 된다. 로열동은 소음, 일조권, 조망, 편의성 정도에 따라 결정된다. 아파트 단지마다 동 배치와 주변 환경이 달라서 무조건 '중간 동이 좋다, 앞 동이 좋다'라고 단정 지을 수는 없다. 일조권·정숙성·조망권·편리성 등을 고려해 적절한 판단을 하는 것이 좋다. 부동산을 방문했을 때 로열동이 몇 동이고, 그 이유가 무엇인지를 물어보는 것도 도움이 된다.

◆ 로열층의 기준

같은 아파트 단지라도 층에 따라서 가치 차이가 난다. 로열층은 많은 사람들이 선호하고 매매시 좀 더 수월하게 거래를 할 수 있어서 그만큼 가격이 높게 형성된다.

"아파트 청약에 당첨이 되었는데 하필 저층이어서 계약을 해야 할지 말지 고민"이라는 질문을 종종 받는다. 아파트 당첨을 포기할 만큼 심각한 인자가 아파트 층(層)이다. 많은 사람들이 "로열층, 로열층" 하는데 로열층에 대한 법적인 기준은 없다.

일반적으로 아파트 총 층수에서 1/4 이하는 저층, 2/4는 중간층, 그 이상을 로열층이라고 한다. 그러나 현실에서는 1/4 기준이 절대 기준이 되지 않는다. 40층 이상 고층 아파트의 경우 10층도 저층이란 말인가? 많은 사람들이 인정해주는 사회적인 기준에 따르면 1, 2층은 저층, 3~9층은 중간층, 10층 이상부터 로열층, 그리고 꼭대기 층은 탑층이라 할 수 있다.

물론 아파트마다 층수와 환경이 달라서 해당 아파트에 적절히 적용하는 것이 현실적이다. 5층 아파트라면 3~4층이 로열층이 될 수도 있고, 10층 아파트라면 5층도 로열층이 될 수 있다. 일반적으로 10층 이상이면 로열층으로 인정받는 데 문제는 없다.

최근 들어 층수가 높아질수록 분양 가격도 더 높게 책정하는 경향이 있다. 일조권 확보에 문제가 없고 통풍이 잘되는 10층 이상이면 충분하므로, 군이 더 많은 비용을 지불하면서 더 높은 층을 무리하게 선택할 필요까지는 없다. 예를 들어 40층 아파트에 동, 향, 라인은 동일하면서 15층은 15억 원, 30층은 16억 원이라면 군이 1억 원을 더 주면서 30층을 선택할 필요는 없다. 물론 개인 취향으로 난 1억 원 더 주고 30층을 하고 싶다면 그렇게 해도 되고, 30층이 한강 조망이 나온다면 당연히 30층을 하는 것이 맞을 것이다.

로열층만 가치가 있고 저층, 탑층은 가치가 없단 말인가? 그렇지 않다. 대부분의 사람들이 좋아하는 로열층은 선호도가 높은 만큼 가격이 높다. 자금 여력이 충분한 분들이라면 비용을 더 지불하더라도 로열층을 선택하면 되지만, 실수요자라면 군이 비용을 더 지불할 만큼의 가치가 있는지 현실적인 판단이 필요하다.

저층, 특히 1층은 사생활 침해 우려와 땅의 습한 기운이 올라오거나 하수도 역류현상이 생길 수 있다. 그리고 일조량 부족, 도로와 행인 소음 등의 문제로 선호도가 낮고, 가치도 로열층에 대비해서 낮게 형성된다. 하지만 이런 저층도 필요에 따라서 황금알이 될 수도 있다. 뛰어다니는 어린 자녀들이 있어서 층간소음이 걱정되는 분이나 가족 중 장애인이나 노인 등 건강상 고층 거주가 어려운 분들은 저층이 적합하다. 필요한 데다가 가격도 낮으니 일석이조 아니겠는가?

최근에는 건설회사들이 1층을 필로티 구조로 올리거나 발코니 앞부분을 테라스나 개인 정원으로 만들어주는 등 기술적으로 개선을 많이 하고 있다. 그리고 화재 등 안전에 대한 불안이 커지면서 저층이 재조명되고 있다.

예전에는 탑층이라고 하는 꼭대기층도 저층과 같이 비선호층이었다. 꼭대기층인 탑층은 여름철에 덥고 겨울철에 추우며 결로(結露)현상이 생길 수 있어서 선호도가 낮았다. 그만큼 가격이 낮게 형성되었다. 하지만 최근 건설회사들이 탑층의 천장 높이를 높이거나 별도의 다락 공간을 제공해주는 등 기술적인 노력을 하고, 고층 선호도가 높아지면서 탑층에 대한 인식이 많이 개선되었다. 그 결과 예전에는 비선호층인 탑층의 분양가가 오히려 더 높게 책정되는 경우를 종종 보게 된다.

결론적으로 실거주보다 투자목적이 더 크다면 저층보다는 로열층을 선택하는 것이 맞다. 로열층의 매매가격이 높기는 하지만 선호도가 높아 거래시에 타이밍 잡기가 유리하다. 규제지역 분양권 전매제한이 걸려서 대부분 인기지역에서는 분양권 거래를 할 수는 없지만, 혹시라도 초기 분양권을 프리미엄을 주고 구입하는 상황이라면 비용을 조금 더 지불하더라도 로열층 분양권을 구입하는 것이 좋겠다. 분양 초기에 형성된 프리미엄 가격에서 시간이 지날수록 로열층과 저층의 가격 차이는 더 벌어질 가능성이 높기 때문이다.

오직 분양권을 팔아야 하는 전매가 목적이고 여유 자금이 없는 투자자라면 청약 결과에 따라 로열층에 당첨이 되면 계약을 하고, 저층이면 계약을 포기하는 것도 방법이 될 수 있다. 부동산 시장 분위기가 침체되어 분양권이 팔리지 않으면 잔금까지 책임을 져야 하는 상황이 발생할 수 있기 때문이다.

투자 가치보다는 실거주 목적으로 저층이 필요하다면 굳이 돈을 더 주고서 로열층을 구입할 필요는 없다. 다만 실사용 목적으로는 저층이 필요하지만 투자 가치도 동시에 잡고 싶다면 로열층을 구입해 전세를 주고, 본인은 저층 전세로 거주하는 것도 대안이 될 수 있다.

06

아파트 향과 라인의 가치는 어느 정도인가?

동일 아파트 단지라도 향과 라인에 따라 가치가 달라질 수 있다.
그래서 반드시 현장을 방문해야 하는 것이다.
일조량과 조망이 잘 확보되는지를 확인할 필요가 있다.

남향집이 좋다는 것은 누구나 안다. 모든 아파트가 남향집이라면 좋겠지만 남향, 동향, 북향은 물론 최근에는 남서향, 남동향 같은 두 향(向)을 혼합한 향의 아파트들이 대세다. 아파트의 향은 일조권을 확보할 수 있는 가장 중요한 요소이기 때문에 같은 아파트 단지라도 향에 따라 그 가치가 달라진다.

필자가 처음 아파트를 구입했을 때의 이야기다. 약 25년 전에 부동산의 '부'도 몰랐던 신입사원이었던 필자는 회사에서 사원아파트로 사용되던 아파트를 시세보다 낮은 가격에 잡을 수 있는 기회가 있었다. 산이 보이는 동향과 조망이 없는 남향 중에서 하나를 골라야 하는 선택의 순간이 왔다. 당시 짧은 생각으로 '동향집은 오전에 햇빛이 들어오니 늦잠도 안 자 일찍 출근할 수 있고, 산 조망도 있으니 쾌적해서 일석이조 아닐까'라는 생각에 산 조망이 나오는 동향을 선택했다.

한 번의 잘못된 선택은 그 집을 팔 때까지 고생이었다. 몇 년 동안 집이 어두워서 계속 전등을 켜고 있어야 했고, 난방비도 더 나왔다. 아이는 감기를 달고 살았다. 지금 생각해보면 가장 기초 상식인 남향을 선택했어야 하는데, 그때는 왜 그랬는지 지금 생각하면 헛웃음만 나온다.

이렇듯 아파트의 향은 햇빛을 받는 일조권에 큰 영향을 주기 때문에 아파트를 선택할 때 매우 중요한 요소다. 일조권에 따라 하루 종일 전등을 밝혀야 할 수도 있고, 겨울철 난방비가 더 나올 수도 있기 때문이다. 전통적으로 일조권이 잘 확보되는 남향에 대한 선호도가 높고, 지금도 남향집은 선호도 1순위다.

◆ 남향집은 1순위다

〈그림59〉와 같이 배치된 아파트가 있다고 하자. 1, 2, 3동과 5, 6, 7동은 남향이고, 4동과 8동은 동향이다. 이때 남향 동의 가격이 더 높을 것이다. 동 간 간격이 일조권에 영향을 주지 않는다면 남향 동들은 큰 차이가 나지는 않을 것이다.

하지만 동 간 간격이 좁아서 앞 동이 뒷 동의 일조권을 가린다면, 남향이어도 뒷 동인 1, 2동과 5, 6동보다는 3, 7동의 선호도가 더 높을 것이다. 동향인 4동과 8동은 남향 동에 비해 선호도가 낮아서 매

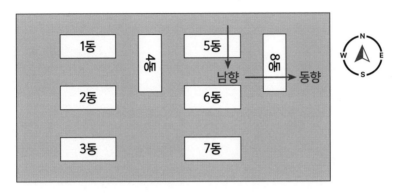
<그림59> 남향과 동향 아파트

매가격이 5~10% 정도 차이가 날 것이다. 오전에 햇빛이 들어오는 동향의 특성상 4동은 옆 동인 5동, 6동과 8동에 가려져서 같은 동향인 8동보다 선호도가 더 낮아진다.

예전에는 남향과 동향을 섞은 성냥갑 형태의 아파트를 많이 지었지만, 최근에는 용적률을 최대한 효율적으로 활용하기 위해 254페이지의 〈그림60〉과 같이 동향과 서향을 혼합한 형태의 남동향과 남서향 아파트를 많이 짓고 있다.

남동향과 남서향은 남향, 동향처럼 절대적으로 '좋다'라고 단정 지을 수는 없다. 오전·오후 일조량에 대한 개인 취향, 주변 건물의 일조량 방해, 조망 등 주변 환경에 따라 판단해야 한다.

〈그림60〉과 같이 1, 2동 옆에 소음을 유발하는 큰 도로가 있다면 1, 2동은 남서향보다 남동향이 더 좋다. 3, 4동 옆에도 큰 도로가 있다면 3, 4동은 남서향이 선호도가 높을 것이다.

또한 조망이 잘 확보가 되는 향이 있다면 역시 선호도가 올라간다.

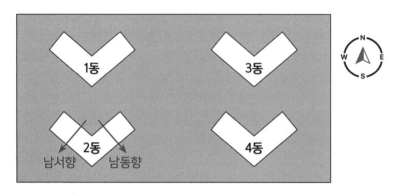
<그림60> 남서향, 남동향 아파트

최근에는 북향 배치가 된 아파트도 나오는데, 한강 같은 좋은 조망이 나오는 것이 아니라면 동향과 북향보다는 남향 또는 남동향, 남서향이 가격 형성뿐만 아니라 매매 타이밍을 잡기에도 유리하다.

다만 인터넷으로 확인한 동 배치나 중개사 말만 믿지 말고 반드시 직접 현장에 방문해야 한다. 향과 일조량을 직접 현장을 방문해서 눈으로 확인하는 것이 좋다. 앞 동이나 옆 동에 가려져서 생각한 것보다 일조량이 부족할 수도 있고, 알고 있었던 것과 다른 향일 수도 있기 때문이다.

몇 년 전에 만난 한 고객은 아파트를 구입한 지 몇 년이 지나 팔 때가 되어서야 자신의 아파트가 남향이 아니라 동향이라는 사실을 알았다고 했다. 결국 남향보다 2천만 원 싸게 팔았다고 한다. 처음 계약할 때 남향이라는 중개사 말만 믿고 계속 남향인줄 알고 있었던 것이다.

◆ 아파트 라인도 중요하다

아파트의 향과 더불어 라인도 중요하다. 아파트 라인은 같은 동에서 호수로 구분이 된다. 1호에서 10호까지 10개의 라인이 있다면, 같은 동이어도 일조권 확보와 조망에 따라 선호하는 라인이 달라지면서 가격 차이가 발생할 수 있다. 옆 동에 가려져서 햇볕이 2시간밖에 안 들어오는 1호보다 4시간의 일조량이 확보되는 5호가 더 좋을 수 있다는 말이다.

그래서 현장에 방문했을 때 부동산 중개사를 통해 인기 동과 라인을 확인한 후 시간을 두고 일조량을 체크해보는 것이 좋다. 일조권

<그림61> 아파트 라인

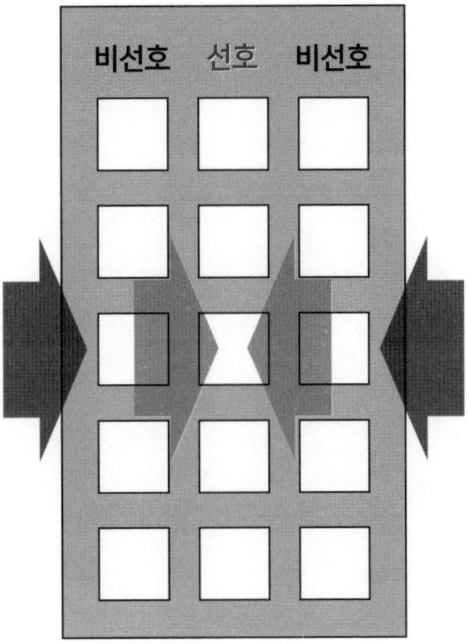

이 동일하게 확보되는 라인이어도 '가장자리(끝) 라인이냐, 중간 라인이냐'에 따라 단열효과에 차이가 난다. 좋은 라인만 잘 선택해도 겨울철 난방비와 여름철 냉방비를 절약할 수 있고, 결로현상도 줄일 수 있다.

255페이지 〈그림61〉에서 보듯이 중간 라인은 양 옆집이 단열재 역할을 함으로써 겨울철에는 따뜻하고 여름철에는 시원하다. 가장자리 라인은 탑층처럼 겨울철에는 춥고, 여름철에는 더운 경향이 있다.

특히 벽의 표면온도가 낮아지면서 공기 온도가 결로 온도 이하가 되면, 이슬 맺힘 현상인 결로현상이 생기면서 곰팡이가 생길 가능성이 높아질 수도 있다. 때문에 선택을 할 수 있다면 가급적 가장자리 라인보다는 중간 라인을 선택하는 것이 좋다. 어쩔 수 없이 가장자리 라인 아파트를 구입했다면 환기를 잘 해서 결로현상 예방에 신경을 써야 할 것이다.

07

조망권 vs. 소음

조망권과 소음, 어떤 선택을 해야 할까?
조망권과 소음 정도의 차이를 따져야 한다.
플러스 요인과 마이너스 요인에 대해 알아보자.

◆ 조망권의 힘

 삶의 수준이 높아지면서 잠을 자는 기본적인 주거뿐만 아니라 삶의 여유가 중요한 가치가 되었다. 조망권(眺望權)과 쾌적성(快適性)의 가치도 덩달아 높아지고 있다. 같은 아파트 단지라도 한강 조망이 나오느냐에 따라 수억 원 이상 가격 차이가 난다. 이것이 바로 조망권의 힘이다.
 조망권은 산, 강, 호수, 바다, 공원, 골프장 등 자연이 보이는 자연조망이 대표적이고, 최근에는 대형 랜드마크 빌딩이나 독특한 건축물 등이 보이는 건축물 조망도 조망권으로 인정이 되는 추세다. 조망권이 확보되느냐에 따라 매매가격의 5~10% 정도, 많게는 20%까지도 차이가 벌어진다. 그만큼 조망권의 힘은 대단하다.

조망권의 가치가 반영된 아파트는 매매가격이 그만큼 높다. 그러므로 조망이라는 삶의 여유를 즐기고 싶은 사람이라면 선택하면 되지만, 굳이 조망에 큰 의미를 두지 않는 사람이라면 무리해서 수억 원을 더 주고 선택할 필요는 없다.

분양 아파트의 경우에는 동과 층이 추첨으로 결정되기 때문에 운에 맡기는 복불복(福不福)이다. 다만 동과 층이 정해져 있는 입주권이나 분양권을 구입하는 경우라면, 그것도 프리미엄이 본격 형성되기 전 분양 초기라면 프리미엄을 조금 더 주더라도 조망권이 나오는 물건을 선점하는 것이 좋다.

2014년 동탄2신도시 시범단지에서 골프장 조망이 나오는 물건의 프리미엄은 3천만 원, 조망이 나오지 않는 물건의 프리미엄은 1천만 원이었다. 그때만 해도 불과 2천만 원 차이였지만 지금은 1억 원 이상 차이가 난다.

〈그림62〉와 같이 조망이 나오지 않는 아파트A와 조망이 나오는 아파트B가 있다고 하자. 생활 인프라나 소음 등 다른 조건을 무시하고 조망권만 고려하자면 의심할 여지 없이 조망이 확보되는 아파트B가 좋다.

이번에는 아파트A는 조망은 나오지 않지만 지하철역과 편의시설, 학교 등 생활 인프라가 잘 갖춰져 있는 반면, 아파트B는 생활 인프라는 부족하지만 조망은 잘 나온다고 가정해보자. 과연 어느 아파트를 선택하는 것이 맞을까? 정도의 차이는 있지만 굳이 선택을 하자면 생활 인프라가 좋은 아파트가 더 좋다. 지하철역이나 학교, 학원, 편의점, 커피 전문점 등 생활 인프라는 아파트 현재가치의 필수요소다. 아파트의 기본 목적이 주거임을 잊어서는 안 된다. 주거의 불편함을 감수하면서까지 조망을 고집할 필요는 없다.

생활 인프라가 필수요소라면, 조망권은 있으면 좋지만 굳이 없어도 불편함은 없는 플러스 요인이다. 생활 인프라 같은 필수요소는 반드시 필요하며, 부족할 경우 가치하락에 직접 영향을 준다. 그런데 조망권과 같은 플러스 요인이 있으면 가치가 더 올라가지만, 없다고 해서 가치가 떨어지지는 않는다.

<그림62> 조망권과 생활 인프라 비교

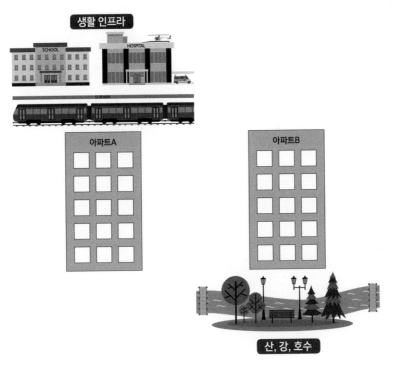

아파트B가 A와 비슷하거나 약간 부족한 수준의 생활 인프라를 가지고 있으면서 조망이 나온다면 B가 더 좋은 아파트다. 생활 인프라 등 필수요소는 현저히 떨어지는 반면에 조망만 좋다면 가치형성에 한계가 분명 존재한다.

서울에서 한강 조망이 나오는 아파트 가격이 높은 이유는 생활 인프라가 좋으면서 조망도 멋지게 나와서 그렇다. 조망권의 가치는 생활 인프라 등 아파트의 현재가치인 필수요소가 잘 갖춰진 상태에 플러스 요인인 조망이 더해졌을 때 날개를 다는 것이다.

◆ 소음이 미치는 영향

〈그림63〉에서 보듯이 조망과 소음이 동시에 있는 아파트C와 조망과 소음 모두 없는 아파트D 중 어느 아파트를 선택해야 할까? 이런 경우에는 조망권과 소음 정도의 차이를 따져야 한다.

골프장, 한강, 산 등 완벽한 조망을 가진 반면에 소음은 생활에 큰 지장을 주지 않을 정도의 소음이라면 가치상승이 될 수 있다. 한강변 아파트의 경우, 올림픽대로나 강변북로의 도로 소음이 있음에도 불구하고 한강 조망으로 인한 플러스 효과가 더 크다. 반면 소음이나 악취 정도가 너무 커서 일상생활을 하기 힘든 정도라면 가치하락이 발생할 수 있다.

그렇다면 지하철역과 편의시설, 학교 등 생활 인프라가 잘 갖춰져 있지만 소음이나 악취 등 마이너스 요인이 있는 아파트와 생활 인프

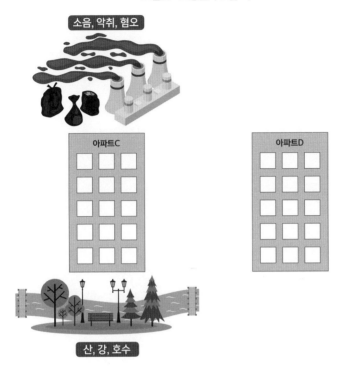

<그림63> 조망권과 소음 비교

라가 부족하지만 소음도 없는 아파트가 있다면 어느 아파트를 선택
하는 것이 좋을까? 생활 인프라는 중요한 현재가치의 요소이기에 마
이너스 요인보다 생활 인프라를 선택하는 것이 맞다.

　큰 도로 소음이 있지만 학원가가 좋은 아파트와 소음이 없어 조용
하지만 학교와 학원이 불편한 아파트 중 어느 아파트를 선택하겠는
가? 물론 생활을 하기 힘든 수준의 심각한 소음이나 악취라면 달라
질 수도 있다.

◆ 플러스 요인과 마이너스 요인

학교, 학원, 편의시설, 지하철역 등 생활 인프라가 어느 정도 갖춰져 있는 아파트라면 플러스 요인과 마이너스 요인에 따라 가치가 달라질 수 있다. 지금까지 알아본 산, 강, 호수, 바다, 골프장, 공원 등의 조망권과 쾌적성 외에 병원, 경찰서 등 공공기관, 도서관, 쇼핑몰, 주민센터나 문화센터 등도 가치를 업(up)해주는 플러스 요인이다. 물론 플러스 요인도 부동산 시장 분위기나 상황에 따라 상승 정도의 차이는 있을 수 있다. 한강 조망, 해운대 바다 조망 등 확실한 플러스 요인이라면 가치상승 폭이 더 커질 것이다.

아파트 가치를 다운(down)시킬 수 있는 마이너스 요인은 소음을 유발시키는 도로, 철길, 비행장 등과 악취를 유발하는 화학공장, 쓰레기소각장, 축사 등이 있는 경우, 교도소, 장례식장 등 혐오시설과 교통체증과 매연을 유발시키는 버스터미널이 마이너스 요인이다.

인터넷 조사만으로 아파트의 가치를 완벽하게 확인할 수는 없기에 반드시 임장(臨場)해야 한다. 즉 현장조사를 통해서 아파트의 현재가

<플러스 요인과 마이너스 요인>

플러스 요인	마이너스 요인
조망권(산, 강, 호수, 바다, 골프장)	소음(도로, 철길, 비행장 등)
쾌적성(공원 등)	악취(화학공장, 쓰레기소각장, 축사 등)
공공기관(병원, 경찰서, 주민센터)	혐오시설(교도소, 장례식장 등)
편의시설(도서관, 쇼핑몰, 문화센터)	교통체증(버스터미널 등)

치뿐만 아니라 플러스 요인과 마이너스 요인을 꼼꼼하게 분석해봐야 한다. 또한 이런 플러스 요인과 마이너스 요인은 개인별 편차가 존재할 수 있으므로 가급적 현장조사를 할 때는 혼자보다는 부부나 친구, 지인과 같이 가서 의견을 교환하며 판단의 오차를 최대한 줄이는 것이 좋다.

08

아파트 평면구조와 옵션 선택도 전략이다

가급적 판상형 4-bay 평면을 선택하는 것이 좋다.
반드시 선택해야 하는 필수옵션과
하지 않아도 되는 옵션에 대해 알아보자

◆ 아파트 평면구조도 경쟁력이다

평면구조는 같은 면적이라도 여러 타입이 존재하고, 비슷한 분양 가격임에도 향후 가치 차이가 날 수 있어서 아파트를 선택할 때 중요한 요소다. 아파트의 내부 평면구조에는 판상형와 타워형이 있다.

판상형은 일자형(一자형)으로 배치된 형식의 아파트로, 보통 남향을 향해 일자로 배치된다. 때문에 채광이 좋아 일조권이 잘 확보되어 일조량이 풍부하고, 발코니와 주방 창문을 열면 맞바람이 쳐서 통풍이 잘된다. 또한 건축비가 상대적으로 저렴하고 서비스 면적을 넓게 설계하기 유리하며, 무엇보다 거주자의 동선이 심플해져서 편하다. 따라서 아파트의 대표 평면구조라 할 수 있다.

<판상형의 장단점>

장점	단점
· 남향 배치로 일조량이 풍부 · 통풍이 용이 · 건축비가 상대적으로 저렴함 · 서비스 면적을 넓게 설계함 · 동선이 편함	· 단조로운 외관 · 앞 동에 가려진 뒷 동 조망권 확보가 어려움 · 사생활 노출 우려 · 동 간 거리에 따라 일조권 영향 받음 · 용적률을 최대로 활용하기가 어려움

다만 판상형은 '성냥갑 아파트'라 불릴 만큼 건물이 답답하거나 단조로운 외관과 앞 동에 가려진 뒷 동의 일부 세대는 조망이 어렵다는 단점이 있다. 또한 사생활이 노출되는 경우가 있고 동 간 거리에 따라 일조권이 영향을 받기도 한다.

내부 평면구조는 맞바람의 통풍이 가능한 판상형 구조가 여전히 인기가 높고, 프리미엄에도 차이가 난다. 때문에 청약할 때 내부평면 타입신청을 판상형 4-bay구조로 하는 것이 좋겠다.

판상형 4-bay구조는 다음 페이지 <그림64>에서 보듯이 거실을 기준으로 방이 일렬로 같은 방향으로 배치되어 있고, 거실과 주방이 통풍이 잘되는 구조를 말한다. 거실과 주방이 맞바람을 치면서 통풍이 잘 되어야 시원하고 환기도 잘 되며, 곰팡이의 주범인 결로현상도 예방할 수 있다. 또한 현관문에서 작은방, 거실과 주방, 안방으로 이어지는 자연스러운 동선 때문에 선호도가 가장 높은 평면구조다.

판상형은 알겠는데 'Bay'가 무엇인지 궁금해하는 분들이 있을 것이다. Bay는 건축용어로 기둥과 기둥 사이의 한 구획을 말하는데, 통상적으로 아파트 전면 베란다에 접하고 있는 방이나 거실의 개수를

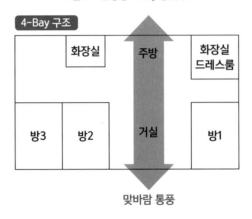

<그림64> 판상형 4-bay 평면구조

4-Bay 구조

	화장실	주방	화장실 드레스룸
방3	방2	거실	방1

맞바람 통풍

<그림65> Bay 구조 비교

| 2-Bay 구조 | 3-Bay 구조 | 4-Bay 구조 |

2-Bay 구조

| 방2 | 주방 | 방3 |
| 거실 | | 방1 |

3-Bay 구조

| 주방 | | 방3 |
| 방2 | 거실 | 방1 |

4-Bay 구조

| 주방 | | | |
| 방3 | 방2 | 거실 | 방1 |

의미한다.

〈그림65〉에서 보듯이 베란다에 거실과 방 1칸이 붙어 있으면 2-Bay, 거실과 방 2칸이 있으면 3-Bay, 거실과 방 3개가 붙어 있으면 4-Bay다. Bay가 높을수록 채광과 통풍이 좋고 주방 뒤의 베란다를 보조주방이나 다용도실로 사용할 수 있기 때문에 공간 활용도가 좋다. 그래서 선호도가 높고, 그 중에서도 4-Bay가 좋다.

<안토ocr>
<타워형의 장단점>

장점	단점
· 독특한 평면구조 설계로 외관이 멋있음 · 엇갈린 배치로 각 세대의 사생활 보호가 용이함 · 양면설계로 조망권과 일조권 확보가 용이함 · 용적률을 최대로 활용	· 정남향 배치가 어려움 · 맞바람 통풍이 어려움 · 인위적인 환기로 관리비 상승 · 건축비와 인테리어비가 비쌈 · 내부 동선이 다소 불편함

타워형은 탑상형이라고 하는데, Y자 V형 등 독특한 평면 구조설계가 가능하다. 외관이 멋있고 각 동의 엇갈린 배치로 각 세대의 사생활 보호에 용이하다. 또한 양면설계가 가능해서 조망권이 우수하고, 남향과 동향, 남향과 서향 등 두 방향으로 일조권 확보가 가능하며, 용적률을 최대한 활용할 수 있다는 장점이 있다.

다만 타워형은 정남향의 배치가 어렵고, 발코니와 주방의 맞바람 통풍이 어려워 강제환기로 관리비가 올라갈 수 있다. 또한 판상형에 비해 건축비와 발코니 새시 등 인테리어 비용이 비싸다는 단점이 있다.

2000년 이전만 해도 대부분의 아파트는 성냥갑 아파트라 불리는 판상형 구조였다. 그러다가 2000년 이후 브랜드 아파트가 등장하며 멋스럽고 차별화된 외관과 개인 사생활 보호가 중요해지면서 타워형이 등장했고 상당한 인기를 끌었다. 그런데 멋스러움에 비해 남향 배치가 어렵고 통풍과 내부 동선이 불편해 선호도가 떨어지면서 다시 판상형의 인기가 높아졌다. 그 결과 분양권 프리미엄에도 상당한 차이가 발생하고 있다. 다만 용적률을 최대로 활용하기 어려운 판상형의 단점 때문에 2010년 이후에는 판상형과 타워형을 결합한 혼합형 구조도 많이 선보이고 있다.

◆ 아파트 옵션 선택도 전략이 필요하다

아파트 분양을 받으려고 청약을 할 때 대부분 청약자들은 면적과 평면구조는 신중히 선택하는 반면, 옵션 선택은 별 생각 없이 쉽게 결정하는 경우가 많다. 옵션을 하면 괜히 돈만 더 나가는 것 같고, 향후에 팔 때 옵션가격을 그대로 인정받을 수도 없다고 하니 망설여진다. 옵션 선택을 안 하면 왠지 후회할 것 같고, 팔 때 잘 안 팔린다는 이야기를 들어서 찜찜하다.

청약할 때 선택할 수 있는 옵션은 발코니 확장, 시스템에어컨, 가전, 붙박이장 등 가구, 바닥 대리석 등 추가 비용을 납입해야 하는 유상옵션과 드레스룸과 다용도실, 바닥타일 등 추가비용 없이 선택하는 무상옵션이 있다. 무상옵션이야 내 마음 가는 대로 취향에 따라 선택하면 되지만, 추가 비용이 투입되는 유상옵션은 신중하고 전략적으로 선택할 필요가 있다.

유상옵션은 향후 매매시에 내가 지불한 옵션 가격의 100%가 매매가격에 반영되지는 않는다. 예를 들어 옵션 가격이 3천만 원 정도 들어갔다면 팔 때는 1천만 원 정도 더 받을 수 있다. 그러면 "굳이 돈을 주고 옵션 선택을 할 필요가 없는 것 아니냐"라고 반문할 수 있지만, 매매시 옵션이 없는 아파트보다는 같은 값이면 옵션이 있는 아파트가 먼저 선택을 받아서 거래되는 경우가 많다. 그리고 발코니 확장 등 추가공사가 어려운 옵션을 선택하지 않으면 매수자가 꺼려하는 경우도 있다. 따라서 꼭 선택을 해야 하는 필수옵션과 내 마음대로 취향에 따라 선택해도 되는 옵션을 구분할 필요가 있겠다.

내 마음에 드는 옵션을 선택할 때도 이왕이면 조금 더 사람들이 선호하는 대중적인 옵션을 선택하는 것이 좋다. 정말 눈이 아플 정도로 알록달록한 벽지를 사용하거나 사용하기 불편한 옵션을 선택한 경우들을 종종 보는데, 거주하는 동안 본인이 행복하다면 할 말 없지만 향후 매매시에 대부분의 매수자들이 꺼려 한다. 때문에 굳이 돈을 더 들이고도 매도시 불리한 옵션을 선택할 필요는 없다. 내가 사는 집이지만 언젠가는 팔아야 하는 집이기도 하니, 나의 기준이 아닌 타인의 기준에서 옵션을 선택하는 '발상의 전환'이 필요하다.

발코니 확장과 시스템에어컨은 필수옵션으로 반드시 선택하는 것이 좋다. 이런 필수옵션은 대부분이 선호하고 발코니 확장의 경우 나중에 별도로 확장공사를 하면 일도 번거롭고 하자발생시 골치 아플 수 있다. 향후 매매시 우선순위에서 밀리고, 매매가격 역시 다소 낮게 형성되기 때문에 특별한 이유가 없는 한 필수옵션은 선택하도록 하자.

현관 중문은 있으면 편리하기 때문에 선택해도 좋다. 특히 화장실이 2개 있는 경우에 1개를 다용도실로 전환 가능한 옵션도 있는데, 내가 당장 화장실 2개가 필요 없더라도 가급적 화장실은 손대지 않고 2개 그대로 유지하는 것이 좋다. 다수의 사람들이 화장실 2개를 선호하기 때문이다.

계약자가 입주 전에 직접 내부 인테리어를 하는 조건으로 아파트 내부 인테리어를 하지 않고 그 비용을 분양가에서 빼주는 마이너스 옵션도 있다. 이는 입주시 내 취향에 맞춰서 전면 인테리어 공사를 다시 할 계획이 있는 사람들만 선택하면 된다.

나머지 가전, 바닥 대리석, 드레스룸, 다용도실 등의 옵션은 개인 취향인 만큼 하고 싶은 사람들만 선택하면 된다. 옵션비용은 한 번에 납입하는 것이 아니라 분양가 납입처럼 계약시 옵션비용의 10% 정도를 납입하고 중도금과 잔금으로 나누어서 나머지 비용을 납입하면 된다.

발코니 확장은 2006년에 합법화되면서 실내 공간을 넓히고 채광 효과를 높일 수 있어서 많이 선호하고 있다. 요즘에는 건설사도 확장을 전제로 내부 평면구조를 뽑기 때문에 아파트 청약시에 발코니 확장은 필수다.

발코니 확장으로 단열에 문제가 생기거나 결로현상이 발생할 수 있고, 발코니 스프링쿨러 설치, 불연성 바닥재 등을 확보해야 하기 때문에 가급적 아파트 청약시에 발코니 확장 옵션을 선택하는 것이 좋다. 처음부터 시공사의 확장공사가 아닌 완공 후에 자체적으로 확장공사를 하면 공사비용도 더 들어가고, 공사소음 문제가 발생하거나 부실공사가 될 경우 하자수리에 어려움을 겪을 수 있다.

시스템에어컨은 천장매립형 에어컨이다. 예전보다 더 길고 무더운 여름을 보내야 하는 요즘, 에어컨 없는 여름은 생각조차 하기 싫을 만큼 필수가 되었다. 예전에는 에어컨 실외기 공간과 배관구멍 정도를 확보하는 설계를 했지만 요즘은 실내공간 활용도를 높이고 냉방 효과를 극대화하기 위해 천장매립형 에어컨인 시스템에어컨이 기본적으로 장착되는 추세다.

입주 후에 시스템에어컨을 추가로 설치하면 공사도 번거롭고, 아파트 천장과 벽면이 훼손될 수 있다. 공사비용도 처음 옵션비용보다

<ア파트 옵션 우선순위>

구분	옵션	비고
필수	발코니 확장	반드시 하는 것이 좋음
	시스템에어컨	
추천	현관 중문	가급적 하는 것이 좋음
	화장실·다용도실	화장실은 유지하는 것이 좋음
	마이너스 옵션	풀 인테리어 공사시에만 선택
취향	드레스룸·다용도실	개인 취향. 하고 싶은 사람들만 하면 됨
	가전	
	바닥타일·대리석	

더 많이 들어가는 경우가 많아서, 필요하다면 처음 청약할 때 옵션선택을 하는 것이 좋겠다.

가전은 양문형냉장고, 김치냉장고, 오븐일체형 렌지후드, 스마트패드, 홈로봇 등이다. 최근에는 벽면에 매립해서 설치하는 빌트인 가전을 많이 설치하는 추세다. 다만 가전제품은 개인별 취향과 선호도가 다른 경우가 많아서 추가설치를 해도 크게 문제되지 않는다면 굳이 옵션을 선택할 필요는 없다.

가구는 붙박이장, 가족 서재, 드레스룸 등이다. 붙박이장은 수납공간 확보를 위해 필요한 경우가 많아서 가급적 선택하는 것이 좋다. 드레스룸이나 가족 서재는 개인별 선호도 차이가 있으므로 필요한 사람들만 선택하면 된다.

바닥자재는 비싼 대리석을 선택할 경우 추가비용이 발생하는 유상

옵션이 되지만, 마루바닥과 폴리싱타일을 선택하는 경우는 추가비용 없이 무상으로 선택할 수 있다. 바닥이 대리석이면 고급스러운 분위기를 연출할 수 있지만, 미끄럽기도 하고 겨울철에 차가운 느낌을 줄 수 있다. 개인별 선호도에 차이가 있으므로 꼭 대리석으로 하고 싶은 사람들이 아니라면 굳이 돈을 더 주면서까지 대리석 바닥을 선택할 필요는 없다.

내부구조를 선택할 수 있는 옵션도 있다. 화장실 하나를 없애고 다용도실로 구조변경을 하거나 거실과 주방공간을 줄이고 방을 하나 더 만드는 경우도 있다. 현관 중문을 없애고 거실을 더 넓게 사용하는 경우도 있다. 개인 취향에 따라 선택하면 되지만 화장실은 당장 필요 없다고 없애면 안 되고 유지하는 것이 좋다.

마이너스 옵션은 건설회사가 바닥, 벽면, 가구 등 인테리어를 하지 않고 그 비용만큼 분양가격에서 빼주는 옵션이다. "아파트에 인테리어를 하지 않으면 어떻게 하냐"고 반문하는 분들도 있겠지만, 입주할 때 다시 계약자의 취향에 맞춰서 전면 인테리어를 다시 할 계획이 있는 분들한테는 매우 유용한 옵션이다. 멀쩡한 인테리어를 철거하는 낭비를 줄이고 건설회사 인테리어 비용을 절약할 수 있기 때문이다.

09

지하철역 vs. KTX역

부동산에서 매우 중요한 현재가치인 지하철역이
아파트 가치에 미치는 영향에 대해서 알아보고,
기차역과 KTX역이 주는 영향에 대해서도 알아보자.

◆ 지하철이 아파트에 미치는 영향

지하철역 도보 5분 이내

아파트의 가치에 영향을 미치는 교통환경 중에서 지하철이 가장
큰 영향을 준다. 지하철은 서울, 경기, 인천의 수도권을 비롯해 부산,
대구, 대전, 광주에서 운행되고 있다. 지하철을 이용할 수 있는 지하
철역은 수도권에만 670개가 넘었고 전국적으로는 900개에 육박할
정도로 많다. 서민의 대표적인 교통수단인 만큼 '지하철역이 얼마나
가까우냐'에 따라 아파트의 가치가 달라진다.

다음 페이지 〈그림 66〉에서 보듯이 성인 걸음 기준으로 집에서 도
보 5분 이내 거리에 지하철역이 있으면 최고다. 초역세권 프리미엄으

<그림66> 지하철역 거리에 따른 아파트 가치

지하철역

5분 ↓ Excellent
10분 ↓ Good
15분 ↓ Normal
15분 ↑ Bad

로 아파트 가치상승에 플러스가 된다. 도보 10분 이내 거리도 역세권
이라 할 수 있으며 지하철 프리미엄을 볼 수 있다. 반면 도보 10분을
넘어가면 지하철역 프리미엄은 거의 없고, 도보 15분 이상이면 오히
려 마이너스 프리미엄이 생겨 손해를 보는 경우도 있다.

골드라인 지하철이면 더욱 좋다

역세권 아파트라도 지하철 노선에 따라 가치 차이가 난다. 서울 지
하철 기준으로 많은 사람들이 이용하는 골드라인 지하철은 지하철 2
호선과 9호선이다. 지하철 7호선, 신분당선 등도 골드라인이라 할 수
있다. 골드라인의 특징은 서울 아파트 시장의 중심인 강남을 지나간
다는 것이다.

2호선은 방배, 교대, 강남, 역삼, 선릉, 삼성 등 강남의 핵심지역을
관통하고 있고, 9호선은 반포, 강남, 삼성, 잠실, 석촌, 방이, 둔촌을 지
나 고덕, 하남, 남양주까지 연결될 예정이다. 신분당선 역시 강남, 양
재를 지나가고 있고 향후 용산과 수원 호매실까지 연장될 예정이다.

7호선은 반포, 논현, 청담을 지나고 있으며 인천 청라와 의정부, 양주까지 연장이 예정되어 있다.

배차 간격이 짧고 중간역 숫자를 줄여 이동시간을 단축시키는 것도 골드라인의 조건이 될 수 있다. 강남에서 수원으로 연결되는 분당선과 신분당선의 경우, 이름은 비슷하지만 이동시간은 신분당선이 분당선의 절반밖에 소요되지 않는다.

현재 진행중인 광역급행철도인 GTX(A·B·C 3개 노선)도 미래의 골드라인이다. 강남을 지나면서 매우 빠른 속도로 이동시간을 단축시키는 효과가 극대화될 것이기 때문이다.

환승라인 지하철이면 금상첨화다

2개 지하철 노선이 환승(換乘)하는 지하철역을 더블 역세권이라 하고, 3개 노선이면 트리플 역세권, 4개 노선이면 쿼드 역세권이라 한다. 이렇게 여러 개의 노선이 환승하는 지하철역이라면 주변 아파트 가격에 많은 영향을 준다.

교대역(2, 3호선), 강남역(2호선, 신분당선), 종합운동장역(2, 9호선), 잠실역(2, 8호선), 건대입구역(2, 7호선), 합정역(2, 6호선), 가산디지털단지역(1, 7호선), 상계역(4, 7호선), 사당역(2, 4호선), 이수역(4, 7호선) 등이 더블 역세권 지하철역이다.

고속버스터미널역(3, 7, 9호선), 왕십리역(2, 5, 분당, 경의중앙선), 공덕역(5, 6, 경의중앙, 공항철도), DMC역(6, 경의중앙, 공항철도) 등은 트리플 또는 쿼드 역세권이다. 이런 더블 역세권, 트리플 역세권의 힘은 아파트뿐만 아니라 상가에도 큰 긍정적 영향을 준다. 유동인구가 많이 몰리는 만큼 상가 매출을 올려주는 유효수요가 늘어나면서 좋은 상권이 형성되고, 상권이 좋으면 아파트의 현재가치가 더 좋아지면서 시너지 효과를 낼 수 있어서다.

기대감이 있는 지하철 개통은 대형 개발호재다

지하철역이 이미 개통되었다면 아파트의 현재가치 상승에 도움이 되며, 지하철역 개통 예정이거나 지하철 노선 신설·연장이 발표되면 기대감이 높아진다. 또한 대형 개발호재가 되어 미래가치는 매우 높아진다. 이미 개통이 된 지하철역은 아파트 가격에 반영이 되어 현재가치가 된 반면, 아직 개통되지 않아서 기대감이 있는 아파트는 미래가치로 남아 있다. 그래서 투자 측면에서는 지하철역 기대감이 있는 아파트를 공략하는 것도 좋은 방법이다.

다만 요즘은 미래가치가 어느 정도 아파트 가격에 선(先)반영이 되는 경우도 있어서 골드라인인지, 개통 시기까지 얼마 정도의 기간이 소요될지, 가격이 지나치게 선반영된 것은 아닌지를 따져볼 필요가 있다. 떠오르는 골드라인인 9호선은 향후 고덕과 하남 미사, 남양주 왕숙신도시까지 연장될 계획으로 9호선 라인 주변 아파트들은 대형 호재의 기대감이 커지고 있다.

물론 실제 개통까지는 10년 이상의 시간이 소요될 수도 있으므로 너무 조급한 마음을 가져서는 안 된다. 강남역에서 광교역까지 연결되는 신분당선은 2008년에 용산과 수원 호매실까지 연장계획이 발표되었음에도 아직 구체적인 착공계획도 나오지 않고 있다. 그 외 지하철 4, 5, 7, 8호선도 연장공사를 하고 있거나 계획이 있어서 이들 연장 라인 주변 아파트들 역시 긍정적인 영향을 기대할 수 있다. 또 향후 새로운 골드라인이 될 GTX도 눈여겨볼 필요가 있다.

GTX는 A, B, C 3개 노선이 있는데 이 중 파주 운정-일산-강남-동탄을 연결하는 GTX-A가 가장 빠르게 진행되고 있다. 송도-여의도-서울역-남양주를 연결하는 GTX-B, 수원-금정-과천-강남-창동-의정부-양주를 연결하는 GTX-C 노선도 골드라인의 자격이 충분한 만큼, 시간은 좀 걸리더라도 GTX 예정 지하철역 주변 아파트는 긍정적인 영향을 기대할 수 있다.

지상철은 긍정 효과가 반감된다

지하철역이 가까이 있는 것은 아파트의 현재가치를 극대화시킬 수 있는 긍정적인 요소다. 이때 지하철역과 철로가 '지하(地下)에 있느냐, 지상(地上)에 있느냐'에 따라 그 효과가 반감될 수도 있다.

서울 2호선(신도림-신림, 잠실-한양대)과 지하철 1호선(노량진-수원-천안), 4호선(금정-오이도 구간), 경의중앙선, 경춘선 등의 구간이 아직도 지상 구간으로 남아 있다.

서민의 대중교통 수단인 지하철역이 있다는 것은 분명 장점이다. 다만 지상 구간의 소음 유발과 도시환경 측면에서는 마이너스 요인이 되고 있다. 향후 지상 구간이 지하화되면서 남은 지상 부지가 대규모로 개발된다면, 엄청난 개발호재와 함께 서울의 주택문제 해결에도 큰 도움이 될 것 같다.

◆ 기차역과 KTX역이 아파트에 미치는 영향

지하철역은 아파트의 현재가치에 큰 영향을 주는 아주 중요한 요소임에는 분명하다. 그런데 과연 기차역이나 고속철도인 KTX 또는 SRT역(이하 KTX역)도 지하철역처럼 아파트 가격에 큰 영향을 줄 수 있을까? 지하철은 '서민의 발'이라고 불릴 정도로 대중적이면서 매우 중요한 교통수단이다. 때문에 지하철역이 아파트 가까이에 있다는 것은 아주 중요하면서 긍정적인 현재가치가 된다. 기차나 고속철도는 철로(레일)를 이용한 교통수단이라는 점은 비슷하지만 이동거리나 사용 빈도 측면에서 큰 차이가 있다.

지하철은 수도권의 경우, 천안까지 연장된 1호선이나 춘천까지 연결된 경춘선, 용문과 파주까지 연결된 경의중앙선 등 비교적 먼 거리를 이동하는 지하철(정확하게는 지상철 도시철도)을 제외하고는 대부분 서울을 중심으로 50km 이내 범위에서 운행되는 시내 도심근거리 교통수단이며, 운행 간격은 대부분 5~10분 이내다.

반면에 기차나 고속철도는 서울을 중심으로 대전, 부산, 대구, 광주 등 전국 주요 도시를 연결하는 원거리 교통수단이며, 운행 간격은 지역마다 차이가 있지만 10분~1시간 간격이다. 출퇴근 등 하루에도 여러 번 지하철을 이용하는 경우가 다반사이지만, 기차나 고속철도는 특별한 경우가 아니면 한 달에 한 번도 이용하지 않는 경우가 많다. 자주 이용하지도 않는데 굳이 기차나 KTX역 가까이에 있는 비싼 아파트를 구입할 필요는 없다. 비싼 대가를 지불하면서까지 집 가까이 있을 필요는 없고, 차량이나 지하철로 1시간 이내로 이용할 수 있을 정도면 충분하다.

오히려 기차역이나 KTX역 주변 아파트는 철도 소음으로 인해 마이너스 효과가 발생할 수도 있다. 수서나 동탄2의 경우 SRT수서역 개통 효과 때문에 큰 폭으로 상승했다기보다는 서울 아파트 시장 분위기가 좋아지면서 고속철도 개통이 개발호재가 되어서 가격이 오른 것이다.

KTX역은 기존의 기차역과 다르다. 무궁화호, 새마을호 등이 정차하는 기존의 기차역은 전통적으로 기존 도심상권의 중심에 위치해 있으며 음식점, 유흥업소, 숙박시설, 업무시설 등 전통적인 상권이 형성되어 있다. KTX역은 서울역, 용산역, 동대구역, 부산역 등 기존 기차역과 병행해서 사용하는 역을 제외하고는 대부분 외곽에 새롭게 지어진 신설 역이다. 신설 KTX역의 위치는 도심에서 떨어진 외곽에서 대규모 역사로 건축된다. 역사만 짓는 것이 아니라, 중장기적인 도시개발계획을 수립해 역 주변 지역에 미니 신도시 형태로 개발되고 있다.

KTX광명역의 경우 2004년 개통 당시 허허벌판에 덩그러니 KTX역만 개발되었다. 그래서 "이런 불편한 역을 누가 이용하느냐, 차라리 기존의 영등포역을 활용하는 것이 좋았다"는 비판이 많았지만 결국 수도권 서남권 교통의 요지로 거듭났다. 그러면서 대단지 아파트들과 코스트코, 이케아, 롯데프리미엄아울렛 등 대규모 상업편의시설까지 입점하면서 미니 신도시로 거듭나고 있다.

KTX역만 보면 다수의 시민들은 이용 빈도가 낮아서 굳이 역 주변을 고집할 필요는 없지만, KTX역을 중심으로 지하철(1호선 광명역)이

<그림67> KTX역의 대중교통 환승방식

아파트		KTX역
상가	횡단보로	상가
	택시 전용 / 일반 차량 / 버스 전용 / 버스 전용 / 버스 전용	주차장

연결되고 대규모 상업시설이 개발되면서 생활 인프라가 크게 개선되었고, 인기가 높은 새 아파트가 개발되면서 신도시와 같은 새 인프라가 형성되었기 때문에 인기가 높은 것이다.

다만 KTX역 주변 상가투자를 할 때는 주의가 필요하다. 주변 상가와 연계가 잘 되어 있는 기존 기차역과 달리 KTX역은 역사 안에서 대부분의 소비가 이루어지도록 설계되어 있다. 커피 전문점, 유명 제과점, 패스트푸드점, 분식점, 편의점 등 고속철도 이용객들이 필요로 하는 각종 편의시설들이 역사 안에 입점해 있다.

게다가 출발시간에 쫓기면서 짐도 있는 소비자들이 역 주변 상가를 이용할 가능성은 높지 않다. 또한 지하철역은 주로 도심이나 아파트 배후수요가 풍부한 곳에 위치한 경우가 많아서 지하철역에서 내려 도보를 이용하면서 소비를 한다. 그런데 KTX역은 〈그림67〉과 같이 대중교통 환승방식으로 설계가 되어서 도보 이용보다는 자동차나 버스, 택시 이용이 용이하도록 설계되어 있다.

10
시간적·심리적 거리가
중요하다

대중적인 교통수단인 버스와 자동차.
접근성이 부동산에 미치는 영향에 대해 알아보자.
물리적인 거리도 중요하지만 시간과 심리적인 거리도 중요하다.

　　지하철역과 더불어 대중교통 수단인 버스는 지하철역이나 광역버스정류장까지 환승목적인 단거리 마을버스, 시내중심지로 이동하는 중거리 시내버스, 시외 지역의 장거리로 이동하는 광역버스, 서울과 지방을 연결하는 고속버스로 구분할 수 있다.

　　마을버스는 도보로 지하철역이나 광역버스정류장 접근이 어려운 지역에 서민들의 발이 되어주는 고마운 단거리 교통수단이다. 서울 수도권이나 대도시 대부분 지역에 촘촘하게 연결되어 있어서 마을버스 노선이 아파트 가치에 미치는 영향은 크지 않다. 마을버스 정류장이 있다고 해서 아파트 가치 상승에 직접적인 도움이 되지는 않는다.

　　시내버스는 10~20km 범위 내의 중거리 이동수단으로 노선과 배차 간격, 빈도가 중요하다. 다양한 시내버스 노선이나 서울의 경우 강남,

광화문 등 중심지로 바로 연결되는 버스의 정류장이 가까이 있다면 위안은 될 수 있으나 아파트의 현재가치에 큰 영향을 주지는 못한다.

광역버스는 50km 범위 내의 대도시와 주변 도시를 연결하는 장거리 이동수단이다. 지하철역 다음으로 아파트 가치에 큰 영향을 주는 교통요소다. 광역버스는 목표지역과 이동시간이 중요한 포인트다.

◆ 시간적 거리가 중요하다

수도권의 경우 경기, 인천에서 서울 강남, 잠실, 서울역 등 서울의 핵심지역, 특히 강남으로 가는 광역버스가 가까이 있느냐 없느냐가 아파트 가치에 영향을 준다.

광역버스는 '이동시간을 얼마나 단축시켜서 빨리 도착할 수 있느냐'가 성패를 결정한다. 그래서 정차역을 줄여 이동시간을 단축시키는 'M버스'라는 광역버스가 등장해 인기를 끌기도 했고, M버스 정류장을 아파트 가까이에 두기 위해 주민들 간의 분쟁이 발생하기도 했다.

지하철역이 가까이 있으면 좋지만, 그렇지 못하다면 대안으로 M버스 같은 광역버스라도 쉽게 이용할 수 있으면 가치형성에 도움이 된다. 수원역에서 선릉까지 분당선 지하철을 타면 1시간 이상 걸리지만, 광역버스를 타면 1시간이 채 걸리지 않는다. 어설픈 지하철보다는 똑똑한 광역버스가 더 가치 있을 수 있다. 이렇듯 광역버스는 강남, 서울역 등 서울의 핵심지역으로 이동할 수 있느냐, 얼마나 빨리 이동할 수 있느냐에 따라 광역버스의 가치가 결정이 되고, 아파트 가치에 영향을 미친다.

고속버스는 기차와 같은 개념으로 아파트 가치에 크게 영향을 주지 않는다. 어쩌다가 한 번 이용하는 고속버스는 조금 멀어도 상관이 없고, 오히려 고속버스터미널이 가까이 있으면 마이너스 요인이 될수 있다. 교통체증과 배기가스 매연으로 아파트 가치형성에 도움이 되기는커녕 손해가 된다. 그래서 버스터미널이 생긴다고 하면 인근 아파트 주민들이 반대집회를 하거나 민원을 넣어 버스터미널이 못 들어오게 실력행사를 하는 경우가 종종 발생하고 있다. 안양 평촌신도시의 경우 버스터미널 부지가 있었지만 주민들의 반대로 버스정류장이 생기지 못했다.

자동차는 주차장, 아파트 진입로, 고속도로 진입 용이성이 체크 포인트다. 지하철과 버스가 대중적인 교통수단이기는 하지만 출퇴근과 가족 나들이 용도로 승용차 이용도 여전히 많은 편이다. '마이카 시대'를 넘어 차를 2대 이상 보유한 세대도 많아서 자동차 이용의 편리성은 무시할 수 없는 중요한 요소가 되었다.

주차장은 지하주차장이 있는 것이 좋고, 엘리베이터로 지하주차장까지 연결되면 더 좋다. 1990년 이전에 지어진 아파트들은 지하주차장이 없는 경우가 많고, 1기 신도시 등 1990년대에 건축된 아파트는 지하주차장이 있기는 하지만 공간이 매우 부족하다. '교육 1번지'라 불리는 강남 대치동 우성 아파트, 선경 아파트, 미도 아파트의 경우 아침과 밤마다 주차전쟁이 벌어지기도 한다. 2000년 이후 주차장이 지하로 들어가면서 지상공간은 공원화되었고, 엘리베이터가 지하

주차장으로 연결되면서 새 아파트의 선호도는 더 높아졌다.

아파트 진입로도 중요하다. 진입로가 좁고 길어서 출퇴근할 때 상습적으로 지체가 발생한다면 좋은 아파트라 할 수는 없다.

고속도로 이용이 편리하면 좋기는 하지만 고속도로 이용 편의성이 절대적인 요소가 되지는 않는다. 고속도로가 가까이 있어서 도로 소음이 유발된다면 마이너스 요인이 된다.

◆ 심리적 거리도 중요하다

'거리'라고 하면 '몇 km가 떨어져 있다'는 물리적인 거리를 이야기 하지만, 교통수단이 다양해지면서 알짜 광역버스나 골드라인 지하철에 따라 물리적인 거리는 멀어도 빨리 도착할 수 있는 시간적인 거리가 점점 더 중요해지고 있다.

〈그림68〉을 보자. 물리적인 거리 측면에서 보면 40km 떨어져 있는 A와 10km 떨어져 있는 B가 있다. 당연히 A보다 4배나 먼 B가 더 불편하고, 선호도가 떨어질 것이다. 하지만 A는 고속도로를 이용하면 40분 정도 소요되는 반면, B는 상습 지체구간으로 1시간 이상 소요된다고 했을 때 문제는 달라진다. 물리적 거리는 멀지만 심리적 거리는 가까운 A가 B보다 더 좋은 교통환경을 가지는 것이다. 그러므로 물리적인 거리는 다소 멀지만 광역교통망이 개선되면서 심리적인 거리를 단축시킬 수 있는 지역의 아파트를 공략하는 것도 효율적인 아파트 선택의 한 방법이 될 수 있다.

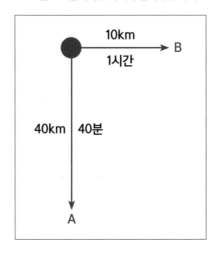

<그림68> 물리적인 거리와 심리적인 거리

더 나아가 심리적인 거리를 개선시키는 것도 중요하다. 많은 사람들의 마음속에는 물리적인 거리나 시간적인 거리를 떠나 막연하게 '그냥 멀다'고 느끼면서 거부하는 경향이 많다. 서울 거주자들 중에는 남양주, 의정부, 인천, 수원 등이 너무 멀다고 아예 쳐다보지도 않는 분들이 있는데, 수원 광교신도시의 경우 신분당선이 개통되면서 강동구보다 오히려 강남으로 접근하는 심리적인 거리가 더 가깝다. 아파트 가격 상승폭도 서울 못지않다.

GTX 등 광역급행철도가 본격화되면 기존의 물리적인 거리의 틀은 깨지고 심리적인 거리가 더 중요해질 것이다. 심리적인 거리의 프레임에 갇혀서 투자 선택의 폭을 스스로 좁히고 있는 것은 아닌지 생각해볼 문제다.

11

3기 신도시 기회를 잡아라

3기 신도시는 수도권 신도시의 새 아파트를 잡을 마지막 기회다.
당첨의 기회는 갑자기 오지 않는다.
지금부터 기회를 잡기 위해 준비를 해야 한다.

우리나라에서 신도시가 실패한 적은 없었다. 1988년 올림픽 개최 이후 급등하는 집값을 잡기 위해 노태우 정부 시절 1990년 초 분당, 일산, 평촌, 중동, 산본, 이렇게 5개 지구의 1기 신도시가 개발되었다. 이후 2000년대 다시 집값이 오르자 노무현 정부에서 판교, 광교, 동탄1과 동탄2, 김포 한강, 파주 운정 등 2기 신도시를 개발했다. 지역에 따라 차이는 있지만 모든 신도시가 투자 수익을 얻었고, 1기에서는 분당, 평촌, 2기에서는 판교, 광교신도시가 최고의 신도시 자리를 차지했다.

2018년 문재인 정부에서 다시 집값이 급등하자 3기 신도시 카드를 꺼내들었다. 아직까지 내집 마련의 기회를 잡지 못했거나 갈아타기를 원하는 실수요자들한테는 3기 신도시가 분명 좋은 기회이자 터닝

286

<3기 신도시, 분양물량 40% 적용 가정>

구분	남양주 왕숙	하남 교산	인천 계양	과천 과천	고양 창릉	부천 대장	광명 시흥
면적	1,134만m²	649만m²	335만m²	155만m²	813만m²	343만m²	1,271만m²
호수	6만 6천 호	3만 2천 호	1만 7천 호	7천 호	3만 8천 호	2만 호	7만 호
분양 물량	2만 6,400호	1만 2,800호	6,800호	2,800호	1만 5,200호	8천 호	2만 8천 호

포인트가 될 것이다. 3기 신도시는 남양주 왕숙(6만 6천 호), 하남 교산(3만 2천 호), 인천 계양(1만 7천 호), 고양 창릉(3만 8천 호)와 부천 대장(2만 호), 과천 과천(7천 호), 이렇게 총 18만 호 규모의 새 아파트가 공급될 예정이다. 2021년 2·24대책을 통해 광명 시흥 7만 호와 지방인 부산 대저 1만 8천 호, 광주 산정 1만 3천 호도 추가 공급될 계획이다.

◆ 새 아파트를 잡을 마지막 기회다

3기 신도시 중 가장 입지가 우수하고 많은 사람들이 관심을 가지는 신도시는 어디일까? 단연 과천이다. 과천은 행정구역이 경기도일 뿐 사실상 서울 강남의 일부라고 해도 이상하지 않을 정도로 입지면에서 최고다.

다만 아쉽게도 주택공급 규모가 7천 호 정도로 신도시라 하기에는 물량이 너무 적다. 물량은 제한적이나 입지가 좋아서 대기수요는 엄청날 것이다. 그러므로 과천만 기다리기에는 당첨 확률이 너무 낮다.

그림의 떡은 소용이 없다. 기대수익이 높아도 실현가능성이 낮다면 현명한 투자가 될 수는 없다. 과천 거주자 중에서 가점점수가 높거나 청약저축 납입금액이 높은 사람들이라면 과천을 노려보는 것이 좋지만, 과천 거주자가 아니라면 과천만 기다리기보다 당첨 가능성이 있는 신도시에 집중하는 것이 더 좋다.

가장 현실성 있는 3기 신도시 타깃은 고양 창릉과 하남 교산이다. 고양 창릉은 강남에서 시작하는 남부 축은 아니지만 서울 접근성이 과천 다음으로 단연 최고다. 서울의 미디어 중심 비즈니스 업무지구인 상암과 고양스타필드와 3호선 삼송역이 있는 삼송지구 사이에 위치해 있어서 향후 상암부터 창릉까지 신(新)주거벨트가 만들어질 것이다. 서울 접근성도 좋고 GTX, 고양선 등 교통대책은 특혜에 가까울 정도로 좋다.

그런데 일산, 파주 주민들이 이렇게 반대하는 이유는 무엇일까? 그만큼 고양 창릉이 경쟁력이 있고 좋기 때문일 것이다. 서울 수도권 서부권 거주자들이라면 고양 창릉신도시를 우선 목표로 하면 되겠다. 서부권이 아닌 동부권 수요자라면 하남 교산을 목표로 두는 것이 좋다.

'강남 4구'라 불리는 강동구가 대규모 재건축 사업과 지하철 9호선 연장으로 변하고 있고, 하남 미사지구는 판교, 위례를 제외한 어느 신도시와 비교해도 뒤처지지 않을 만큼 자리를 잡았다. 미사지구 아래 위치한 3기 신도시 교산은 규모도 3만 2천 호로 적당하고, 입지와 교통도 좋다. 지하철 3호선이 연장될 예정으로 지구 내 2개 정도 계획이고, 지하철 5호선은 하남 미사를 거쳐 덕풍까지 연장될 예정이다.

3기 신도시 왕숙은 6만 6천 호의 대규모 신도시로 GTX뿐만 아니라 지하철 9호선 연장계획이 발표되면서 가치가 더 높아질 것으로 예상된다. 향후 입주시점에 부동산 시장이 침체되면 많은 물량이 부담될 수도 있지만, 그래도 물량과 입지, 교통호재를 감안하면 남양주 왕숙신도시가 가장 현실성이 높은 내집 마련 대안이 될 것으로 기대된다. 가점점수가 낮은 실수요자들은 미리 남양주로 주소를 옮겨 거주자우선 자격을 갖춰두는 것이 좋을 것 같다.

<그림69> 3기 신도시 입지

출처: 연합뉴스

부천 대장과 인천 계양은 형제 신도시라 할 수 있다. 마곡지구의 업무시설 수요를 배후에 둘 수 있다는 점이 장점이고, 서울 서남권과 인천의 안정적인 배후수요를 확보하고 있어서 하남 교산 등에 비해 상대적으로 주목을 크게 받지는 않지만 부천과 인천시 실수요자들한 테는 놓쳐서는 안 될 신도시다. GTX 등 골드라인이 직접 지구 내 연결되지 않고 김포공항 소음이 조금 신경 쓰이기는 하지만 큰 문제가 되지는 않는다.

2021년 2·24대책을 통해 발표된 광명 시흥은 3기 신도시 중 물량이 가장 많다. 7만 호라는 엄청난 물량을 자랑한다. 입지도 좋아서 가산디지털단지, 여의도, 광화문까지 비즈니스 수요를 흡수할 수 있고, 지하철 1호선, 7호선, 신안산선, GTX-B까지 골드라인이 연결되면 단숨에 3기 신도시 최고의 자리를 차지할 만큼 좋은 신도시다.

◆ 지금부터 준비해야 한다

국토교통부에서 3기 신도시 선호도 조사를 했다. 하남 교산이 20% 로 1위, 고양 창릉과 과천이 17%로 2위, 남양주 왕숙이 15%로 3위, 부천 대장이 13%로 4위, 인천 계양이 11%로 5위를 차지했다.

과천이 가장 좋지만 당첨 가능성이 워낙 낮다 보니 차선책으로 물량도 3만 2천 호로 평촌신도시 정도 되고 하남 미사의 인기에서 보듯이 어느 정도 검증된 수요를 감안해서 하남 교산이 1위를 차지했다. 그런데 나머지 신도시들과 큰 차이가 나지 않고 교산으로 많이 몰릴 수 있으니 오히려 남양주 왕숙, 고양 창릉, 부천 대장, 인천 계양 등 내가 거주하거나 거주할 수 있는 신도시에 집중하는 것이 좋다. 2021년 2·24대책에 추가로 발표된 광명 시흥은 입지가 좋아서 하남 교산에 버금가는 높은 인기를 얻을 것으로 기대가 된다.

1기 신도시는 시대적 상황과 여건 때문에 속전속결로 진행이 가능했지만, 2기 신도시부터는 신도시 상황에 따라 분양 및 입주시기가 제각각이었다. 3기 신도시는 2기보다는 체계적이고 빠르게 순차적으로 분양을 할 예정이다.

2기 신도시의 경우 빨리 개발이 된 곳도 있지만 10년 이상 긴 시간이 소요된 곳들도 있다. 3기 신도시도 2기처럼 너무 늦게 개발이 진행되면서 '기다리다 지치는 상황이 벌어지지 않을까' 염려하는 사람들이 많은데, 정부도 이런 점을 감안해 3기 신도시는 당초 개발계획보다 2~3년을 더 당길 수 있도록 특단의 준비를 한다고 하니, 2기 신도시보다는 빠르게 진행되지 않을까 기대해본다.

2018년 9·13대책에서 발표된 3기 신도시를 비롯한 서울 구)성동구치소, 개포동 재건마을, 서초 염곡 등이 포함된 수도권 30만 호 공급계획에 따르면, 2022년까지 7만 호 분양을 시작으로 2023년 6만 7천 호, 2024년 5만 8천 호, 2025년 6만 1천 호, 2026년 이후 4만 4천

<3기 신도시 포함 30만 호 공급계획 일정>

구분	2022년까지	2023년	2024년	2025년	2026년 이후	합계
주택수	7만 호	6만 7천 호	5만 8천 호	6만 1천 호	4만 4천 호	30만 호

출처: 국토교통부

호의 물량이 공급될 예정이다. 추가로 발표된 광명 시흥과 부산 대저, 광주 산정은 빨라야 2025년 정도 분양을 시작해서 2028년은 넘어야 입주가 가능할 것으로 예상된다.

3기 신도시 분양일정은 지역별로 차이는 있으나 2021~2022년 사전청약이 실시되고, 2023년부터 본격적인 3기 신도시 본청약이 시작될 듯하다. "청약통장이 아직 없는데" "가점점수가 낮아서 기대도 안하고 있어"라며 시작도 하기 전에 포기하지 말자. 지금부터 준비해도 2023년 이후 본청약은 충분히 도전할 수 있다.

청약통장부터 만들자

청약통장이 없다면 지금이라도 빨리 은행에 가자. 주택청약종합저축에 가입해서 매월 10만 원씩 꾸준히 납입하길 바란다. 가입 후 1년이 지나면 1순위가 되고 투기과열지구, 조정대상지역은 2년 이상 지나야 하지만 앞으로 시간은 충분하다. 미래의 청약기회를 만들 수 있고, 약정이율이 낮지도 않으며, 연 7천만 원 이하 무주택자들은 연말 소득공제 혜택까지 받을 수 있으므로 청약통장은 반드시 만들어야한다.

가점점수, 미리 준비해야 한다

청약 시점이 되어서 갑자기 가점점수를 계산하고 올리려고 하면 답이 나오지 않는다. 민영주택 청약시 필요한 청약가점은 무주택기간, 부양가족, 청약통장 가입기간으로 산정을 한다. 청약통장을 빨리 만드는 것이 유리한 이유다.

무주택기간은 만 30세 이상부터 산정이 되며, 한 번 주택을 소유하면 다시 무주택이 되는 시점부터 계산이 되기 때문에 가급적 무주택 신분을 유지하는 것이 좋다. 3기 신도시의 주인공이 될 수 있는 자녀 명의로 경쟁력이 없는 주택을 구입해서 무주택자격을 상실하는 우(愚)를 범하면 안 된다.

투기과열지구나 조정대상지역(청약과열지역)에 당첨된 경우, 지역과 면적에 따라 1~5년의 1~2순위 청약이 제한되는 재당첨 제한과 과거 5년 이내 다른 주택의 당첨이 된 경우 1순위 청약을 제한하는 1순위 청약제한 등 청약규제도 주의가 필요하다.

부양가족에서 가장 중요한 것은 직계존속(부모, 배우자 부모 포함)의 등재다. 배우자와 자녀는 손을 쓴다고 늘어나거나 줄어들게 할 수 없지만, 부모님의 경우에는 3년 이상 계속해서 동일한 주민등록상에 등재되면 부양가족 점수에 인정이 된다. 3년이라는 시간 조건 때문에 미리 등재를 해야 하는 것이다.

만 40세 이상 미혼 자녀는 입주자 모집공고일 기준 1년 이상 계속 동일한 주택등록상에 등재되어야 인정이 된다.

특별공급 기회는 반드시 살려야 한다

청약가점 점수로 경쟁을 하는 일반분양 외에 특별공급 물량을 적극적으로 도전해보는 것도 좋다. 신혼부부, 생애최초, 다자녀 등 다양한 분야의 특별공급 기회가 있는 만큼 한국부동산원 청약홈(applyhome.co.kr)이나 인터넷 검색 등을 통해 내가 해당될 수 있는 특별공급과 조건이 있는지 미리 확인해보자. 자격을 잃지 않거나 조건을 더 유리하게 할 수 있도록 잘 관리해서 3기 신도시 청약시 특별공급과 일반공급에 모두 도전해 당첨 확률을 올리는 전략도 필요하다.

거주자우선은 당첨 확률을 올려준다

거주자우선은 청약 해당지역 거주자에게 우선권을 주는 제도이다. 경기도 신도시의 경우 해당 지역 거주자에게 30%를 우선 공급하고 20%를 해당지역 및 경기도민에게, 나머지 50%를 경기도민 포함 수도권 거주자에게 공급을 해준다.

예를 들어 고양 창릉의 경우 30%의 물량은 고양시 거주자에게, 20%는 고양시와 경기도민에게, 나머지 50%는 고양시, 경기도, 인천, 서울시 거주자에게 기회가 돌아간다. 때문에 고양시 거주자의 당첨 가능성은 매우 높아진다.

투기과열지구는 1년 이상 거주해야 하고 신도시는 시·도지사가 정하는데, 통상적으로 1년 이상 거주하면 된다. 가급적 주소를 미리 청약 목표로 정한 지역에 옮겨두는 것이 좋겠다. 즉 고양 창릉신도시에 청약을 원하는 경우 미리 고양시 전세로 살고 있으면 유리하다는 의미다.

계약금 정도의 종잣돈은 마련해야 한다

3기 신도시의 성공은 분양일정과 분양가격에 달려 있지만, 아직 분양가격을 논할 단계는 아니다. 하지만 분양가격이 얼마가 되든 통상적으로 분양가격의 10% 정도 해당하는 계약금 정도의 종잣돈은 미리 준비하는 것이 좋다. 아직 3년 이상의 시간이 남아 있는 만큼 지금부터라도 허리끈을 졸라 매고 돈을 모은다면 충분히 가능하다.

대출규제가 강화되면서 무조건 나오던 중도금집단대출이 안 나오는 경우도 많아져서 자칫 계약금만 준비하고 무턱대고 청약했다가는 낭패를 보는 경우가 생길 수 있으니, 청약 전 입주자모집공고를 꼼꼼하게 확인하고 자금계획을 보수적으로 잘 세운 후 청약도전을 하는 것이 좋겠다.

꾸준한 도전만이 성공의 지름길이다

한 번 청약에 도전해서 떨어졌다고 '난 안 되는구나' 이렇게 생각하는 분들이 의외로 많다. 인기 지역의 청약은 경쟁률이 높은 만큼 특별히 가점점수가 엄청 높은 경우가 아니라면 운도 따라주어야 한다. 그래서 당첨 가능성이 높지 않다. 떨어질 가능성이 더 높은 만큼 특정 아파트 하나만 찍고 오매불망 기다리기보다는 목표로 한 신도시가 있다면 첫 시범단지 분양부터 청약에 계속 도전하는 것이 좋다.

청약자격이 안 되는 사람들도 실망하지 말자

규제가 누적된 현재 상황에서는 무주택 세대주가 아니면 당첨 가능성이 높지 않다. 피치 못할 사정으로 무주택이 될 수 없는 사람들이라면 전용 $85m^2$ 초과 추첨물량에 도전할 수 있다. 또한 부동산 시장 분위기가 침체가 되는 상황이 되면 청약 경쟁률이 낮아지면서 시범단지도 미분양이 발생할 수 있으므로 미리 포기할 필요는 없다.

12

3기 신도시 외에
알짜 중소택지도 눈여겨보자

3기 신도시뿐만 아니라 서울과 수도권 내 알짜 중소택지들도 개발 예정이다.
실제 공급물량은 계획보다 줄어들 수 있지만
그래도 관심을 갖고 지켜보는 것이 좋다.

2018년 9·13대책에서 발표된 수도권 30만 호 주택공급계획에 포함된 3기 신도시 물량은 약 18만 호다. 12만 호 정도의 물량이 더 남아 있고 2020년 8·4대책을 통해 수도권 13만 2천 호를 추가 발굴하기로 되어 있다.

2018년 9·13에 발표된 수도권 30만 호 계획에서 3기 신도시를 제외한 12만 호 물량에 대해 알아보자. 도시공원으로 결정되었으나 재원 부족 등의 이유로 오랫동안 방치된 장기미집행 공원부지와 도심 내 이전 예정인 군부대 유휴부지 활용, 도심 내 국공유지 활용, 노후 저층 공공시설을 공공시설과 공공주택으로 복합개발 등을 통해 12만 호가 넘는 주택을 공급할 계획이다. 서울에만 62곳, 3만 9,519호나 된다.

구분	1차		2차		3차	
서울	11곳	1만 282호	32곳	1만 720호	19곳	1만 517호
경기(인천)	6곳	2만 4,960호	6곳	2만 800호	7곳	4만 2천 호
합계	17곳	3만 5,242호	38곳	3만 1,520호	26곳	5만 2,517호

◆ 알짜 중소택지들도 개발 예정이다

서울은 신규 아파트 부지가 워낙 부족한 지역인 만큼 대부분 지역이 모두 관심 대상이다. 어디 하나도 놓칠 수 없다. 그래도 우선지역을 정해보자면 1차지구 중에서는 구)성동구치소(1,300호)와 개포 재건마을(340호), 서초 염곡(1,300호), 장지차고지(570호)와 강일차고지(760호) 정도가 눈에 띈다.

2차지구는 수색 역세권(2,170호), 서울의료원 주차장(800호), 한강진역 주차장(450호), 서울 물재생센터(2,390호), 동부도로사업소(2,200호), 동작구 환경지원센터(1,900호), 동작역 주차공원(500호) 등이 입지나 규모면에서 경쟁력이 있을 것 같다.

3차지구는 대방동 군부지(1천 호), 왕십리 유휴부지(299호), 구의자양 재정비촉진(1,363호), 사당역 복합환승센터(1,200호), 마곡 R&D센터(170호) 등에 관심을 가져보면 좋겠다.

아파트 공급을 쥐어짜낸다고 다 되는 것은 아니다. 아직은 발표만 한 단계로 사업추진 과정에서 지방자치단체와 주민들의 반발 등 변

수가 있으므로 일단은 긴 호흡을 가지고 청약통장 준비 및 자격요건
에 대해 미리 준비하면서 차분하게 기다려볼 필요가 있다.

<서울 내 공급택지>

1차		2차		3차	
구)성동구치소	1,300호	수색역세권	2,170호	봉천동 관사	250호
개포 재건마을	340호	서울강서 군부지	1,200호	한울아파트	900호
서초 염곡	1,300호	서울의료원 주차장	800호	대방동 군부지	1천 호
도봉 창동	330호	동부도로사업소	2,200호	왕십리 유휴부지	299호
장지차고지	570호	국공유지 매입	800호	영등포 소화물	145호
방화차고지	100호	한강진역 주차장	450호	코레일 부지	400호
강일차고지	760호	금천경찰서	130호	구의자양	1,363호
도봉성대야구장 광운역세권	4,130호	신봉터널 유휴부지	280호	사당역 복합환승센터	1,200호
		중랑 물재생센터	830호	동북권 민간부지	1천 호
구의유수지	300호	서울 물재생센터	2,390호	창동역 복합환승센터	300호
1만 282호		증산동 빗물펌프장	300호	창동 창업	200호
		연희동 유휴부지	300호	마곡 R&D	170호
		북부간선도로 입체화	1천 호	항동지구 주차장	60호
		양녕주차장	40호	고덕강일 주차장	100호
		창삭주차장	40호	마곡 공공청사부지	30호
		한누리주차장	40호	노후 공공기관 복합화	1,500호
		은하어린이집	20호	빈집활용 주택공급	400호
		신촌동 주민센터	130호	역사복합개발	700호
		천호3동 주민센터	100호	용도변경 공공기역	500호
		동복권 혁신파크	120호	1만 517호	
		가리봉 구)시장	220호		
		공릉역 일대	570호		
		도심 공실전환	200호		
		도심 호텔전환	260호		
		대방아파트	300호		
		공릉아파트	300호		
		강서아파트	600호		
		동작구 환경지원센터	1,900호		
		동작역 주차공원	500호		
		서울청량리우체국	50호		
		석관동 민방위교육장	230호		
		금천구청역	250호		
		1만 8,720호			

출처: 국토교통부

서울 외 경기도, 인천의 수도권 지역 중소규모 택지는 아래의 표와 같다. 과천 과천신도시를 중소규모로 두느냐, 신도시로 두느냐는 판단의 문제인데 규모로 보면 7천 호밖에 되지 않아 중소규모에 두는 것이 맞다. 하지만 워낙 우수한 입지에 인기가 높은 만큼 3기 신도시에도 포함시켰다. 각 지역의 실수요자들이라면 그래도 대단지 새 아파트인 만큼 관심을 가져보는 것이 좋겠다. 특히 1차 광명 하안2, 의왕 청계2, 성남 신촌지구, 2차 과천은 말이 필요 없고, 성남 낙생, 안양 관양, 3차 성남 공영주차장, 용인 구성역, 광명 테크노는 투자 측면에서도 충분히 관심을 가져볼 만하다.

<30만 호 계획 중 서울 외 수도권 지역 중소규모 택지>

1차		2차		3차	
광명 하안2	5,400호	과천 과천	7천 호	안산 장상	1만 3천 호
의왕 청계2	2,600호	부천 역곡	5,500호	안산 신길2	7천 호
성남 신촌	1,100호	성남 낙생	3천 호	수원 당수2	5천 호
시흥 하중	3,500호	고양 탄현	3천 호	성남 공영주차장	400호
의정부 우정	4,600호	안양 관양	1,400호	용인 구성역	1만 1천 호
인천 검암	7,800호	안양 매곡	900호	광명 테크노	4,800호
2만 4,960호		2만 800호		4만 2천 호	

출처: 국토교통부

그리고 30만 호 계획 발표 이전에도 추진하고 있는 중소규모 택지들이 있다. 이미 지구지정이 완료된 만큼, 30만 호 계획의 택지보다는 빠른 추진이 장점이다. 구리 갈매역세권, 성남 복정, 성남 금토, 서현 정도는 관심을 가져도 좋을 것 같다.

<30만 호 계획 이전 추진 중인 중소규모 택지>

구분	세대 수
의왕 월암	4천 호
군포 대야미	5,400호
부천 원종	1,800호
구리 갈매역세권	7,200호
남양주 진접2	1만 2,600호
성남 복정1	4,200호
성남 복정2	500호
성남 금토	3,400호
김포 고촌2	800호
시흥 거모	1만 1,100호
화성 어천	3,700호
성남 서현	3천 호
인천 가정2	3,500호
6만 1,900호	

출처: 국토교통부

◆ 꾸준히 관심을 가지고 지켜보자

이번에는 2020년 8·4대책에서 나온 13만 2천 호 주택공급 확대방안에 대해 알아보자. 신규택지 발굴을 통해 3만 3천 호, 3기 신도시 등 용적률 상향으로 2만 4천 호, 정비사업 공공성 강화로 7만 호, 규제완화를 통한 도심공급 확대로 5천 호를 공급해서 총 13만 2천 호를 공급하겠다는 계획이다.

<8·4대책의 주택공급 확대방안>

구분	주택 규모
1. 신규택지 발굴	**3만 3천 호**
태릉CC	1만 호
용산 캠프킴	3,100호
정부과천청사 일대	4천 호
서울지방조달청	1천 호
국립외교원 유휴부지	600호
서부면허시험장	3,500호
노후 우체국 복합개발	1천 호
공공기간 유휴부지 17곳	9,400호
2. 3기 신도시 등 용적률 상향 및 기존사업 고밀화	**2만 4천 호**
3기 신도시 용적률 상향	2만 호
기존 도심 개발예정 부지(서울의료원, 용산정비창)	4,200호
3. 정비사업 공공성 강화	**7만 호**
공공참여 고밀 재건축 도입	5만 호
정비구역 해제지역 재개발 허용	2만 호
4. 규제완화 등을 통한 도심공급 확대	**5천 호**
노후 공공임대 재정비	3천 호
공실 등 유휴공간 활용	2천 호
도심고밀 개발을 위한 도시계획 수립기준 완화	

출처: 국토교통부

규모가 미니 신도시급인 태릉CC 부지(1만 호)와 입지가 워낙 뛰어난 용산 캠프킴(3,100호), 정부과천청사 일대(4천 호), 서울지방조달청(1천 호), 국립외교원 유휴부지(600호), 서부면허시험장(3,500호) 등 모두 서울의 알짜 부지여서 공급이 되기만 한다면 무조건 청약을 해봐도 좋을 곳들이다.

다만 위의 계획에서 정비사업 공공성 강화 7만 호나 규제완화를 통한 도심공급 확대 5천 호는 실현 가능성이 높지는 않아 보인다. 용적률을 상향조정 해주고 최대 50층까지 허용하면서 늘어난 용적률의 상당 부분을 기부채납으로 받아 공공분양과 공공임대 아파트를 공급하겠다는 것인데, 칼자루를 쥐고 있는 민간조합이 정부의 생각대로 움직여주지는 않을 것이다.

설사 늘어난 용적률만큼 수익성이 개선된다고 해도 향후 초과이익 환수 등으로 정부가 개발 이익의 상당 부분을 가져갈 것이며, 고밀도 개발을 하면 중장기적으로 주택의 가치는 떨어질 수밖에 없다. 거기에 임대아파트를 짓는 것은 찬성이지만 우리 동네 우리아파트에 짓는 것은 싫다는 님비현상까지 더해져서 조합동의를 받는 것도 쉽지 않을 것이다.

지지부진한 서울도심 정비구역을 LH 등 공공이 시행을 맡아 인허가 간소화를 통한 개발기간 단축, 용적률 상향 등의 인센티브를 주는 공공재개발 역시 바람직한 사업방향은 맞고, 서울 내 8개 시범지구를 지정해 추진하기로 했지만, 이 역시 일정을 단축한다고 한다. 하지만 그래도 5년 이상의 긴 시간이 필요하고 임대아파트에 대한 님비현상과 개발이익환수를 두고 갈등이 발생할 가능성이 높다.

또한 2021년 2·4대책을 통해 서울 30만 호, 전국 대도시 80만 호를 공공주도로 개발공급하겠다는 계획도 발표되었지만, LH 등 공공이 주도하는 대규모 개발사업인지라 마냥 낙관적으로만 볼 수는 없다.

13

사전청약 기회를
절대 놓쳐서는 안 된다

본청약 전 미리 입주자격을 얻을 수 있는 사전청약 제도가 시행된다.
3기 신도시 등 알짜 입지에 6만 호가 사전청약 계획이 있다.
좋은 기회이므로 적극 도전해보길 바란다.

2021년 하반기부터 3기 신도시 사전청약이 시작된다. 사전청약이
란 본청약 1~2년 전에 미리 자격요건이 되는 특정인들한테 우선으
로 청약기회를 주는 제도이다. 예를 들면 공채로 취직하기 전 미국에
서 박사학위를 받은 특정 인재들을 대상으로 공채 전에 미리 면접을
봐서 특채로 고용하는 것과 비슷하다고 보면 된다.

사전청약 절차는 다음과 같다.

지구지정 → 지구계획 승인 → 사전청약 → 사업승인 → 주택착공 → 본청약

청약공고는 아파트 블록(단지)별로 순차적으로 진행되며, ①입지조
건, ②주택규모(면적), ③세대 수, ④추정 분양가격(분양가상한제: 택지비+

기본형건축비+가산비, 실제 분양가는 본청약시에 제공), ⑤개략설계도 등 주택정보 ⑥본청약 시기, ⑦입주 예정월 등의 정보가 제공된다.

청약자격은 본청약과 동일 기준(신혼부부, 다자녀, 노부모 부양 등)을 적용하고, 거주요건은 사전청약 당시 해당지역(기초지자체, 수도권)에 거주 중이면 신청할 수 있다. 다만 본청약 시점까지 거주기간 요건을 충족해야 한다.

당첨자 선정은 인터넷·현장접수를 통한 사전청약자를 대상으로 이뤄지며, 당첨자는 다른 지구에 중복 신청할 수 없다(본청약 가능). 입주여부는 본청약 시행 전 분양가 등 확정된 정보를 사전청약 당첨자에게 제공해 청약의사, 무주택여부, 거주기간 요건 등을 확인해서 확정한다.

이런 사전청약은 이명박 정부 시절에도 있었던 제도인데, 아쉽게도 당시에는 실패했다. 일반적인 청약은 청약 후에 착공을 하고 2~3년이 지나서 잔금을 치르고 입주를 하는 데 반해, 사전청약은 당첨된 후 빠르면 1~2년, 늦으면 2~3년 후에 본청약이 실시된다. 그리고 공사기간 2~3년이 지나 입주해야 하기에 사전청약 당첨 후 적어도 4~5년은 기다려야 한다.

◆ 사전청약제도가 시행된다

사람들 마음은 똑같아서 입주시점에 분양가보다 더 높은 시세가 형성되기를 원한다. 사전청약 후 부동산 시장 분위기가 침체되어서 기대했던 것보다 시세 형성이 안 되면, 힘들게 사전청약에 당첨되었음에도 포기하는 사람들이 늘어나면서 실질 계약은 현저히 낮아지게 된다.

과거 사전청약 당시에는 인기를 끌었는데, 그 후 부동산 시장이 침체되었고 일정도 당초 생각보다 지연되면서 포기하는 사람들이 많이 나왔었다. 3기 신도시 사전청약의 성패 역시 부동산 시장 분위기와 분양가에 달려 있다.

사전청약에 당첨이 된 후 부동산 시장 상승이 이어지고 분양가도 당초 예상되었던 수준에서 프리미엄이 형성되면 본계약까지 무난히 이어지면서 성공적으로 마무리될 것이다. 반대로 분위기가 침체되거나 분양가가 높게 나와서 투자수익이 확보되지 않으면 많은 사람들이 포기할 것이다. 심한 경우 마이너스 프리미엄까지 발생할 수 있다. 과거 위례, 광교, 동탄2 등의 신도시의 경우에도 미분양이 발생하거나 입주시점에 낮은 프리미엄이 형성되는 경우가 있었고, 심한 경우에는 마이너스 프리미엄이 발생하기도 했다.

사전청약 자격이 안 되는 사람들도 실망할 필요가 없다. 만약 침체가 되어서 미분양 또는 낮은 프리미엄, 마이너스 프리미엄이 발생하는 상황이 발생하면 적극적으로 기회를 살릴 수 있기 때문이다.

신도시는 부동산 시장이 과열일 때 개발계획이 발표되었다가 몇 년 후 입주시점에는 부동산 시장 분위기가 반전되면서 침체된 적이 많았다. 그렇게 어려운 시간이 지나 다시 부동산 시장이 반등하면서 신도시 아파트 가격은 크게 올랐다. 때문에 혹시라도 3기 신도시도 이런 저가매수 기회가 생긴다면 놓치지 말길 바란다.

<2021~2022년 사전청약 계획물량>

추진 일정		주요 입지 및 청약물량(천 호)
2021년	7~8월	인천 계양(1.1), 노량진역 인근 군 부지(0.2), 남양주 진접2(1.4), 성남 복정1·2(1.0), 의왕 청계2(0.3), 위례(0.3) 등
	9~10월	남양주 왕숙2(1.5), 남태령 군 부지(0.3), 성남 신촌(0.2), 성남 낙생(0.8), 시흥 하중(1.0), 의정부 우정(1.0), 부천 역곡(0.8) 등
	11~12월	남양주 왕숙(2.4), 부천 대장(2.0), 고양 창릉(1.6), 하남 교산(1.1), 과천 과천(1.8/'18년 발표지구), 군포 대야미(1.0), 시흥 거모(2.7), 안산 장상(1.0), 안산 신길2(1.4), 남양주 양정역세권(1.3) 등
2022년		남양주 왕숙(4.0), 인천 계양(1.5), 고양 창릉(2.5), 부천 대장(1.0), 남양주 왕숙2(1.0), 하남 교산(2.5), 용산 정비창(3.0), 고덕 강일(0.5), 강서(0.3), 마곡(0.2), 은평(0.1), 고양 탄현(0.6), 남양주 진접2(0.9), 남양주 양정역세권(1.5), 광명 학온(1.1), 안양 인덕원(0.3), 안양 관양(0.4), 안산 장상(1.2), 안양 매곡(0.2), 검암 역세권(1.0), 용인플랫폼시티(3.3) 등

출처: 국토교통부

3기 신도시 등 공공택지에서 공급되는 공공분양 주택의 조기 공급 효과를 위해 2021년 7월부터 본청약보다 1~2년 조기 공급하는 사전청약이 시행된다. 2021년 하반기에 남양주 왕숙, 하남 교산, 인천 계양, 고양 창릉, 부천 대장 등 3기 신도시와 성남, 과천 등을 대상으로 3만 호의 사전청약 입주자모집을 할 계획이다. 2022년에도 3만 호의 사전청약을 계획하고 있어서 총 6만 호의 사전청약 물량을 기대할 수 있다.

다만 6만 호가 모두 3기 신도시는 아니고 정부에서 계획하고 있는 수도권 주택공급물량 중 6만 호가 사전청약 대상으로, 위의 표에서 보듯이 2021년 7~8월에는 3기 신도시 인천 계양을 비롯해 서울 노

<그림70> 사전청약 주요 지역

출처: 연합뉴스, 국토교통부

량진역 인근, 성남 복정, 의왕 청계, 위례 등 좋은 입지의 물량들이 기다리고 있다.

2021년 9~10월에는 3기 신도시 남양주 왕숙을 비롯해 남태령 군부지, 성남 신촌, 성남 낙생 등이 있고, 11~12월에는 남양주 왕숙과 부천 대장, 고양 창릉, 하남 교산, 과천 과천 등 본격적인 사전청약 물량들이 쏟아진다.

2022년에도 많은 물량이 대기중이며, 기대가 높은 용산 정비창도 2022년 하반기에 공급될 계획이다. 다만 이런 사전청약 일정은 추진

과정에서 변동 가능성이 있고, 태릉CC는 2021년 상반기 교통대책 수립 후, 과천청사 부지는 청사활용계획 수립 후, 캠프킴은 미군반환 후, 서부면허시험장은 면허시험장 이전 계획 확정 등의 절차를 거친 다음에 구체적인 사전청약 계획이 발표될 예정이다. 추가로 발표된 광명 시흥신도시는 2023년 사전청약을 목표로 추진된다고 하니 자격요건이 된다면 놓치지 말고 사전청약의 기회를 살려보자.

앞서 집값 상승과 전세난의 원인, 문재인 정부의 부동산 정책, 일본의 잃어버린 20년을 분석하면서 집값이 언제까지 상승할지를 예측해보았다. 그리고 부동산 정책의 메커니즘과 인구·주택공급·부동산에 대한 과학적인 팩트체크를 통해 부동산 시장을 읽는 눈도 키웠다. 아파트의 4가지 가치, 위험관리, 폭락의 기회, 아파트 동과 향, 조망권과 소음, 평면구조, 지하철역, 3기 신도시 등 투자의 기술까지 숨 가쁘게 달리며 살펴보았다.

4부에서는 전세의 개념과 기준금리, 전세금 안전하게 지키기, 경제지표 바로보기, 종합부동산세·취득세·양도세의 절세전략까지 부동산 투자자라면 반드시 알아야 할 지식과 상식, 전략 10가지를 제공하면서 부동산 퍼즐을 마무리하고자 한다. 어렵기만 했던 부동산 퍼즐이 이 책을 다 읽는 순간, 마법처럼 잘 맞춰져 있을 것이다.

4부

부동산 투자자를 위한 부동산 꿀팁 10가지

전세의 개념과 역사

전세제도가 단기간에 소멸될 가능성은 낮다. 전세를 대체할 만한 임대주거제도가 아직 등장하지 않았고, 다수의 세입자들은 여전히 월세보다 전세를 선호하고 있어서다. 또한 집주인들 역시 아직 월세로의 전환이 준비되어 있지 않다.

전세제도의 개념과 역사에 대해서 알아보도록 하자. 우리나라에만 있다는 전세제도는 도대체 언제부터 생겼고, 부동산 시장에 어떤 영향을 주는 것일까? 누군가가 남미 볼리비아에도 전세제도가 있다고 하는데, 남미까지는 모르겠고 우리나라에만 있는 독특한 임대차제도임에는 분명하다.

외국 사람이 우리나라에 와서 전세제도를 보고 두 번 놀란다고 한다. 처음에는 집값의 절반이나 되는 큰 보증금을 알지도 못하는 집주인한테 맡기고 불안해서 어떻게 사느냐는 것이고, 두 번째는 직접 전세로 살아보니 세금도 안 내고 전세기간 동안 집주인 눈치 안 보고 편하게 잘 살고 계약이 끝나면 전세보증금을 그대로 받아 나오니 너무 좋다는 것이다. 외국에는 10개월이나 1년치 월세를 한번에 내는 형태이기 때문에 저금리 상황이 익숙한 외국인들 입장에서는 공짜처럼 느껴질 수도 있을 것이다.

필자가 중학교 시절 2층에 전세를 주고 있었는데, 만기가 되면 그대로 돌려주는 전세제도가 도무지 이해가 되지 않았다. 그래서 부모님께 물어보았던 기억이 난다. 예전처럼 고금리 시대에서는 전세금을 받아서 이자를 받을 수 있지만 저금리 시대에는 이자 수익을 기대하기 어렵다. 그래도 전세제도가 없어지지 않는 이유는 경제적인 측면에서 전세는 무이자 대출과 같은 개념이기 때문이다. 내가 거주하지 않는 대가로 집값의 절반 정도 되는, 이자가 없는 대출을 받는 것과 같아서다. 그래서 유독 아파트 시장에 투자수요가 많이 유입되는 이유 중 하나가 바로 전세제도 때문이다.

상가나 토지의 경우에는 전세가 없으니 자기자본이나 대출을 통한 구매 능력이 유일하지만, 주택은 대출규제로 구매 능력을 억제하더라도 전세를 활용하면 집값의 절반 정도 되는 투자금액만 가지고도 투자를 할 수 있는 것이다. 이른바 갭투자가 바로 전세를 이용한 것이다.

이명박 정부 시절 전세자금대출을 허용하면서 전세가격이 급등했고, 2016년까지 상승한 전세가격이 매매가격의 상승 원동력이 되었다. 전세가 하방경직성(下放硬直性)의 든든한 버팀목 역할을 해주고 있다. 역설적으로 아파트 시장의 투기를 잡으려면 전세를 잡아야 진정한 구매 능력을 억제할 수 있다. 고가주택이나 다주택 보유자가 임대인인 주택에 대한 전세자금대출을 억제한다면 상당한 효과를 얻을 것이다.

전세제도의 역사

우리나라에만 있다는 독특한 전세제도는 언제부터 시작된 것일까? 고려시대의 전당제도(典當制度)가 조선시대에 와서 주택을 대상으로 하는 가사전당(家舍典當)으로 발전해 현대까지 이어졌다는 의견이 있다. 그러나 가사전당은 단순한 사금융의 형태로 주택을 담보하는 금전대차제도, 요즘으로 따지면 담보대출 같은 개념인지라 전세와는 다르다는 것이 일반적인 의견이다.

여러 문헌에 따르면 우리나라의 전세제도는 1876년 강화도조약 이후 시작된 것이라는 의견이 지배적이다. 당시 부산, 인천, 원산 등 3개 항구 개항과 일본인 거류지

조성, 농촌인구의 이동 등으로 서울의 인구가 급격히 늘어나면서 주택임대차가 형성되었다고 한다. 조선 말기 전세가격은 기와집과 초가집에 따라 달랐는데, 보통 집값의 반 정도 받았다. 비싼 집은 집값의 70~80% 정도 되었다. 전세기간은 1년 정도였으나 기간을 정하지 않는 경우도 있었다.

이런 과정을 거쳐 6·25 전쟁 이후 경제성장을 이루면서 도시의 주택난은 심화되었다. 이에 경제성장을 위해 건설경기 부양이 필요한 정부, 자금력이 부족한 건설업계, 주택구입 자금이 부족한 집주인, 집값보다 낮은 금액으로 주거문제를 해결할 수 있는 세입자의 요구가 모두 다 맞아떨어지면서 전세제도는 완전하게 자리를 잡았다.

일각에서는 저금리 시대에 따라 전세의 종말을 이야기하지만, 전세라는 무이자 대출이 필요한 집주인과 월세보다 전세가 유리한 세입자 모두에게 좋은 제도인 전세가 쉽게 사라지지는 않을 것이다.

전세의 미래는?

우리나라 대표 임대차제도인 전세제도가 단기간에 소멸될 가능성은 낮다. 전세를 대체할 만한 임대주거제도가 아직 등장하지 않아서다. 그리고 다수의 세입자들은 여전히 월세보다 전세를 선호하고 있으며, 집주인들 역시 아직 월세로의 전환에 대한 준비가 되어 있지 않다.

하지만 이런 전세제도가 영원히 지속이 될지는 지켜봐야 한다. 세입자한테도 유리하고 집주인한테도 유리해야만 존속이 가능한데, 최근 정책이나 경제상황을 보면 집주인인 임대인 입장에서는 전세의 매력이 떨어지고 있기 때문이다.

예전에는 전세보증금을 받아 은행 예금으로 이자 수익을 얻을 수도 있었고, 높은 대출금리의 대출금을 상환할 수도 있었다. 혹은 전세금을 투자자금으로 삼아 투자를 해도 되었다.

하지만 지금은 어떠한가? 은행 예금금리가 1% 이하다. 실질적인 마이너스 금리 상황에서 전세보증금을 받아 은행 예금을 넣으면 바보짓이다. 대출규제로 신규대출을 받기가 어렵고 금리가 낮아 이자부담도 얼마 되지 않는데, 굳이 전세금을 받아서 대출상환을 할 필요도 없다.

전세금을 받아 투자를 하려니 취득세, 양도세 중과에 보유세 부담도 크게 늘어나 전세금을 받아 투자하기도 만만치 않다. 최근 집값 상승폭이 커지면서 무조건 오른다는 확신도 점점 줄어들고 있다.

아직까지는 괜찮지만 만약 몇 년 후 집값이 떨어지는 상황이 되면 전세의 장점은 더욱 줄어들면서 월세로 전환되는 속도가 빨라질 수도 있다. 전세 소멸까지는 되지 않겠지만 월세로 전환되는 비율은 점점 더 늘어날 수도 있을 듯하다.

내 전세금 안전하게 지키기

2018년 2월부터 집주인의 동의 절차가 폐지되었고, 역전세난과 깡통전세, 전세사기에 대한 우려가 커지면서 최근 전세보증반환보험 가입이 크게 늘어나는 추세다.

2020년 7월 계약갱신청구권을 담은 주택임대차보호법이 시행되면서 이른바 임대차 3법 때문에 전세가격이 오르고, 임대인과의 분쟁이 늘어나고 있다. 전세는 월세와 달리 보증금 비중이 집값의 절반 또는 그 이상 되는 경우가 많다. 그래서 전세금이 올라가고 분쟁이 늘어나는 만큼 전세금의 위험성 또한 덩달아 올라간다. 더군다나 전세사기 피해사례까지 늘어나고 있어서 내 전세금을 안전하게 지키는 것은 그 어느 때보다 중요해졌다.

전세보증금반환보증 제도

전세제도의 기본 원칙은 전세계약 종료 후 임대인(집주인)이 임차인(세입자)에게 전세보증금을 반환해주는 것이다. 하지만 반환을 하지 않는 경우가 빈번하게 발생하고, 그 피해는 고스란히 세입자들의 몫이 되고 있다. 이런 문제 때문에 생긴 제도가 주택도시보증공사(HUG)에서 제공하는 전세보증금반환보증 제도이다.

전세금보증 상품은 HUG와 SGI(서울보증보험)가 있다. HUG 상품은 수수료가 저렴하고 보증신청 가능 기간이 긴 반면에 SGI 상품은 가입한도액 제한이 없어서 필요에 따라 선택하면 된다.

HUG의 전세보증금반환보증에 대해 상세히 알아보자. 전세보증금반환보증은 전세계약 종료시 전세보증금을 반환해줄 책임이 있는 임대인을 대신해 주택도시보증공사에서 임차인에 대한 전세보증금반환 책임을 지는 제도이다. 좋은 열매도 따야 먹을 수 있듯이 전세보증금반환보증제도도 신청을 해야만 혜택을 볼 수 있다. 전세계약을 체결하고 나서 세입자가 보증가입 및 전세보증금 반환채권 양도를 받으면, 주택보증공사는 집주인에게 보증가입 사실 및 전세금채권 양도통지를 한 후 보증금 미반환시 주택도시보증공사에서 전세보증금을 지급해준다.

2017년까지는 집주인의 동의가 필수였기 때문에 실효성 논란이 있었지만 2018년 2월부터 집주인의 동의 절차가 폐지되었다. 역전세난과 깡통전세, 전세사기에 대한 우려가 커지면서 최근 전세보증반환보험 가입이 크게 늘어나는 추세.

전세금보증제도는 원칙적으로 신규 전세계약의 경우, 전세 잔금 또는 전입신고일 중 늦은 날에서 전세계약기간의 1/2이 경과하기 전, 갱신 전세계약이면 전세계약기간 만료일 이전 1개월에서 갱신 전세계약서 전세계약기간의 1/2이 경과되기 전에 신청해야 한다. 아파트, 단독주택, 다가구주택, 다세대주택 등의 주택은 모두 해당되지만 오피스텔은 전세계약서 주용도에 주거용으로 표기가 된 주거용 오피스텔만 가능하다. 다중주택이나 근린생활시설은 보증대상이 아니다.

보증기간은 보증서 발급일로부터 전세계약기간의 만료일 후 1개월까지다. 보증한도는 주택가격의 70~90% 이내이지만 전세계약기간이 1년 이상, 전세보증금이 수도권 7억 원, 그 외 지역은 5억 원 이하 등 보증조건에 따라 달라질 수 있다. 주택도시보증공사 홈페이지(khug.or.kr)에 나와 있는 전세보증금반환보증 내용을 꼼꼼하게 확인하면 된다.

일반적인 전세보증금보증 내용보다 더 많은 혜택을 주는 특례제도가 있다. 특례제도는 2018년 9·13대책을 통해 미분양 관리지역을 대상으로 적용되었는데, 전세계약기간의 1/2 경과 전 신청해야 했던 신청기한이 전세계약기간의 만료일 6개월 이전까지 신청하면 되도록 신청기한 연장을 허용했다. 보증료 수취와 보증료 정산도 아래와 같이 특례가 허용되었다. 2020년 7월 29일 미분양 관리지역만 대상이었던 특례혜택이 수도권 5억 원, 그 외 지역 3억 원 이하, 부부합산 1억 원 이하 전국 대상으로 확대 적용되었다.

<전세보증금반환보증 특례 내용>

구분	전세보증금반환보증	
	일반	특례
신청기한	전세계약기간의 1/2 경과 전	전세계약기간의 1/2 경과~만료일 6개월 전
보증료	보증서 발급일로부터 수취	전세계약기간 시작일로 보증기간 확장
보증기간	보증서 발급일~계약만료 후 1개월	전세계약기간 시작일~계약만료 후 1개월

전세보증금반환보증 외 방법

대항력(주민등록 전입신고+인도 점유)과 확정일자를 받으면 우선변제권이 생기며 보증금반환소송에 의해 판결문을 받아 강제경매를 할 수 있다. 최소한의 전세금 안전장치인 확정일자도 만능은 아니다. 전세보증금을 받지 못하고 먼저 퇴거를 해야 하는 경우에는 점유와 전입신고의 요건 때문에 어려움이 있다.

전세보증금을 반환받지 못한 상황에서 퇴거를 해야 하는 상황이라면 전세권설정등기를 생각할 수 있다. 전세권설정등기는 보증금 반환을 지체하면 법원의 판결문이 없어도 경매신청을 청구할 수가 있고, 별도의 배당요구 없이도 순위 배당에 참가할 수 있다. 다만 임대인의 동의가 필요하고 등기비용도 발생하기 때문에 현실적으로 쉬운 방법은 아니다.

관할법원에 임차권등기명령을 신청하는 방법도 있다. 부동산소재지 지방법원에 임차권등기명령 신청을 하고 주민등록등본, 거주사실확인서를 첨부해 확정일자를 받은 임대차계약서와 같이 제출한다. 임차권등기명령 신청이 완료되면 전세금을 받기 전 이사를 해서 주민등록을 옮기더라도 대항력과 우선변제권을 갖추게 된다. 다만 임차권등기명령은 임대차계약기간이 만료된 시점에만 가능하기에 계약만료 이전에 먼저 이사를 갈 경우에는 해당이 되지 않는다.

집주인이 계속 전세금 반환을 미룬다면 지급명령 신청도 고려할 만하다. 세입자가 대법원 전자소송 홈페이지에서 양식에 맞춰서 지급명령을 신청하면 집주인은 지급명령 관련 등기를 받게 되고, 2주 내 이의신청이 없으면 가압류나 경매 등 강제집행이 가능하다. 집주인이 이의신청을 하면 전세보증금반환소송으로 넘어간다. 다만 소송이라는 것이 수개월 소요되고 모든 해결책이 될 수는 없기에 미리 예방 준비를 하는 것이 최선이다.

전세금과 집 대출의 합이 집 시세의 70%를 넘지 않는 것이 좋겠고, 계약일과 잔금일에 등기부등본을 열람 후 권리관계 이상 유무를 체크하는 것은 기본이다. 집주인 본인이 계약 당시에 나오지 않는다면 위임장과 인감증명서를 확인해야 하며, 집주인과 통화를 하는 것도 도움이 된다. 특히 최근에 수십에서 수백 채를 투자한 집주인과 부동산중개사가 손을 잡고 고의로 주변 시세보다 높은 전세금을 받은 후 전세금 반환의무를 이행하지 않는 피해사례도 있다. 따라서 집주인이 지나치게 많은 주택을 보유하고 있지는 않은지, 직업은 무엇인지 정도의 정보는 확인해보는 것도 좋다.

서류 조작으로 전세대출을 과다하게 받는 경우도 있고, 심지어 전세와 월세 이중계약으로 전세금을 가로채는 사기도 발생하고 있다. 그러므로 계약 전에 대상 물건 주변의 부동산 몇 군데를 방문하거나 전화를 해서 전세시세와 해당 물건에 대한 소문 등을 크로스체크하는 것도 도움이 된다.

조정대상지역으로 지정되면
무엇이 달라지나?

뉴스를 보면 규제를 강화해서 조정대상지역으로 지정한다고 하는데 내용도 어렵고, 지역도 많다. 게다가 그마저도 수시로 변경되어서 헷갈릴 지경이다. 조정대상지역으로 지정되면 어떤 규제가 적용되는지 알아보도록 하자.

부동산 규제를 피해 비규제지역으로 투자수요가 이동하는 풍선효과가 수도권을 넘어 지방으로 확산되자 정부는 2020년 12월 17일 지방 36곳을 조정대상지역으로 묶었다. 뉴스를 보면 규제를 강화해서 조정대상지역으로 지정한다고 하는데 내용도 어렵고, 지역도 많다. 게다가 그마저도 수시로 변경되어서 그나마 알고 있는 것도 헷갈릴 지경이다. 조정대상지역으로 지정되면 어떤 규제가 적용되는지 알아보도록 하자.

대출 규제

조정대상지역이 되면 LTV·DTI가 50% 적용된다. 기존에는 LTV 60%였지만 2·20 대책으로 50%로 강화되었고, 9억 원 초과분은 30%로 차등 적용된다. 시가 10억 원의 아파트라면 기존 6억원(LTV 60%)까지 대출이 되었지만, 이제는 4억 8천 만원 (9억 원 이하 50%, 9억 원 초과 30%)까지 대출이 된다. 참고로 투기지역과 투기과열지구는 LTV·DTI 40%가 적용되며, 9억 원 초과 분은 20% 차등 적용된다. 15억 원 이상의 주택은 주택담보대출이 금지된다.

2주택 이상 신규구입 주택담보대출은 원천 봉쇄가 되며, 중도금대출도 세대당 보증건수 1건으로 제한이 된다. 조정대상지역 1주택세대 주택담보대출 실수요 요건도 강화되어 2년 내 기존 주택 처분에 신규주택 전입 의무 조건이 추가되었다.

9억 원을 초과하는 고가주택의 경우, 조정대상지역은 2년 내 처분 및 전입을 해야 대출이 가능하고, 투기지역과 투기과열지구는 1년 내 처분 및 전입으로 강화되었다. 대출규제가 계산하기도 복잡하고 자금계획에 차질이 생기면 큰 문제가 발생하기에 계약 전 가급적 은행대출담당자 상담을 받아보는 것이 좋다.

세제 규제

조정대상지역은 세제규제가 주력이라 보면 된다. 많은 사람들이 가장 민감하게 생각하는 다주택 보유자 양도소득세 중과세가 조정대상지역 지정 유무에 따라 결정되기 때문이다. 조정대상지역 내 2주택 보유자가 양도할 경우 일반세율 6~45%에 +10%p가 중과되며, 3주택 이상이면 +20%p가 중과되어 26~65%의 매우 높은 양도세율이 적용된다. 2021년 6·1 이후부터는 여기에 10%p가 더 중과되어 3주택 이상이면 36~75%가 된다.

조정대상지역 다주택 보유자는 장기보유특별공제도 배제가 된다. 2018년 9·13 이후 조정대상지역 내 취득한 주택부터는 1세대 1주택 양도세 비과세와 장기보유특별공제(최대 80%) 요건에 2년 거주가 추가되었으며, 2021년부터는 1주택 장기보유특별공제 80%를 받으려면 1년씩 보유 4%, 거주 4%로 해서 10년 동안 보유와 거주를 해야만 가능하다. 예를 들어 10년 동안 10년 보유는 했으나 거주를 5년만 했다면 보유 40%, 거주 20% 해서 총 60%만 적용된다.

2018년 9·13 이전에 취득한 주택의 일시적 2주택 기간은 3년이지만, 2018년 9·13

이후에 취득한 주택이라면 일시적 2주택 기간이 2년 적용이 되고, 2019년 12.17이후 취득한 주택은 1년 이내 양도 및 전입으로 더 강화되었다. 2021년 이후에 양도하면 최종 1주택이 된 시점부터 보유기간이 기산된다. 예를 들어 2주택을 보유하고 있다가 2020년까지 1주택을 팔고 나머지 남은 1주택을 팔았다면 2년 보유를 했기에 양도세 비과세가 가능하지만, 2021년부터는 1주택을 팔면 판 시점부터 남은 1주택의 보유기간이 기산되어 2년 이상 보유해 2022년이 넘어야 양도세 비과세가 가능하다.

또한 분양권 전매 양도세율도 조정대상지역은 50%로 중과가 되며, 2021년부터는 분양권도 양도세 중과 주택 수에 포함이 된다. 물론 2021년 이후 입주자 모집공고가 나온 주택 청약 당첨시 분양권부터 적용이 된다. 양도세뿐만 아니라 종합부동산세도 2주택 이상 중과가 되며, 세부담 상한도 300%로 강화된다. 등록 임대주택에 대한 세제혜택도 축소되어 2018년 9·13 이후 취득한 주택은 임대등록을 해도 양도세 중과가 적용되며 종합부동산세 합산 과세가 된다.

청약 및 전매제한 규제

주택 분양권 전매제한은 조정대상지역에서는 1지역은 소유권이전등기시까지, 2지역은 1년 6개월, 3지역은 6개월이 적용된다. 조정대상지역 1지역이 아닌 지역을 1지역으로 일괄 상향시켜 수원 영통, 권선, 팔달, 의왕, 안양 만안은 모두 1지역이 되었고, 2지역이었던 성남 민간택지와 3지역이었던 수원 팔달, 용인 기흥, 남양주, 하남, 고양 민간택지 등 기존 조정대상지역도 모두 1지역이 되어 소유권이전등기시까지 전매가 제한이 되었다. 이는 분양권 투기를 하지 말라는 의미다.

청약 재당첨제한이 투기과열지구와 분양가상한제 지역은 당첨 10년, 조정대상지역은 당첨 7년으로 강화되었으며, 공급질서 교란, 불법 전매시 10년 동안 청약이 금지가 된다.

자금조달계획서 신고도 의무화되었다. 자금조달계획에 의심이 가면 언제든지 세무조사를 하겠다는 의미다. 실거래 신고를 하면서 자금조달계획서를 제출하는 것이 생각보다 부담스러운 규제다. 투기과열지구 3억 원 이상에만 적용되다가 조정대상지역 3억 원 이상(비규제지역 6억 원 이상)으로 확대 적용된 후, 다시 금액 기준 없이 의무화되었다. 투기과열지구가 되면 증빙서류도 제출해야 하기에 여간 신경 쓰이는 일이 아니다.

<규제 내용>

구분	조정대상지역	투기지역, 투기과열지구
대출	LTV 50%(9억 원 초과 30%), DTI 50%	LTV 40%(9억 원 초과 20%), DTI 40% 15억 원 초과 주택담보대출 금지
	2주택 이상 신규구입 주택담보대출 금지 LTV 0%	
	중도금대출 강화(분양가격 10% 계약금 납부, 세대당 보증건수 1건 제한)	
	1주택 세대 2년 내 처분+전입 의무	1주택 세대 1년 내 처분+전입 의무
	9억 원 초과 고가주택 2년 내 처분+전입	9억 원 초과 고가주택 1년 내 처분+전입
	주택매매업. 임대업 이외 업종 사업자의 주택구입 목적의 주택담보 기업자금대출 신규취급 금지	
		민간임대매입(신규) 기금융자 중단
세제	다주택 양도세 중과 -2주택 +10%p, 3주택 이상 +20%p -2주택 +20%p, 3주택 이상 +30%p (2021.6.1이후)	
	다주택 장기보유특별공제 배제	
	1주택 양도세 비과세 2년 이상 거주 1주택 장기보유특별공제(최대 80%) 거주요건	
	일시적2주택 1년 이내 양도+전입 - 기간 2년 이내(2019.12.17. 이전) - 기간 3년 이내(2018.9.13. 이전)	

세제	최종 보유 주택부터 보유기간 기산 (2021년)	
	분양권 전매 양도세율 50% 분양권 양도세 중과 주택수 포함 (2021년)	
	종합부동산세 2주택 이상 중과 종합부동산세 세부담 상한 300% 추가과세+0.6~2.8%p	
	임대주택 세제혜택 축소 - 양도세 중과, 종합부동산세 배제	양도세 주택 수 산정시 농어촌주택 포함 취득세 중과 대상 특례 배제
청약 전매 제한	주택 분양권 전매제한 - 1지역 소유권이전등기 - 2지역 1년 6개월 - 3지역 공공택지 1년, 민간택지 6개월	주택 분양권 전매제한 - 소유권이전등기 (최대 5년) - 분양가상한제 적용주택 전매제한기간 강화
		거주자우선 2년 (66만m² 이상 신도시)
	오피스텔(100실 이상) 분양권 전매제한 - 소유권이전등기 또는 사용승인일로부터 1년 중 짧은 기간	
	1순위 자격요건 강화 - 청약통장 가입 후 2년 경과+납입횟수 24회 이상 - 5년 내 당첨자가 세대에 속하지 않을 것, 세대주일 것 - 2주택 소유 세대가 아닐 것 (민영)	
	1순위 청약일정 분리 (해당지역, 기타)	
	민영주택 일반공급 가점제 확대 - 85m² 이하 75%, 85m² 이상 30%	민영주택 일반공급 가점제 확대 - 85m² 이하 100%, 85m² 이상 50%
	민영주택 재당첨제한 7년	민영주택 재당첨제한 10년
	공급질서 교란, 불법 전매 청약금지 10년	
	오피스텔 거주자 우선분양 - 분양 100실 이상: 20% 이하 - 분양 100실 미만: 10% 이하	
		9억 원 초과 주택 특별공급 제외
정비 사업	재건축 조합원 주택공급 1주택 제한	
		재건축조합원 지위양도 제한 재개발 조합원 분양권 전매제한 정비사업 분양 재당첨 제한 재건축 사업 후 분양 인센티브 배제
기타		지역, 직장 주택조합조합원 지위양도·자격요건 제한
	주택 취득시 자금조달계획서 신고의무화 - 기존 주택 보유현황, 현금 증여 등 (투기과열지구는 증빙자료 제출)	

<2020년 12월 18일 기준 규제지역>

구분	투기과열지구(49개)	조정대상지역(111개)
서울	전 지역 ('17.8.3)	전 지역('16.11.3)
경기	과천('17.8.3), 성남분당('17.9.6), 광명, 하남('18.8.28), 수원, 성남 수정, 안양, 안산 단원, 구리, 군포, 의왕, 용인 수지·기흥, 동탄2[주1]('20.6.19)	과천, 성남, 하남, 동탄2('16.11.3), 광명('17.6.19), 구리, 안양 동안, 광교지구 ('18.8.28), 수원 팔달, 용인 수지·기흥 ('18.12.31), 수원 영통·권선·장안, 안양 만안, 의왕('20.2.21), 고양, 남양주[주2], 화성, 군포, 부천, 안산, 시흥, 용인 처인[주3], 오산, 안성[주4], 평택, 광주[주5], 양주[주6], 의정부('20.6.19), 김포[주7] ('20.11.20), 파주[주8]('20.12.18)
인천	연수, 남동, 서('20.6.19)	중[주9], 동, 미추홀, 연수, 남동, 부평, 계양, 서('20.6.19)
부산		해운대, 수영, 동래, 남, 연제('20.11.20), 서구, 동구, 영도구, 부산진구, 금정구, 북구, 강서구, 사상구, 사하구 ('20.12.18)
대구	수성('17.9.6)	수성('20.11.20), 중구, 동구, 서구, 남구, 북구, 달서구, 달성군[주10]('20.12.18)
광주		동구, 서구, 남구, 북구, 광산구('20.12.18)
대전	동, 중, 서, 유성('20.6.19)	동, 중, 서, 유성, 대덕('20.6.19)
울산		중구, 남구('20.12.18)
세종	세종('17.8.3)	세종[주11]('16.11.3)
충북		청주[주12]('20.6.19)
충남		천안 동남[주13]·서북[주14], 논산[주15], 공주[주16]('20.12.18)
전북		전주 완산·덕진('20.12.18)
전남		여수[주17], 순천[주18], 광양[주19]('20.12.18)

경북		포항 남[주20], 경산[주21] (‘20.12.18)
경남	창원 의창[주22] (‘20.12.18)	창원 성산(‘20.12.18)

주1) 화성시 반송동·석우동, 동탄면 금곡리·목리·방교리·산척리·송리·신리·영천리·오산리·장지리·중리·청계리 일원에 지정된 동탄2택지개발지구에 한함

주2) 화도읍, 수동면 및 조안면 제외

주3) 포곡읍, 모현읍, 백암면, 양지면 및 원삼면 가재월리·사암리·미평리·좌항리·맹리·두창리 제외

주4) 일죽면, 죽산면, 삼죽면, 미양면, 대덕면, 양성면, 고삼면, 보개면, 서운면 및 금광면 제외

주5) 초월읍, 곤지암읍, 도척면, 퇴촌면, 남종면 및 남한산성면 제외

주6) 백석읍, 남면, 광적면 및 은현면 제외

주7) 통진읍, 대곶면, 월곶면 및 하성면 제외

주8) 문산읍, 파주읍, 법원읍, 조리읍, 월롱면, 탄현면, 광탄면, 파평면, 적성면, 군내면, 장단면, 진동면 및 진서면 제외

주9) 을왕동, 남북동, 덕교동 및 무의동 제외

주10) 가창면, 구지면, 하빈면, 논공읍, 옥포읍, 유가읍 및 현풍읍 제외

주11) 건설교통부고시 제2006-418호에 따라 지정된 행정중심복합도시 건설 예정지역으로, 「신행정수도 후속대책을 위한 연기·공주지역 행정중심복합도시 건설을 위한 특별법」제15조제1호에 따라 해제된 지역을 포함

주12) 낭성면, 미원면, 가덕면, 남일면, 문의면, 남이면, 현도면, 강내면, 옥산면, 내수읍 및 북이면 제외

주13) 목천읍, 풍세면, 광덕면, 북면, 성남면, 수신면, 병천면 및 동면 제외

주14) 성환읍, 성거읍, 직산읍 및 입장면 제외

주15) 강경읍, 연무읍, 성동면, 광석면, 노성면, 상월면, 부적면, 연산면, 벌곡면, 양촌면, 가야곡면, 은진면 및 채운면 제외

주16) 유구읍, 이인면, 탄천면, 계룡면, 반포면, 의당면, 정안면, 우성면, 사곡면 및 신풍면 제외

주17) 돌산읍, 율촌면, 화양면, 남면, 화정면 및 삼산면 제외

주18) 승주읍, 황전면, 월등면, 주암면, 송광면, 외서면, 낙안면, 별량면 및 상사면 제외

주19) 봉강면, 옥룡면, 옥곡면, 진상면, 진월면 및 다압면 제외

주20) 구룡포읍, 연일읍, 오천읍, 대송면, 동해면, 장기면 및 호미곶면 제외

주21) 하양읍, 진량읍, 압량읍, 와촌면, 자인면, 용성면, 남산면 및 남천면 제외

주22) 대산면 제외

종합부동산세라는 폭탄을 아시나요?

세율도 더 많이 올라서 2020년 0.5~2.7%이던 세율이 2021년에는 0.6~3.0%로 오르고, 중과대상(3주택 이상+조정대상지역 2주택)은 0.6~3.2%에서 2021년 1.2~6.0%로 2배 정도 상승한다.

2020년 12월 종합부동산세 고지서를 받고 충격을 받은 사람들이 많을 것이다. 2020년 주택분 종합부동산세 대상은 전국 66만 7천 명으로 2019년 52만 명 대비 28.3%가 늘었고, 세액은 42.9%가 늘었다. 심한 경우 2019년 대비 2배 이상 오른 경우도 있었다. 정부 입장에서는 집값 과열 명분으로 징벌적 과세를 통해 증세도 하고 주택 보유자도 압박할 수 있으니 두 마리 토끼를 잡는 묘수라고 생각할 수 있지만, 고지서를 받은 당사자들은 너무나 억울하다.

주택을 살 때 취득세를 냈고, 보유하고 있는 동안 매년 재산세와 종합부동산세를 내고 있으며, 팔 때는 양도소득세도 많이 내야 하는데, 집값 상승 주범으로 몰려 종합부동산세 부담이 더 늘어났기 때문이다. 비싼 집을 가지고 있으니 당연히 내야 한다는 의견도 있지만 취득세는 집 살 때 한 번 낸다고 생각할 수 있고, 양도세는 불로소득 환수 차원에서 집 팔 때 차익에 대해 40% 정도 세금을 내줄 수도 있다. 그런데 종합부동산세는 미실현 이익에 대한 세금으로, 그냥 집을 가지고 있고 보유하고 있는 집값의 합이 공시가격 6억 원이 넘는다는 이유만으로 수십만 원에서 수천만 원의 세금을 매년 내야 한다. 집값이 떨어져도 돌려주지 않는다. 정부에 월세를 주고 있는 것과 다름없다.

좋다. 대한민국 국민으로서 비싼 집을 가지고 있으니 노블레스 오블리주 개념으로 종합부동산세를 낼 수 있다. 그렇다면 적어도 부동산을 통해 거둬들인 세금만큼은 미래 세대들의 주거안정을 위해 공공주택 건설에 투명하게 사용되어야 한다. 게다가 기꺼이 부자세금을 내주는 종합부동산세 대상자들한테 고마움과 감사의 마음이라도 전해야 한다. 그런데 현실은 어떠한가? 집값 상승의 책임을 뒤집어씌운 후 범죄자 취급을 하고 있다. 문제는 종합부동산세 폭탄이 이제 시작이라는 것이다.

먼저 종합부동산세의 개념부터 간단하게 살펴보도록 하자. 종합부동산세는 건물 외 토지(종합합산, 별도합산)와 고가주택에 대해서 매년 6월 1일 기준으로 산정해 12월에 납부해야 하는 세금이다. 주제가 주택인 만큼 토지를 제외한 주택에 대해서만 알아보도록 하겠다. 매년 6월 1일자 기준으로 인(人)별 주택의 공시가격을 합산한 금액에 6억 원(1세대 1주택 9억 원)을 공제한 후, 법령이 정한 공정시장가액비율을 곱한 금액을 과세표준으로 해 세율을 곱해서 계산한다.

<주택 종합부동산세 계산>

구분	계산
종합부동산세	과세표준×종합부동산세율−누진공제
과세표준	(공시가격−공제금액) × 공정시장가액비율
공제금액	6억 원(1세대 1주택 9억 원)
공정시장가액비율	2021년 95%(2022년까지 100%)
세부담 상한	전년 보유세(재산세+종합부동산세) 세액 150%(중과 300%)

종합부동산세를 결정하는 공시가격, 공정시장가액비율, 종합부동산세율, 세부담 상한이 모두 오르기 때문에 종합부동산세는 2020년보다는 2021년이, 2021년보다는 2022년이 더 많이 오를 것이다. 공시가격은 현실화라는 명분으로 시세 상승

폭보다 더 많이 올라가고 있고, 원래 80%였던 공정시장가액비율은 2019년 85%, 2020년 90%, 2021년 95%, 2022년 100%까지 오른다.

세율도 더 많이 올라서 2020년 0.5~2.7%이던 세율이 2021년에는 0.6~3.0%로 오르고, 중과대상(3주택 이상+조정대상지역 2주택)은 0.6~3.2%에서 2021년 1.2~6.0%로 2배 정도 상승한다.

<2021년 종합부동산세 세율 인상>

시가 (다주택자 기준)	과표	2주택 이하 (조정대상지역 2주택 제외, %)		3주택 이상+ 조정대상지역 2주택(%)	
		2020년	2021년	2020년	2021년
8억~12.2억 원	3억 원 이하	0.5	0.6	0.6	1.2
12.2~15.4억 원	3~6억 원	0.7	0.8	0.9	1.6
15.4~23.3억 원	6~12억 원	1.0	1.2	1.3	2.2
23.3~69억 원	12~50억 원	1.4	1.6	1.8	3.6
69~123.5억 원	50~94억 원	2.0	2.2	2.5	5.0
123.5억 원 초과	94억 원 초과	2.7	3.0	3.2	6.0

※공시가격 현실화율 75~85%, 공정시장가액비율 95%를 적용했을 경우

서울에 시가 13억 원 아파트 2채 정도 보유해서 2020년 공시가격이 20억 원 정도 되었다고 가정해보자. 종합부동산세는 다음 페이지 표에서 보듯이 매년 엄청나게 상승할 것이다. 이 정도면 정부에 고액 월세를 내고 있다고 해도 과언이 아니다. 과거 주택을 구입하라고 했고 합법적으로 세금도 내고, 내 돈 주고 산 집이다. 정부 정책 실패와 저금리, 과잉 유동성 때문에 집값이 오르는 것인데 좀 지나치다는 생각을 지울 수가 없다.

<연도별 종합부동산세 변화>

구분	종합부동산세	비고
2020년	1,044만 원	공시가격 20억 원
2021년	1,804만 원	공시가격 15% 인상
2022년	2,492만 원	공시가격 15% 인상

※조정대상지역 2주택 기준, 재산세 중복, 고령, 장기보유 세액공제 배제

종합부동산세 부담, 그래도 줄이려면?

인별 과세

노무현 정부 시절에는 합산과세였다가 위헌판결이 나면서 인별과세가 되었다. 합산과세라 함은 주택을 남편 1채, 부인 1채 가지고 있으면 합산해서 2주택으로 계산하는 것이고, 인별과세는 남편 1주택, 부인 1주택으로 계산하는 것이다.

예를 들어 공시가격 기준 남편이 5억 원, 부인이 5억 원 주택을 가지고 있는 경우 합산과세를 하면 공시가격 10억 원이 되어서 종합부동산세 과세대상이 되지만, 인별과세를 하면 각각 5억 원이기에 종합부동산세 대상이 되지 않는다. 그래서 6억 원까지 공제가 되는 부부 간 증여를 선택하는 경우가 많이 늘어났다. 한 사람 명의로 여러 채를 보유하는 것보다 부부 또는 가족 간 명의를 각각 나누는 것이 종합부동산세 부담을 줄이기에는 유리하다.

재산세 중복공제

과세대상 주택의 주택분 재산세로 부과된 세액은 종합부동산세액에서 공제해준다. 예를 들어 재산세 부과액이 200만 원이고 공시가격 6억 원 기준금액 재산세 120만 원이면, 6억 원 초과에 대한 재산세인 80만 원을 종합부동산세 산출세액에

서 빼준다. 재산세도 내고, 종합부동산세도 내면 너무 억울하다고 생각할 수 있는 데, 공시가격 6억 원 초과에 대한 재산세만큼은 공제를 해주니 그나마 다행이다.

세액공제

1세대 1주택자의 경우 공제금액이 6억 원이 아닌 9억 원으로 다주택 보유자들에 비해 세부담이 덜하다. 그래도 투자자가 아닌 실수요자 입장에서는 여전히 부담스러운 것은 사실이다. 그래서 1세대 1주택 소유자들한테는 고령자 연령별 10~30%, 보유기간에 따라 20~50%의 세액공제 혜택을 주고 있다.

<고령자 연령별 세액공제>

연령	공제율
만 60세 이상~만 65세 미만	10%
만 65세 이상~만 70세 미만	20%
만 70세 이상	30%

<보유기간 세액공제>

보유기간	공제율
5년 이상~10년 미만	20%
10년 이상~15년 미만	40%
15년 이상	50%

합산배제

종합부동산세 과세표준 계산시 합산대상에서 빼주는 합산배제대상 주택이 있다. 합산배제를 하기 위해 임대사업자를 등록하는 것도 좋은 방법이다.

① 건설임대주택 요건
- 전용면적 149m^2 이하 2호 이상 주택의 임대를 개시한 날 또는 최초로 합산배제신고를 한 연도의 과세기준일 공시가격 6억 원 이하
- 5년 이상 계속 임대·임대보증금 연 증가율 5% 초과 안 됨
② 단기 매입임대주택 요건
- 주택의 임대를 개시한 날 또는 최초로 합산배제신고를 한 연도의 과세기준일 공시가격 6억 원(수도권 외 3억 원) 이하
- 5년 이상 계속 임대·임대보증금 연 증가율 5% 초과 안 됨
③ 장기 매입임대주택 요건
- 주택의 임대를 개시한 날 또는 최초로 합산배제신고를 한 연도의 과세기준일 공시가격 6억 원(수도권 외 3억 원) 이하
- 8년 이상 계속 임대·임대보증금 연 증가율 5% 초과 안 됨

임대사업용 주택 외 기숙사, 종업원에게 무상이나 저가로 제공하는 사용자 소유의 주택(국민주택규모 이하 또는 공시가격 3억 원 이하 주택), 노인복지주택, 미분양주택, 가정어린이집으로 5년 이상 사용하는 주택, 등록문화재 주택 등도 합산배제 대상이 된다.

취득세 중과 완벽 정리!

취득세는 양도시 양도세 필요경비에 인정되기 때문에 팔 때 이미 낸 취득세를 공제받을 수 있지만 양도세 비과세를 받을 수도 있는 것이고, 지금 당장 내야 하는 돈인 만큼 아깝기도 해서 부담스러운 것이 사실이다.

2020년 7·10대책으로 주택에 대한 취득세 중과가 강화되었다. 기존에는 4주택 이상에 대해서만 4%의 중과세율이 적용되었지만, 7·10 이후 계약분부터는 더욱 세분화되어 중과 기준이 적용된다.

취득세율 중과 기준

표에서 보듯이 무주택자가 주택을 취득해서 1주택이 되는 경우에 새로이 취득하는 1주택의 취득세율은 기존과 동일하게 1~3% 취득세율이 적용된다. 문제는 2주택 이상부터다. 조정대상지역에 주택을 구입해서 2주택이 되는 경우 취득세율은 8%, 3주택 이상이거나 법인의 경우는 12%라는 무지막지한 중과세율이 적용된다. 취득가액이 10억 원이면 무려 1억 2천만 원이라는 취득세를 내야 한다. 여기에 농어촌특별세와 지방교육세까지 더하면 부담은 더 늘어난다.

비조정대상지역은 조금 약한 중과가 적용된다. 2주택이 되는 경우까지는 1~3%의 세율이 적용되고, 3주택은 8%, 4주택 이상이거나 법인은 12% 세율이 적용된다.

구분	조정대상지역	비조정대상지역	비고
1주택	1~3%	1~3%	
2주택	8%	1~3%	일시적 2주택 1~3%
3주택	12%	8%	
4주택	12%	12%	
법인	12%	12%	

취득세 중과 주택 수에서 제외되는 주택

자, 그러면 주택 수가 얼마나 되느냐가 중요한 절세 포인트가 될 수 있다. 양도세 중과 주택 수에 포함되느냐 안 되느냐도 복잡한데, 취득세까지도 주택 수에 포함 되느냐를 따져야 하니 이래저래 부동산은 참 복잡하고 어렵다. 다음 페이지의 주택, 조합원입주권, 분양권, 오피스텔은 취득세 주택 수에서 제외된다.

"이것이 무슨 말이야? 이해가 안 되네"라며 어려워하는 분들을 위해 부연 설명을 하겠다. 공시가격 1억 원 이하 주택과 오피스텔을 보유하고 있으면 취득세 주택 수 에서 제외가 된다. 예를 들어 공시가격 9천만 원 아파트 2채를 보유하고 있는 사람 이 조정대상지역 1채를 구입하는 경우, 3주택 12%가 적용되지 않고 1주택인 1~3% 의 취득세율이 적용된다.

여기서 단서조항도 꼼꼼히 챙겨야 한다. 재건축·재개발 정비사업의 주택은 1억 원 이하여도 주택 수에 포함된다. 오피스텔의 경우 2020년 8·12 이후에 취득한 오피 스텔 중 재산세 과세대장 기준으로 주택이라면 그 주거용 오피스텔은 주택 수에 포함되는 것이다. 2019년에 구입한 오피스텔이 있다면 지금 구입하는 주택은 취 득세 중과대상이 되지는 않는다. 참고로 취득세율 기준이 그렇다는 것이지 양도세

<취득세 중과 주택 수 제외 주택>

1) 다음의 어느 하나에 해당하는 주택
　가. 주택 수 산정일 현재 해당 주택의 시가표준액이 1억 원 이하인 기준을 충족하는 주택
　　단, 도시 및 주거환경정비법에 따른 정비구역으로 지정, 고시된 지역 또는 빈집 및 소규
　　모주택 정비에 관한 특례법 사업시행구역에 소재하는 주택은 제외한다.
　나. 노인복지주택, 공공지원 민간임대주택, 가정어린이집으로 운영하기 위해 취득하는 주
　　택, 사원에 대한 임대용으로 직접 사용할 목적으로 취득하는 주택에 해당하는 주택으로
　　서 주택 수 산정일 현재 해당 용도에 직접 사용하고 있는 주택
　다. 국가 등록문화재에 해당하는 주택
　라. 멸실시킬 목적으로 취득하는 주택(정당한 사유 없이 그 취득일부터 3년이 경과할 때까지 해당
　　주택을 멸실시키지 않은 경우는 제외)과 주택의 시공자가 주택의 공사대금으로 취득한 미분
　　양 주택(주택 취득일부터 3년 이내의 기간으로 한정)
　마. 법령이 정한 농어촌 주택

2) 주거용 건물 건설업을 영위하는 자가 신축하여 보유하는 주택
　다만, 자기 또는 임대계약 등 권원을 불문하고 타인이 거주한 기간이 1년 이상인 주택은 제외
　한다.

3) 상속을 원인으로 취득한 주택, 조합원입주권, 분양권, 오피스텔로서 상속개시일부터 5년
　이 지나지 않은 주택, 조합원입주권, 분양권, 오피스텔

4) 주택 수 산정일 현재 시가표준액이 1억 원 이하인 오피스텔

주택 수가 그렇다는 의미는 아니기에 주의가 필요하다.

노인복지주택, 문화재, 농어촌주택 등도 제외가 될 수 있고, 3년 내 멸실시킬 목적

으로 취득하는 주택도 제외된다. 상속으로 주택, 조합원입주권, 분양권, 오피스텔

을 받는 경우에는 상속개시일부터 5년이 지나지 않으면 취득세 주택 수에서 제외

된다.

그리고 배우자와 30세 미만 미혼 자녀는 세대분리를 해도 1세대로 간주된다. 만약

30세 미만 미혼 자녀라도 미성년자가 아니고 경제활동을 해서 소득이 있는 경우,

그 소득이 국민기초생활보장법 제2조 제11호에 따른 기준 중위소득의 40% 이상

으로 분가하는 경우에는 별도 세대로 인정해준다.

또한 65세 이상의 직계존속(부모님과 배우자 부모님 포함)을 동거봉양하기 위해 같은 세

대가 된 경우에는 각각 별도 세대로 간주된다. 부부가 공동명의인 경우에는 1개 주택으로 인정되지만 동일 세대가 아닌 지분을 소유하는 경우에는 각각 1주택을 소유한 것으로 산정된다. 예를 들어 남편 1/2, 부인1/2 지분으로 공동명의 주택을 보유한 부부가 새로 1주택을 구입하는 경우, 공동명의 주택은 1주택으로 봐서 2주택 기준이 적용되지만, 남편1/2, 시동생1/2 공유지분 주택을 보유한다면 남편, 시동생 각각 1주택으로 인정한다.

세금문제는 매우 중요하고 한번 터지면 수습이 어려운 만큼 계약 전에 반드시 세무전문가인 세무사 상담을 받고 진행하는 것이 좋다. 또한 세무사도 사람인지라 복잡하고 세액이 큰 경우에는 여러 명의 세무사 의견을 들어보는 것도 좋다.

토지거래허가구역이란 무엇인가?

토지거래허가구역은 정말 무서운 규제다. 허가요건도 까다롭고, 허가해주어도 특정기간 동안 허가대로 이용해야 하기 때문이다. 이행강제금과 행정형벌(징역, 벌금), 행정질서벌(과태료) 등 무시무시한 벌도 준다.

2020년 5월 14일 용산 정비창 부지 인근 지역이 토지거래허가구역으로 지정되었다. 2020년 5·20부터 2021년 5·19까지 1년간 용산 정비창 부지와 인근 한강로, 이촌2동 일대 재건축·재개발 사업구역 13개소의 주거지역 18m² 초과, 사업지역 20m² 초과 토지 등은 용산구청장의 허가를 받아야 거래할 수 있게 된 것이다. 2021년 공공재개발 시범지구 8곳을 발표하면서 역시 토지거래허가구역을 묶겠다고 했다. 이렇듯 개발계획을 발표하면서 토지거래허가구역으로 지정하는 것은 그만큼 투기수요 유입을 원천 봉쇄하겠다는 정부의 강력한 의지라 할 수 있다.

'허가를 받으면 되지'라고 쉽게 생각할 수 있지만 신고와 허가의 개념을 알면 생각이 좀 달라질 것이다. 신고는 가급적 해주겠다는 의미인 반면, 허가는 말이 허가지 실질적으로 허가를 해주지 않겠다는 의미. 즉 거래신고는 거래 후 신고만 하면 계약은 유효하고, 신고내용에 문제가 있으면 추가조사를 하든 조치를 취하게 된다. 반면에 거래허가는 거래를 하더라도 허가를 받을 때까지는 유동적 무효상태가 되고, 허가를 받으면 유효가, 불허가가 되면 확정적 무효가 된다.

부동산 거래신고 등에 관한 법률 제10조 토지거래허가구역의 지정에 근거하는 규제로 국토교통부장관 또는 시·도지사가 투기적인 거래가 성행하거나 지가상승이 되거나 우려하는 지역에 대해 5년 이내의 기간을 정해 토지거래계약 허가구역으로 지정할 수 있으며, 지정공고를 하면 5일 후 효력이 발생한다. 허가구역 내 토지에 관한 소유권과 지상권을 이전하거나 설정하는 계약, 즉 유상계약을 체결하려는 당사자는 시장·군수 또는 구청장의 허가를 받아야 한다. 다만 유상계약이 아닌 경매로 낙찰을 받은 경우라면 토지거래허가를 받지 않아도 되고, 허가대상 면적에 대한 기준을 초과하지 않아도 역시 허가대상이 아니다.

5·14대책을 통해 허가대상 면적을 법령상 기준면적의 10% 수준으로 조정했다. 부동산 거래신고 등에 관한 법률 제9조 제1항 제1호상 기준면적의 10~30% 범위에서 별도 공고가 가능하다는 근거에 따라 최저기준인 10%로 조정함으로써 용산지역의 6평 정도의 작은 땅도 규제를 하겠다는 의미로 이해하면 된다.

원래 토지거래허가는 신도시 개발 등 개발예정지 땅값이 투기수요로 들썩이는 것을 막기 위해 일정 면적 초과 토지에 대해 허가를 받도록 하는 규제다. 아래 기준에서 보듯이 주거지역은 180m²(약 55평)를 넘지 않는 토지는 허가대상에서 제외되

<토지거래허가구역 면적기준>

구분	용도지역	기준면적 초과	5·14대책 용산
도시지역	주거지역	180m²	18m²
	상업지역	200m²	20m²
	공업지역	660m²	66m²
	녹지지역	100m²	9m²
	지정이 없는 지역	90m²	
도시지역 외	농지, 임야 이외	250m²	
	농지	500m²	
	임야	1,000m²	

었다. 그런데 용산과 같은 도시지역에는 면적이나 대지지분이 작은 주택들이 많아 종전의 토지거래허가구역을 그대로 적용하면 그물의 구멍이 커서 물고기들이 다 빠져나갈 것이 뻔하기에 기준주택면적을 1/10 수준으로 낮춰버렸다.

주택거래허가제를 도입하면 반자본주의, 사유재산 침해 논란이 생길 것을 우려해 변형된 토지거래허가제로 효과만 보겠다는 의도인 것 같다. 허가신청을 할 때는 거래 당사자와 토지의 상세 정보뿐만 아니라 계약예정금액, 토지이용에 관한 계획, 자금조달계획을 첨부해야 한다. 허가신청을 받은 시·군·구는 15일 이내 신청인에게 허가증을 교부하거나 불허가처분을 해야 하며, 불허가처분에 이의가 있으면 1개월 이내 이의신청을 할 수 있다.

나는 이 땅을 팔아서 부모님 병원비로 사용해야 하는 실수요자인데, 내 의지와 무관하게 토지거래허가구역으로 묶여 거래계약에 대해 불허가처분을 받으면 이보다 억울한 일이 어디 있겠는가. 그래서 이런 억울한 사람들을 구제해주기 위해 매수청구제도가 생겼다. 불허가처분 통지를 받은 날로부터 1개월 이내에 시장·군수 또는 구청장에게 해당 토지에 관한 권리의 매수를 청구할 수 있다. '내 땅 못 팔게 했으니 국가가 책임져!' 이런 개념이다.

이렇게 매수청구를 받은 시장·군수 또는 구청장은 국가, 지자체, 공공기관, 공공단체 중 매수할 자를 지정해서 매수를 해야 한다. 하지만 어디 공공기관이 바보도 아니고 시세가 아닌 예산 범위에서 공시지가 기준으로 매수를 하겠는가. 또한 국가나 지방자치단체 등 공공기관이나 공공단체가 필요한 땅이라 판단이 되면 '우리가 사줄게 팔아라'며 사주는 선매(先買)제도라는 것도 있다. 나라가 사준다고 하니 고마울 수도 있지만 시세가 아닌 감정가격을 기준으로 한다.

이렇게 해서 끝나면 좋은데 토지거래허가구역으로 지정이 되면 토지취득일로부터 특정 기간 동안 허가목적대로 이용해야 하고, 이행되지 않으면 이행강제금을 부과한다. 거주용 주택용지로 이용, 주민의 복지시설, 편익시설, 농업, 축산업, 임업, 어업 경영, 공익사업용으로 협의 양도, 수용 등의 이용이라면 토지취득일로부터 2년 내 허가목적대로 이용해야 한다.

공익 등 사업을 시행하기 위한 경우라면 4년, 개발·이용이 제한되거나 금지된 토지의 현상·보존의 목적으로 취득한 토지 등은 5년의 이용기간을 준다. 이용기간을 어기면 토지취득가액의 10%, 당초 목적대로 이용하지 않고 방치하면 10%, 직접 이용하지 않고 임대를 주면 7%, 이용목적을 변경해서 사용하면 5%의 이행강제금이 부과된다.

허가를 받지 않고 토지거래계약을 하거나 거짓·부정한 방법으로 토지거래허가를 받은 경우에는 2년 이하의 징역이나 토지가격의 30%에 해당하는 벌금에, 토지거래허가구역 내에서 허가취소, 처분, 조치명령 위반은 1년 이하의 징역 또는 1천만 원 이하의 벌금이 부과된다.

실제 거래가격을 거짓으로 신고하거나 계약하지 않고 했다고 거짓신고, 계약해제가 되었음에도 해제 신고를 하지 않으면 3천만 원 이하의 과태료가 부과된다. 당사자에게는 무서운 벌이지만 토지거래허가 위반사실을 알게 된 제3자에게는 토지거래허가 위반을 신고하면 2개월 내 포상금을 주도록 되어 있다. 실제 거래가격을 거짓으로 신고하거나 계약하지 않았는데 했다고 거짓신고, 계약해제가 되었음에도 해제신고를 하지 않으면 과태료 금액의 20%, 허가를 받지 않고 토지거래계약을 체결하거나 부정한 방법으로 허가를 받는 경우, 허가 받은 목적대로 이용하지 않는 경우에는 50만 원의 포상금을 준다.

토지거래허가구역은 정말 무서운 규제다. 허가요건도 까다롭고, 허가해주어도 특정기간 동안 허가대로 이용해야 하며, 이행강제금과 행정형벌(징역, 벌금), 행정질서벌(과태료) 등 무시무시한 벌도 주기 때문이다. 그리고 토지거래허가구역은 민법의 법률행위 효력요건으로 계약 후 불허가처분이 나면 그 계약은 무효가 된다. 계약한 상대방이 등기를 하지 않고 다시 제3자에게 거래를 하는 미등기전매인 중간생략등기의 경우, 부동산등기 특별 조치법에 따른 계약이라면 과태료만 받지 계약자체가 무효가 되지는 않지만 토지거래허가구역이라면 무효가 되어버린다.

기준금리란 무엇인가?

부동산과 금리는 반비례 관계다. 금리가 내려가면 부동산, 특히 집값에는 긍정적인 영향을 준다. 부동산은 금리와 반비례 관계인 만큼 기쁜 일이지만, 그만큼 경제상황이 매우 좋지 않다는 의미이기도 하다. 때문에 마냥 기뻐할 일은 아니다.

기준금리(Base rate)는 한 나라의 금리를 대표하는 정책금리로, 금융기관과 환매조건부증권(RP)매매, 예금, 대출 등 각종 금리의 기준이 된다. 각국의 중앙은행은 국내외 경제상황에 맞춰서 기준금리를 조정한다. 우리나라는 한국은행의 금융통화위원회(금통위), 미국은 연방준비제도이사회(FRB), EU는 유럽중앙은행(ECB)이 기준금리를 결정한다. 기준금리는 우리가 직접적으로 체감하는 대출금리와 예금금리가 되지는 않지만 기준이 되면서 영향을 준다.

기준금리 0.25%p 인상이 발표되면 1금융권에서는 예금금리를 0.1~0.3%p 정도 올린다. 참고로 기준금리를 0.25%p 단위로 올리고 내리는 것은 정해진 법칙이 있는 것은 아니지만, 미국 역사상 가장 위대한 중앙은행장이라 평가받는 앨런 그린스펀 전 FRB의장(1987~2006년)이 1990년대 경제에 큰 충격을 주지 않으면서 경기를 조절할 수 있는 통화정책 수단에 대한 고민 끝에 0.25%p 단위로 기준금리를 변동하면서 통화정책을 구사했다.

그전에는 1%p 단위로 급변동시키는 것이 관행이었다고 하니, 지금 0.25%p 올려도 이 난리인데 1%p라면 정말 생각만 해도 아찔한 변동폭이었다. 그래서 0.25%p 단위로 조금씩 자주 변경하는 통화정책을 '그린스펀의 아기걸음마'라고 하며 지금까지 관행이 되고 있다. 법적으로 0.25%p 단위를 사용할 필요는 없다. 실제 유럽 ECB의 경우에는 0.1%p를 조정한 사례도 있고, IMF 금융위기나 글로벌 금융위기 당시 큰 폭의 금리변동이 있었다. 아무튼 현재 한국은행이 금리 변동에 따른 경제적 영향을 파악하는 수학적 모델이 0.25%p 단위의 변경에 맞춰져 있다 보니 당분간 이렇게 사용될 것 같다.

금리가 오르면?

금리가 오르면 경제가 좋다는 반증이기도 하면서 시중의 유동자금을 회수하면서 물가안정과 경기과열에는 도움을 주지만 물가, 부동산, 주식, 채권 등에 역행을 하고 원화가치 상승, 달러 대비 환율하락이 되면서 내수경제와 수출에 부정적인 영향을 줄 수 있다. 최악의 경우는 미국이 기준금리를 단기간에 많이 올리는 것이다. 미국이야 경제회복에 대한 자신감이지만 우리는 오히려 내려도 시원찮을 상황에서 미국과의 차이를 메우기 위해 어쩔 수 없이 기준금리를 올려야 한다. 코로나19가 종결되고 미국경제가 견실한 성장세와 실물경제 지표를 나타내면, 미국은 유동성을 회수하기 위해 반드시 금리인상을 할 것이다. 금리와 반비례 관계인 부동산 시장 역시 금리가 오르면 셈법이 복잡해진다.

소폭 금리인상이라면 심리적 부담 정도로 끝나겠지만 단기간에 금리가 0.5~1%p 오르면 부동산 시장은 영향을 받는다. 전세가 있는 주택과 달리 임대보증금이 낮아서 대출비중이 높은 상가, 빌딩 역시 금리인상 영향을 피하기 어렵다. 대출규제가 강화되는 상황에서 대출금리까지 오르면 수요 감소가 불가피하기 때문이다. 대출금리만 오르는 것이 아니라 예금금리까지 오르면 임대수익이 목적인 상가, 오피스텔 등 수익형부동산 시장도 부정적인 영향을 받는다. 세금 내고 임차인 관리하면서 고생하느니 속 편하게 은행에 넣어두자는 수요가 늘어날 수 있기 때문이다.

금리가 내리면?

부동산과 금리는 반비례 관계로 금리가 내려가면 부동산, 특히 집값에는 긍정적인 영향을 준다. 방송에서 기준금리가 인하되어 기쁘지 않냐는 질문을 받은 적이 있었다. 부동산은 금리와 반비례 관계인 만큼 기쁜 일이지만 그만큼 경제상황이 매우 좋지 않다는 의미이기에 마냥 기뻐할 일은 아니다.

부동산 시장도 실물자산인 부동산을 보유하고 있는 매도자 입장에서는 기쁠 것이다. 반대로 부동산을 구입해야 하는 매수자 입장에서는 대출금리 부담이 줄어드는 것은 좋지만 신규대출을 받기는 어렵고, 오히려 매물이 줄어들고 투자심리에 영향을 주면서 부동산 가격이 오를 수 있다는 점에서는 결코 좋다고 할 수는 없다.

금리가 0.5~1%p 내리면 집값은 1~2% 정도 오른다지만 이론처럼 딱 이렇게 움직이지는 않는다. 그래도 기준금리 인하가 대출금리 인하 압력을 높이기 때문에 대출을 받아서 부동산을 구입한 사람들은 대출이자 부담이 줄어들면서 투자수익률이 올라간다. 높아진 투자수익률과 이자부담의 감소로 보유능력도 강화되면서 시장에는 매물이 더 감소할 것이다.

부동산 시장 분위기가 꺾여서 더 가지고 가도 별로 오를 것 같지가 않다면 금리에 상관없이 팔겠지만, 투자심리가 살아 있는 상황에서 대출금리가 낮아지면 굳이 팔려고 하지 않을 것이다. 여기에 부동산 구입시 발생하는 신규담보대출의 금리가 낮아지면 매수 수요도 같이 증가해 부동산 가격은 더 오르게 된다.

아파트뿐만 아니라 상가, 오피스텔 등 수익형부동산 시장도 금리의 영향을 받는다. 전세라는 무이자 대출을 활용할 수 있는 아파트 등 주택과 달리 상가 등 수익형부동산은 대부분 낮은 보증금과 높은 월세의 임대료 구조를 가지고 있다. 보유자들은 많은 대출을 받아서 구입을 하게 된다. 주택보다 상가나 빌딩 주인들의 대출 비중이 더 높다는 의미다. 대출 비중이 높은 만큼 대출이자 부담에 더 민감하고 금리인하는 임대수익률 상승과 보유 능력 강화에 큰 도움이 된다.

여기에 기준금리 인하가 대출금리뿐만 아니라 예금금리에도 영향을 주면서 안 그래도 낮은 예금수익률이 더 낮아지면서 상가, 빌딩 등 수익형부동산 시장으로 이동하는 수요가 더 늘어날 것이다. 요즘 10억 원을 은행예금에 넣어두면 월 100만 원 받기도 쉽지 않다. 반면 연 4% 나오는 수익형부동산에 투자하면 월 300만 원 정도의 임대수익을 얻는다. 환금성과 관리의 불편함을 감안하더라도 2배 이상 차이가 발생하면 수요가 이동할 가능성이 높아진다.

반면 임차인(세입자)은 좀 다르다. 집을 사려고 매수대기를 하고 있던 임차인이라면, 구입시 대출이자 부담은 줄어들지만 부동산 가격 상승압력이 높아지는 만큼 매매가격이 올라가는 부담이 생길 수 있다. 집을 살 생각이 없고 전세자금대출을 받은 임차인이라면, 대출이자 부담이 줄어들어 금리인하가 반가울 수 있다.

부동산 외 예금, 주식, 채권시장에는 어떤 영향을 미칠까? 예금은 금리하락으로 부정적인 영향을 받겠지만 주식과 채권시장은 긍정적인 영향을 받을 수 있다. 채권은 기준금리가 내려가면 채권금리도 하락하면서 채권가격은 오르게 되고, 채권에 투자하고 있었던 투자자들에게는 호재가 될 수 있다. 주식시장은 금리인하가 돈이 풀린다는 의미가 있고, 낮은 예금이자에 지친 수요자들이 주식시장으로 유입될 수 있어서 긍정적인 영향을 받을 수 있다. 부동산과 함께 실물자산의 대표인 금(金)값은 금리인하 영향으로 최고치를 기록할 만큼 반사이익을 얻을 수 있다.

리디노미네이션은 결국 벌어지나?

현실적으로 리디노미네이션이 될 가능성은 없다. 1962년 마지막 화폐단위 변경 이후 67년 동안 인플레이션에 따른 화폐가치 하락 폭이 커서 화폐단위 변경의 필요성은 공감이 되지만 현실적으로 득보다 실이 더 크다.

잊을 만하면 리디노미네이션이 이슈가 된다. 2019년 3월 한국은행 총재가 '리디노미네이션'을 언급하면서 논란이 되기도 했다. 리디노미네이션(re-denomination)이란 화폐의 실질가치는 유지하면서 액면가를 동일한 비율로 낮추는 화폐단위 변경이다. 100 대 1의 리디노미네이션을 하면 100원이 1원이 된다. 즉 4,100원(2021년 1월 기준)인 스타벅스 아메리카노 한 잔이 41원이 된다는 의미다.

리디노미네이션을 하면 주요 화폐와의 단위 차이가 줄어 원화의 대외적 위상이 높아질 수 있다. OECD 국가 중 4자리의 화폐단위를 사용하는 국가는 한국이 유일하다고 한다. 인플레이션 기대심리가 억제되고, 거래 편의성이 증가하며, 지하경제 양성화에도 도움이 된다. 정부규제와 세금을 피해 숨어 있는 돈을 의미하는 지하경제는 리디노미네이션으로 화폐단위가 변경이 되면 새 화폐로 바꾸기 위해 숨어 있는 지하경제에서 나올 수밖에 없다. 또한 재무제표나 금융거래가 간편해지는 장점도 있다.

하지만 리디노미네이션이 단행되면 통용되고 있는 모든 화폐를 폐기하고 신규화폐로 교환을 해주어야 하기에 천문학적인 화폐 제작비용이 발생하고, 교환과정에서 크고 작은 문제도 발생할 것이다. 거기에 현금자동입출금기(ATM)와 은행, 증권

346

시스템을 바꾸어야 한다. 화폐단위 하락으로 단기적인 물가상승이 발생하면서 소비둔화 및 경제 불안심리가 커질 수 있다.

경기부진으로 실질구매력이 높아지지 않고 디플레이션 우려가 커지고 있는 우리나라 경제상황에서 어설픈 화폐단위 개혁은 물가만 오르면서 경기는 침체하는 스태그플레이션이 발생할 가능성도 있다. 특히 부동산 가격 급등, 해외자금 이탈 등의 심각한 부작용이 발생할 가능성을 배제할 수 없다.

100 대 1 리디미노네이션이 되었다고 가정해보자. 그럼 20억 원인 아파트 가격이 2천만 원이 된다. 실물가치에는 변화가 없지만 단위가 변경된 탓에 심리적으로는 화폐가치가 낮게 느껴진다. 수요자는 동일한 가격 변동률이라도 절대가격이 낮을수록 구매결정을 쉽게 하는 경향이 있다. 아파트 가격이 10% 오른다면 20억 원이었을때는 2억 원이나 오르는 것이지만 2천만 원이라면 200만 원만 오르는 것이다.

여기에 일부 자산가들은 지하화한 숨겨둔 현금자산을 들키지 않기 위해 실물자산인 부동산의 구입을 늘릴 것이다. 안 그래도 부동산이 우리 사회의 가장 민감한 문제가 된 지금, 또 하나의 도화선에 불을 붙이는 결과가 될 수 있다. 이런 화폐환각 현상이 부동산 가치를 하락시킬 수 있다는 반론도 있지만, 실물자신인 부동산 가격 상승 가능성이 더 높다.

현실적으로 리디노미네이션이 될 가능성은 없다. 1962년 마지막 화폐단위 변경 이후 70년 동안 인플레이션에 따른 화폐가치 하락 폭이 커서 화폐단위 변경의 필요성은 공감이 되지만 현실적으로 득(得)보다 실(失)이 더 크다. 우리 사회가 아직은 리디노미네이션에 따른 부동산 가격 폭등과 사회적인 혼란을 감당할 만한 준비가 되어 있지 않고, 무엇보다 책임지고 추진할 정부와 정치권의 능력 및 의지가 부족해보인다.

경제위기 지표, 바로보기

경제위기가 발생할 때가 되면 채권금리는 오르고, 환율은 이상 급등을 하고, 종합주가지수는 급락하며, 대표적인 안전자산인 금과 달러로 수요가 몰린다. 이런 경제지표들의 흐름을 보면 부동산 시장 흐름을 예측할 수 있다.

경제위기가 올까, 안 올까? 이슈가 발생하면 언제나 등장하는 주제가 경제위기다. 우리가 경제위기에 이렇게 민감한 이유는 이미 과거 2번의 경제위기를 경험했기 때문이다. 과거 외환과 금융시스템의 문제로 1998년 IMF 외환위기와 2008년 글로벌 금융위기를 겪었다. 코로나19가 경제에 미칠 영향은 아직은 가늠하기 어렵다. 2020년 봄부터 시작된 코로나19 영향으로 실물경제는 가랑비에 옷 젖듯이 계속 충격이 누적되고 있으며 미국, EU, 중국 등 세계 각국은 돈 풀기로 버티고 있다. 우리도 마찬가지인데 이런 돈 풀기 전략이 성공적으로 먹히면서 잘 넘어간다면 무척 좋은 일이지만, 반대로 미국이나 중국 또는 우리나라에서 예상치 못한 변수가 생겨 스텝이 꼬이면 지금까지 경험해보지 못한 새로운 형태의 경제위기가 발생할 가능성도 배제할 수 없다.

확률적으로는 경제위기가 오지 않을 확률이 월등히 높다. 5년 내 위기가 올 확률이 8 대 2정도로 낮지만, 정도의 차이이지 코로나19가 사라지고 미국, EU 등이 유동성 회수에 나설 때가 되면 어떤 식으로든 충격을 받을 가능성이 있다. 확률적으로는 낮지만 준비하는 차원에서 주요 경제지표인 주가지수와 금리, 환율, 채권에 대한 개념과 부동산과의 관계에 대해 알아보도록 하자.

종합주가지수

주식과 부동산은 투자의 양대 산맥이다. 수익성과 환금성이 좋은 주식은 안전성이 부족하다는 평가를 받는 반면, 부동산은 주식보다 안전성이 더 좋다. 우리나라 시장에만 국한해서 본다면 부동산, 특히 아파트 시장은 수익성·안전성이 주식을 앞서고 있는 것도 사실이다.

주식과 부동산은 선의의 경쟁자이자 한 배를 탄 동료이기에 '주식 투자가 더 좋다, 부동산 투자가 더 좋다' 이런 논쟁은 의미가 없다. 주식 시장은 부동산 시장의 선행지표 역할을 해주고 있다. 부동산 가격에 영향을 주는 요소들이 많아서 주식의 선행지표가 정확히 맞아떨어지지는 않지만, 변동 폭이 큰 이벤트가 발생하면 주식 시장의 움직임은 부동산 시장의 6개월 정도 선행지표 역할을 해주곤 한다. 기업, 특히 제조업과 투자자들의 반응 속도를 주식만큼 빠르게 현실적으로 잘 반영하는 지표는 없다.

과잉 유동성으로 주식 시장과 부동산 시장이 동시에 호황인 상황은 비정상이라 할 수 있다. 이런 비정상이 영원히 갈 수는 없다. 일시적으로 종합주가지수가 큰 폭으로 떨어질 경우 6개월 흐름이 중요하다. 단기 충격 이후 6개월 내 회복을 한다면 부동산 시장과 주식 시장은 또 한 번의 기회를 잡을 수 있다. 더 늘어난 유동성이 안전자산인 부동산으로 유입될 수 있고, 제로금리에 가까운 사상 초유의 저금리로 인해 대출부담도 덜하기 때문이다.

2020년 봄, 코로나로 인한 충격은 단기로 끝나면서 회복을 했으니 다행이지, 만약 단기충격으로 끝나지 않고 6개월 이상 지속되면서 장기충격이 되면 주식 시장뿐만 아니라 부동산 시장도 본격적인 하락의 길로 접어들 수도 있었을 것이다.

금리

코로나19 위기로 인해 미국은 0~0.25%의 제로금리가 되었고 우리도 사상 최저 금리인 0.75%가 되었다. 통상적으로 기준금리를 통해 물가와 경기를 조절한다. 기준금리를 내린다는 것은 시중에 유동성을 늘려 경기를 활성화하겠다는 의도가 강하다.

금리인하가 되면 시중에 유동자금이 늘어나면서 원화가치는 낮아지고 환율은 올라가면서 수출과 내수경기에는 유리하지만, 수입에는 부정적인 영향을 주기도 한다. 주식도 그렇지만 부동산은 특히 금리에 민감하다. 부동산과 금리는 반비례 관계다. 금리를 내리면 시중에 유동성이 늘어나고 대출이자 부담이 줄어 집값 상승 압력이 커지고, 투자수익률은 올라간다.

금리를 0.5%p 내리면 집값은 1% 정도 오른다는 것이 일반적인 이론이지만, 반드시 그렇지는 않다. 강한 대출규제로 신규대출을 받는 것이 매우 어렵고, 지금의 기준금리 인하는 그만큼 경제상황이 매우 좋지 않다는 의미이기 때문이다. 경제가 나빠도 집값은 오르지만 경제가 망하지 않는다는 것이 기본 전제조건이다.

환율

환율은 원화가치 대비 달러 등 외국 화폐 가치의 비율을 의미하는 것으로, 일반적으로 세계기축통화인 원/달러 환율을 말한다. 원화가치와 환율은 반비례로, 원화가치가 낮아지면 환율은 올라간다. 예를 들어 원/달러 환율이 1천 원이라고 한다면 '1달러=1천 원'이라는 의미다.

원/달러 환율이 올라가면 왜 수출에 유리하고, 수입에 불리할까? 사례로 통해 알아보자. 예를 들어 물품을 미국에 수출하고 1천 달러를 받은 A는 100만 원으로 환전을 할 것이다. 1달러당 1천 원이던 원/달러 환율이 1,200원으로 오르면 A는 120만 원으로 환전할 수 있을 것이다. 수출대금 1천 달러는 동일하지만 원/달러 환율이 오르면서 20만 원의 수입이 더 늘어난 것이다. 수입이라면 1천 달러 물품을 수입하기 위해 100만 원을 내다가 환율이 1,200원으로 오르면 120만 원을 내야 한다. 그래서 환율이 오르면 수출에 유리하고, 수입에 불리한 것이다. 이런 일반적인 환율 흐름은 경제의 자연스런 현상이기도 하고, 인위적으로 환율을 조작하면 미국 등으로부터 환율조작국으로 지정되면서 큰 제재를 받기도 한다.

일본의 잃어버린 20년 시발점이 된 1985년 플라자 합의도 환율조정의 문제였다. 환율 상승이 단기간 변동폭이 너무 커지면서 급등하면 문제가 될 수 있다. 불확실성이 커지면서 달러 수요가 늘어났고, 한국에 투자한 외국 투자자들도 투자자본을 빼서 달러로 바꿔 본국으로 가져가기 때문이다.

한국에서 판 주식 대금으로 받은 원화를 달러로 바꾸니 종합주가지수는 떨어지고, 달러는 부족해지면서 원화는 늘어나니 원화가치는 낮아지고 달러가치는 올라가 원/달러 환율이 오르는 것이다. 금리와 달리 환율이 직접적으로 부동산에 영향을 주지는 않지만 환율 변동폭이 커진다는 것은 금융시장이 불안해지면서 경제가 흔들린다는 의미이기에 전혀 영향이 없다고 할 수는 없다.

채권

채권은 국가나 지방자치단체, 기업 등이 필요한 자금을 빌리기 위해 발행하는 유가증권으로, 대표적인 안전자산 중 하나다. 돈이 필요해서 일정 기간 후 확정된 이자를 지불하는 것으로 국채, 지방채, 회사채가 있다. 예를 들어 1년 5% 100만 원 채권을 샀다면 1년 후에 105만 원을 받는다.

일반적으로 채권은 금리와 반비례 관계다. 기준금리가 내려가면 예금금리는 내려가지만 채권은 약정한 이자율을 유지하면서 고정되어 있기 때문에 기존 채권의 매력이 올라가 채권가격이 상승하게 된다.

기준금리가 5%에서 1%로 내려가면서 은행 예금금리 역시 5%에서 1%로 내려갔다고 가정해보자. 1% 금리의 은행예금에 1억 원을 넣으면 1년 후 101만 원을 받지만, 고정된 1년 5% 100만 원 채권을 1만 원 더 주고 101만 원에 구입하면 1년 후 105만 원을 받을 수 있으니 더 유리하다. 또한 기준금리가 내렸으니 채권금리도 내려가 1년 2% 100만 원 채권을 새롭게 사서 1년 후 102만 원을 버는 것보다 1만 원 더 주고 기존 1년 5% 100만 원 채권을 사는 것이 더 유리하다. 그래서 기준금리가 내리면 채권가격은 올라가고 채권금리는 내려가는 것이 정상적인 흐름이다.

하지만 지금은 기준금리를 내렸음에도 외국 투자자들이 채권까지 '팔자'에 나서면서 채권금리 상승과 채권가격이 하락하게 되면, 한국은행은 어쩔 수 없이 국고채를 매입하면서 채권금리 급등을 잠재우기 위해 노력할 것이다.

경제위기가 발생할 때가 되면 기준금리를 내렸음에도 채권금리는 오르고, 환율은 이상급등을 하며 종합주가지수는 급락할 것이다. 그리고 대표적인 안전자산인 금과 달러로 수요가 몰릴 것이다. 이런 선행 경제지표들의 흐름을 보면 부동산 시장의 흐름을 예측하는 데 도움이 된다.

양도세 중과 피하기

양도세 절세를 위해서 중과대상이 되지 않는 것이 가장 좋다. 내가 보유한 주택이 양도세 중과대상이 되는지, 중과대상은 아니지만 주택 수에는 포함되는지 미리 체크를 해두는 것이 좋겠다.

한시적으로 양도세 중과를 피할 수 있는 시한인 2021년 6월 말이 다가오면서 조정대상지역 다주택 보유자들의 고민이 깊어져간다. 양도소득세(이하 양도세)는 많은 세금 중에서 가장 민감한 세금이다. 그도 그럴 것이 투자 수익의 일정 부분을 국가가 가져가는 세금이기 때문이다. 투자를 잘해도 절세를 못하면 애국자가 될 뿐이다.

2017년 8·2대책에서 다주택 보유자 양도세 중과 규정이 생겼다. 무조건 2주택 50%, 3주택 이상 60%였던 과거에 비해 조정대상지역을 대상으로 중과 여부를 판단하며 일반세율에 가산하는 방법으로 중과를 하도록 했다.

노무현 정부 시절 2주택이면 양도세율이 50% 적용되었다면 2017년 8·2대책 이후 중과대상이 되면 일반세율 6~42%에 10%p가 가산되어 16~52%가, 3주택 이상이면 20%p가 중과되어 26~62%라는 높은 세율이 적용되었다.

2021년부터 10억 원 초과 최고세율이 45%로 늘어났고 2021년 6·1 이후 양도부터는 10%p가 더 중과되어 조정대상지역 2주택이면 26~65%, 3주택 이상이면 36~76%라는 징벌적 중과세율이 적용된다.

더군다나 중과대상이 되면 세율 강화뿐만 아니라 장기보유특별공제도 적용받을 수 없는 만큼, 양도세 중과 대상에 포함되지 않는 것은 매우 중요한 절세 전략이다.

<양도소득세율 및 다주택 중과세율표>

구분	과세표준 기준	일반세율	중과세율	
			2주택	3주택 이상
일반세율	1,200만 원 이하	6%	+10%p, 21.6.1이후 +20%p	+20%p, 21.6.1 이후 +30%p
	4,600만 원 이하	15%		
	8,800만 원 이하	24%		
	1억 5천만 원 이하	35%		
	3억 원 이하	38%		
	5억 원 이하	40%		
	10억 원 이하	42%		
	10억 원 초과	45%		

양도세 중과 주택 수 포함여부 체크

조정대상지역인 서울에 1채, 비조정대상지역인 경기도 의정부에 2채를 보유해서 3주택인 경우를 생각해보자. 조정대상지역인 서울 집을 팔 때는 3주택 중과세가 적용되지만 의정부 집을 팔 때는 중과세가 적용되지 않는다. 다만 의정부 집은 자기 자신은 중과대상이 되지 않지만 양도세 중과 주택 수에는 포함되어 서울 집을 팔 때는 3주택에 들어가 영향을 준다. 이렇듯 자기 자신은 중과 대상은 아니지만 중과 주택 수에는 포함되어서 다른 조정대상지역 집을 팔 때 양도세 중과를 시키지는 않는지 그 여부는 따져볼 필요가 있다.

수도권, 광역시, 특별자치시 이외 지역에 소재하는 3억 원 이하 주택

조정대상지역 내 주택은 양도세 중과 주택 수에도 포함되고 팔 때 중과대상도 된다. 조정대상지역이 아닌 지역이라도 아래 표에서 보듯이 서울, 경기(읍 면 지역 제외), 인천(군 제외), 광역시[군 제외, 세종(읍 면 제외)] 주택과 지방 및 경기 읍, 면, 광역시 군 지역 공시가격 3억 원 초과 주택은 의정부 사례처럼 자기 자신은 양도세 중과 대상이 되지 않지만, 보유한 조정대상지역 주택을 팔 때 중과대상으로 만들어버린다.

조정대상지역 서울 1채, 비조정대상지역 의정부 2채를 보유한 경우 의정부 집을 팔 때는 중과대상이 되지 않지만 주택 수에는 들어가 3주택이 된다. 그래서 서울 집을 팔 때 3주택 중과가 되는 것이다. 반면 지방 및 경기 읍, 면, 광역시 군 지역 공시가격 3억 원 이하 주택은 자기 자신이 중과대상이 되지 않는 것은 당연하고, 보유중인 조정대상지역 주택에도 영향을 미치지 않는다.

예를 들어 전라남도 해남에 3억 원 이하 주택이 2채 있고 서울에 1채가 있는 경우, 서울 주택을 팔 때 해남 집은 중과 주택 수에 포함되지 않아 양도세 일반세율 6~45%가 적용된다. 다만 지방이어도 공시가격 3억 원을 초과하면 중과 주택 수

<양도세 중과 주택 수 포함기준>

구분	내용
양도세 중과 대상	조정대상지역
양도세 중과 주택 수 포함	서울, 경기(읍, 면 지역 제외), 인천(군 제외), 광역시[군 제외, 세종(읍 면 제외)] 주택 지방과 경기/세종(읍, 면), 광역시(군) 지역 공시가격 3억 원 초과 주택
양도세 중과 주택 수 미포함	지방과 경기/세종(읍, 면), 광역시(군) 지역 공시가격 3억 원 이하 주택

에 포함되어 서울 주택을 팔 때 양도세 중과가 된다. 내가 보유한 주택이 조정대상
지역에 포함되는지, 그리고 서울, 경기, 광역시 소재인지 읍, 면, 군 지역이거나 지
방이어도 3억 원을 초과하는지가 중요한 체크 포인트가 된다.

입주권, 분양권

재건축·재개발 정비사업 입주권 역시 양도세 주택 수에 포함되지만 입주권을 팔
때는 중과가 되지 않는다. 분양권은 2021년 이후 양도분부터 양도세 중과 주택 수
에 포함이 된다. 물론 2021년 이후 입주자 모집공고가 나온 주택의 분양권이 대상
이다. 참고로 분양권을 팔 때는 일괄 50%의 높은 양도세율이 적용되며, 2021년
6·1 이후에는 더 강화된다.

<입주권과 분양권 양도세율>

구분		2021.6.1 이전			2021.6.1 이후	
		주택 외 부동산	주택, 입주권	분양권	주택, 입주권	분양권
보유 기간	1년 미만	50%	40%	조정대상지역 50%	70%	70%
	2년 미만	40%	기본세율		60%	60%
	2년 이상	기본세율	기본세율		기본세율	60%

임대사업용 주택

임대사업용 주택도 양도세 중과를 피할 수 있다. 그래서 양도세 중과를 피하기 위
해 다주택 보유자들이 임대사업자 등록을 많이 하기도 했다. 그런데 임대사업용

주택이라고 무조건 양도세 중과를 피하는 것은 아니다. 조정대상지역 다주택 보유자가 8년 장기 임대사업용 주택을 양도하는 경우, 임대개시일 기준 기준시가 수도권 6억 원(비수도권 3억 원) 이하, 전용면적 수도권 85m²(비수도권 100m²) 이하면 양도세 중과가 되지 않는다.

다만 2018년 9·13대책 발표 이후 1주택 이상인 자가 조정대상지역에 새로 취득한 주택을 임대사업등록을 하는 경우에는 양도세 중과대상이 된다. 2018년 9·13대책 발표 전 매매계약 체결 및 계약금을 지불한 경우에는 종전 규정이 적용되어 중과대상에서 빠질 수는 있다.

여기서 많은 사람들이 헷갈려 하는 것이 임대사업용 주택이 주택 수에서 완전히 빠진다고 생각하는데 그렇지는 않다. 임대사업용 주택을 의무보유기간 다 채우고 팔 때 양도세 중과배제라는 의미이지, 임대사업용 주택을 등록한다고 다른 보유하고 있는 조정대상지역 주택을 팔 때 중과 주택 수가 줄어드는 것은 아니다. 예를 들어 임대사업용 주택이 1채 있고 조정대상지역에 2채를 보유하다가 1채를 파는 경우 3주택 중과대상이 된다.

기타

저당권 실행으로 취득한 주택(경매), 문화재 주택, 장기 사원용 주택, 미분양 주택, 상속주택(5년 경과 X) 등은 중과 예외가 된다. 또 아래의 사유에 해당되면 중과대상에서 제외가 된다.

- 근무상 사유로 다른 시·군으로 이사해 2주택이 된 경우(취득 당시 기준시가 3억 원 이하+취득 후 1년 이상 거주+사유해소 후 3년 이내 양도)
- 세대합가로 2주택이 된 경우(합가일로부터 10년 이내)

- 혼인으로 2주택이 된 경우(혼인일로부터 5년 이내)

- 소송결과로 취득한 주택(판결확정일로부터 3년 이내)

- 일시적 2주택(다른 주택취득일로부터 3년 이내, 조정대상지역은 2년 이내)

양도세 절세를 위해서 중과대상이 되지 않는 것이 가장 좋다. 내가 보유한 주택이 양도세 중과대상이 되는지, 중과대상은 아니지만 주택 수에는 포함되는지 미리 체크를 해두는 것이 좋겠다.

■ 독자 여러분의 소중한 원고를 기다립니다

메이트북스는 독자 여러분의 소중한 원고를 기다리고 있습니다. 집필을 끝냈거나 집필중인 원고가 있으신 분은 khg0109@hanmail.net으로 원고의 간단한 기획의도와 개요, 연락처 등과 함께 보내주시면 최대한 빨리 검토한 후에 연락드리겠습니다. 머뭇거리지 마시고 언제라도 메이트북스의 문을 두드리시면 반갑게 맞이하겠습니다.

■ 메이트북스 SNS는 보물창고입니다

메이트북스 유튜브 bit.ly/2qXrcUb

활발하게 업로드되는 저자의 인터뷰, 책 소개 동영상을 통해 책에서는 접할 수 없었던 입체적인 정보들을 경험하실 수 있습니다.

메이트북스 블로그 blog.naver.com/1n1media

1분 전문가 칼럼, 화제의 책, 화제의 동영상 등 독자 여러분을 위해 다양한 콘텐츠를 매일 올리고 있습니다.

메이트북스 네이버 포스트 post.naver.com/1n1media

도서 내용을 재구성해 만든 블로그형, 카드뉴스형 포스트를 통해 유익하고 통찰력 있는 정보들을 경험하실 수 있습니다.

STEP 1. 네이버 검색창 옆의 카메라 모양 아이콘을 누르세요.   STEP 2. 스마트렌즈를 통해 각 QR코드를 스캔하시면 됩니다.
STEP 3. 팝업창을 누르시면 메이트북스의 SNS가 나옵니다.